荀子大讲堂
——荀子的人定胜天

李世化◎著

中央编译出版社

图书在版编目（CIP）数据

荀子大讲堂 / 李世化著. —北京：中央编译出版社，2015.2
（中华国学精读书系）
ISBN 978 – 7 – 5117 – 2344 – 4

Ⅰ.①荀… Ⅱ.①李… Ⅲ.①荀况（前313~前238）
—哲学思想—通俗读物 Ⅳ.①B222.6 – 49

中国版本图书馆CIP数据核字（2014）第228911号

荀子大讲堂

出 版 人：刘明清
出版统筹：董 巍
责任编辑：邓永标
责任印制：尹 珺
出版发行：中央编译出版社
地　　址：北京西城区车公庄大街乙5号鸿儒大厦B座（100044）
电　　话：（010）52612345（总编室）　　（010）52612371（编辑室）
　　　　　（010）52612316（发行部）　　（010）53622615（网络销售）
　　　　　（010）52612346（馆配部）　　（010）66509618（读者服务部）
传　　真：（010）66515838
经　　销：全国新华书店
印　　刷：北京嘉业印刷厂
开　　本：710毫米×1000毫米　1/16
字　　数：280千字
印　　张：19
版　　次：2015年2月第1版第1次印刷
定　　价：38.00元

网　　址：www.cctphome.com　　**邮　箱**：cctp@cctphome.com
新浪微博：@中央编译出版社　　　**微　信**：中央编译出版社（ID：cctphome）
淘宝店铺：中央编译出版社直销店（http://shop108367160.taobao.com）

本社常年法律顾问：北京市吴栾赵阎律师事务所律师　闫军　梁勤
凡有印装质量问题，本社负责调换。电话：010 – 66509618

荀子大讲堂

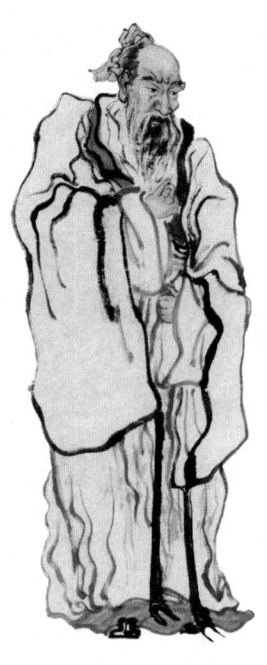

　　《荀子》为战国时人苟况所著，是一部阐述先秦儒家思想的著作。苟况，即为荀子，是战国时代儒家最后的代表人物，他创立了被称为"孙氏之儒"的儒家支派。荀子既是思想家，又兼长于文学，在战国诸子中，他与孟子、庄子对后世影响最深。

　　《荀子》以孔子"仁"的思想为核心，重视"礼"，重视人为的努力，重视圣人对世人的教化，并反对神秘主义，反对墨家的鬼神之说，这些都是在几千年的封建统治中，被统治者掩盖的儒家思想的精华。其实无论荀子、孟子，他们的思想都是在孔子的儒家思想基础上进一步发展形成的，是对孔儒之道改造升华的产物。

  中国传统文化博大精深，是整个中华民族的骄傲。几千年前，传统文化就大放异彩，百家争鸣。

  在先秦时期，旧的社会体系行将解体，新的社会秩序还在探索中，天下异说纷纭，形成了儒家、道家、墨家、法家等诸多学派，其中以儒家的地位尤为显著。然而，到了战国时期，儒家的思想显然已不适应社会的发展，而成衰微之势，此时，孟子、荀子相继而出，二人皆师从孔子，以继承儒家道统，弘扬儒学精神为己任。再加上汉初董仲舒提出"罢黜百家，独尊儒术"，从此奠定了儒家思想在两千多年的封建社会的统治地位。

  本书以荀子的基本思想为出发点，在荀子对天人的思考范畴上，对做人、做事、处世、言谈、交际、识人、用人等方面作了深入细致、又浅显易懂的探讨，希望在重读这些先哲智慧的同时，能给我们的人生以新的启发，那么我们的目的也就达到了。

第一章　中国的"亚里士多德"——荀子

　　冯友兰曾在《中国哲学史》上说:"荀子在中国历史之地位如亚里士多德之在西洋历史,其气象之笃实似之。"可见,荀子在中国思想史上的地位之高。荀子以儒学为本,是诸子百家的集大成者,足可称为先秦时期继孔子、孟子之后最有成就的儒学大师。荀子在中国学术、思想界的地位不可忽视。《荀子》的思想相当丰富,对中国文化产生了多方面的影响。了解中国文化的博大精深,就离不开对荀子的研究和了解。

荀子其人 ………………………………………………………… (2)
荀子其书 ………………………………………………………… (6)
荀子"性恶"解读 ………………………………………………… (9)

第二章　将命运掌握在自己手中——荀子"人定胜天"论的现代意义

　　人是什么?为什么有些人一生幸福,而另一些人一生却总是痛苦?自从人类开始认识自己以来,人们思考最多的就是命运。命运是人类有名以来最神奇的事物,命运又是所有人最关注的事物。然而,早在几千年前,圣哲荀子就以其睿智的思想告诉了我们,命运不是由神来安排的,命运其实就掌握在我们自己手中。

人的命运可以选择 ……………………………………………… (14)
用行动改变命运 ………………………………………………… (18)
发现自己,掌握自己的命运 …………………………………… (21)
激发你的潜力,就能创造命运 ………………………………… (25)
善于进行自我调控就能把握命运 ……………………………… (29)
性格决定命运 …………………………………………………… (32)
不要听从命运的安排 …………………………………………… (35)
设计命运,定位人生 …………………………………………… (40)

磨砺自信,造就人生 ·· (46)
埋怨只能说明你无能 ··· (48)

第三章 这样做人最讨人喜欢——荀子智慧与人性之辩

人性究竟是善的,还是恶的? 至今也是一个纠缠不清的问题。孟子说人性本善,实际上他是从人的肯定一面来鼓励人、安慰人;荀子说人性本恶,实际上他是从人的否定性一面来鞭策人、警醒人。当荀子说,人性生来是丑恶的,我们应该感谢他的直率,让我们清楚地知道我们该改变些什么。

好心态是做好人的前提 ······································ (52)
欲望太多造成心理贫穷 ······································ (57)
追求功名不要弃君子之道 ··································· (62)
得不到的未必是最好的 ······································ (65)
学会自我节制 ··· (68)
不要算计人:算来算去算自己 ······························ (71)
出人头地要慢慢来 ·· (73)
强出头者必招来祸患 ··· (76)
时刻自我反省,乐观情绪养心养身 ························ (78)
不要盲从他人,坚持自己的原则 ··························· (80)
人生需要不断进取 ·· (81)
造就人生 ·· (83)

第四章 有心人,天不怕——荀子的做事方式

做事的方式千千万,但最终的目的却都是以取得成功告终。从荀子博大精深的智慧中,我们寻得了一些做事的捷径与技巧,相信对你也会有所裨益。

目录

学习是终生的需要 …………………………………………… (86)
活用你的知识 ………………………………………………… (88)
锲而不舍,万事皆可成 ……………………………………… (91)
持之以恒才有成 ……………………………………………… (94)
注重细节,升华你的人生 …………………………………… (97)
成功的最大误区——目标不适 …………………………… (100)
半途而废,只能"收获"失败 ……………………………… (103)
做事要分轻重缓急 ………………………………………… (106)
不必事事躬亲 ……………………………………………… (111)
习惯的力量不可忽视 ……………………………………… (115)
行动,行动,再行动 ………………………………………… (119)
巧借他人成事 ……………………………………………… (122)

第五章 人情练达皆学问——荀子的为人处世

世事洞明,方能人情练达。为人处世是行走人世的一门必修课,从古至今皆是如此。一个练达人情的人,必是一个受人喜欢的人;一个练达人情的人,必能在纷繁复杂的尘世中游忍有余。但是,何为练达人情的人呢?荀子智慧如是说。

斤斤计较认死理,失利是自己 …………………………… (126)
嫉妒是人生大忌 …………………………………………… (128)
宽厚待人,与人为善 ……………………………………… (131)
满招损,谦受益 …………………………………………… (135)
时时要有危机意识 ………………………………………… (138)
诚实守信是人生的重要品格 ……………………………… (143)
高标处世,低调做人 ……………………………………… (145)
时常发怒是痛苦的引爆线 ………………………………… (148)

第六章　赢在口才——荀子智慧与言谈技巧

　　荀子说,君子一定要善于言谈。一句话,退三军;一句话,抵九鼎;一句话,救人命。语言的力量就是思想的力量,语言的力量就是情感的力量,语言的力量就是智慧的力量。人每天总是要说很多话,而且越是能办事,越是办事多的人,越是会说的人。因此,一味奉行"沉默是金",乃是一种消极的人生状态,善于说话才是一种积极的人生态度。

良言一句三冬暖,恶语伤人六月寒 ························· (154)
言简意赅才达意 ··· (157)
别人的秘密知道得越少越好 ······································· (159)
逢人只说三分,还有七分自己赏 ································· (161)
忠言不逆耳人爱听 ·· (163)
爱说风凉话使人敬而远之 ··· (165)
争辩不能消除错误,只能加深怨恨 ······························ (168)
嘴边留下个把门的 ·· (170)
出其不意,以"巧"服人 ··· (172)
看天吃饭,察脸说话 ··· (176)
啰唆唠叨招人烦 ··· (179)

第七章　交友宁"缺"勿滥——荀子智慧与交际

　　荀子特别强调"近朱者赤,近墨者黑"。与良师益友为伴,你的德行会受到他们的感染而提高;与小人为伍,他们只会陷你于不义之地。与什么样的人交往?怎样与交往?人际关系实在是一门奥妙深邃的学问。我们不妨从荀子的智慧中揣摩个中滋味吧!

你最深爱的人,伤你也许最深 ···································· (182)
近朱者赤,近墨者黑 ··· (186)
寻求志同道合之人 ·· (188)

目录

结交真正的朋友 …………………………………………（190）
睁大眼睛辨别君子与小人 ………………………………（192）
交友须谨慎,多交必滥 …………………………………（194）
以貌取人是人际交往的大忌 ……………………………（197）
给人好处不求报答 ………………………………………（198）
多交些良师益友 …………………………………………（201）
对品质不良的朋友:敬之不如弃之 ……………………（203）

第八章 人不可貌相——荀子的智慧与识人术

俗话说:"画虎画皮难画骨,知人知面不知心。"可见,在"鱼目混杂"的茫茫人海中,练就一套高超的识人技巧就显得十分的必要了。但要想真真正正地看透一个人,也是一项值得揣摩的技巧,荀子给我们提供了一些切实有效的途径。

人不可貌相,识别庐山真面目 …………………………（208）
会识人才能用对人 ………………………………………（211）
识人重其朴实无华 ………………………………………（215）
识才先识德 ………………………………………………（218）
识别不当之才 ……………………………………………（220）
评价他人不能感情用事 …………………………………（223）
要有识才之眼和容才之量 ………………………………（225）
明其性格任其职 …………………………………………（227）
根据自身经验识人 ………………………………………（231）
识别各色人等 ……………………………………………（235）
观其行知其心 ……………………………………………（238）
识人识其心性 ……………………………………………（240）

第九章　水可载舟，亦可覆舟——荀子的智慧与用人之道

对于一个企业，一个团队来讲，光有睿智的领导是不行的，还得觅得最得力的干将；对于一个人来说，光有满身才华是不够的，千里马还需要得到伯乐的赏识。如何用人？如何用对人？对于一个企业的兴衰成败具有举足轻重的作用。荀子对这一点是认识得相当透彻的。

人才：第一要素 …………………………………………（244）
得民心者得天下 …………………………………………（250）
知人善任 …………………………………………………（252）
懂得授权 …………………………………………………（255）
独断专行是用人大忌 ……………………………………（258）
任人唯亲不可取 …………………………………………（260）
用人有度，提拔得当 ……………………………………（262）
以仁德降服民心 …………………………………………（265）

第十章　做好老板的"腹中虫"
——荀子的思想与现代企业的评价体系

企业拿什么标准来衡量员工？员工又以什么标准来为自己定位？优秀的员工不仅能替老板分忧解难，更重要的是要有自己的原则。其实，圣哲荀子早在几千年前就给了我们下了评判的标准。

忠诚最可贵 ………………………………………………（268）
尽职尽责才能尽善尽美 …………………………………（271）
学会选择，懂得放弃 ……………………………………（274）
勇于负责任，不透过 ……………………………………（276）
执行以达到老板的期望 …………………………………（278）
服从是美德 ………………………………………………（280）
没有任何借口 ……………………………………………（283）
为老板分忧解难 …………………………………………（286）
不要只会说"YES" ………………………………………（289）

第一章 中国的『亚里士多德』
——荀子

冯友兰曾在《中国哲学史》上说：『荀子在中国历史之地位如亚里士多德之在西洋历史，其气象之笃实似之。』可见，荀子在中国思想史上的地位之高。荀子以儒学为本，是诸子百家的集大成者，足可称为先秦时期继孔子、孟子之后最有成就的儒学大师。荀子在中国学术、思想界的地位不可忽视。《荀子》的思想相当丰富，对中国文化产生了多方面的影响。若要了解中国文化的博大精深，就离不开对荀子的研究和了解。

荀子其人

在两千五百多年以前，孔子创立了儒家学派，并从此确立了儒学的显学地位。孔子死后的百余年间，诸侯群雄纷纷并立，各诸侯国的国君喜好各不相同，对各家各派的学说取舍也就标准各异，从而出现了"百家争鸣"的局面。在这种情况下，儒学却因其主张王道、仁政，反对诸侯间的兼并战争，反对霸道，而显得"不合时宜"，因此呈渐趋衰微的趋势。

正当天下异说纷纭、儒学衰微之际，孟子、荀子相继而出，二人以继承儒家道统，弘扬儒学精神为己任。勤奋求索，力排众议，各自对儒学复兴作出了不朽的贡献，从而也对中国文化作出了杰出的贡献，其中，荀子更是成为战国后期诸子学说的集大成者。

荀子名况，又名荀卿，或称孙卿，战国末期赵国人。生在诸侯相互兼并、争霸战争连年不断的动乱年代。他在年轻的时候便发愤求学，精心钻研各家各派的学说主张，成为远近闻名的著名学者。当时，齐国在战国七雄中比较强盛。齐宣王为扩大其政治影响，招贤纳士，使得天下饱学之士汇集都城临淄稷下学宫。儒、道、法、阴阳、五行等重要学术流派的著名学者都曾汇聚于此。他们在此讨论学术问题，或各自著书立说，或为齐王提供治国安邦的建议，其中七十多人被尊为齐国的"上大夫"。荀子50岁时，第一次来到稷下学宫。由于他学识渊博，威望极高，因此被尊为学宫之长（古称"祭酒"）。

荀子不仅是一个脚踏实地做学问的人，还是一位善于分析，注重逻辑，讲求实际，重视学以致用的"智者"。荀子在50岁之前，他的主要精力都用在了修己、治学上。这是儒家的优秀传统,也是几千年来中华民族的优秀传统。

荀子年轻时即确立了弘扬儒学的远大志向,因此,他的一切言行都力求符合儒家的理想与标准。他以孔子为榜样,以孔子提出的仁、义、礼、智、信为行为准则,十分严格的要求自己,力图把自己培养成一个具有贤德的"贤人""君子"。经过多年的刻苦修炼,他终于成为了一个远近闻名的贤德之人,甚至有人将他比作古时候的圣明君主尧、舜。修己也是荀子一生为学的重要内容之一。正是这种长期不懈的儒家式的自我修养,更加坚定了他弘扬儒学的决心与责任感。然而,在荀子生活的时代,要实现这一愿望却不是轻而易举的事情。不仅需要渊博的学识,而且需要坚强的意志与捍卫真理的勇气与热情,甚至需要牺牲一切世俗的利益乃至生命。

但荀子并不因此而退却,荀子自少年时代起,就刻苦攻读自古以来的各种思想文化典籍,潜心研究儒家的所有经典著作。《诗》《书》《礼》《乐》《易》《春秋》等儒家经书,荀子无一不读,而且无不精通。荀子特别讲究学习方法,他反复告诫自己,千里之行始于一步一步的积累,学习就如同远行,没有日积月累的长期刻苦修炼,是难以成为博学之人的。

无论是修身,还是治学,荀子都能严于律己。他要求自己一日"三省吾身",直到发现真的没有过失了,才会心安理得。长期的严格要求,不仅锻炼了他的意志,也增强了他追求真知的毅力,多少年里,他把自己关在一个近乎封闭的空间里,终日与各种各样的书籍为伴,从中认真地选择着真理性的思想学说,严肃地思考着自古以来各家各派学说的利弊得失。

荀子在稷下学宫期间,主要从事学术研究与讲学活动。他积几十年的功力,钻研儒家经典,对儒家经典无所不通,因而成为当时公认的儒家学派的著名代表。由于荀子治学最重实际,他从不好高骛远,亦不夸夸其谈,几十年如一日,脚踏实地的研究学问,等到游学稷下时,他的学问功底已十分深厚,对儒家学说的理解和把握也十分深刻和通透。同时,荀子治学还非常注意广博,他虽然师承儒家,但他从未因此限制自己的求知领域。他广泛涉猎群书,钻研各家各派的学说,以至于对当时盛行于世的各派学说都有十分精辟与独到的见解。

正是这种既求精深且求广博的治学原则与治学态度，使荀子在当时获得了极高的声望。他在稷下学宫三次取得"祭酒"的地位，这是与他同时代的学者所无法企及的殊荣。稷下学宫的优厚条件，使得荀子在战乱年代也能得到一方净土潜心研究学问。经过他多年的研究、讲习，荀子的学问也就更加趋于成熟。他站在儒家的立场上，用儒家的标准和原则，认真地审视、评判当时盛行的各派学说，对各派学说的是非得失提出自己的分析与评判意见。荀子对先秦以来各大学派思想学说的分析批判大都一语中的，这一部分思想资料，通过他的巨著《荀子》，而保留下来。

荀子之所以能够对先秦以来的各派学说作出比较客观的、中肯的批判，固然是因为他学问功底深厚渊博，但更重要的还在于，他有着追求真理的坚定信念和追求真知的公正无私的胸怀。门派之见向来是求知路上的大敌，荀子能在最大程度上克服门派的局限，这充分表现了他的独到之处。

荀子在齐国住了很长时间，备受齐王赏识。齐王十分敬重他的为人与学识，因此常向他征求治理国家的意见。这很快便引起了一群势利小人的嫉恨。于是，便有人向齐王进谗言，诽谤荀子，在这种情况下，荀子被迫离开齐国。

离开齐国以后，荀子来到楚国。在楚国，他受到了春申君的赏识，被任命为兰陵令。在任兰陵令期间，荀子的政治才能也得到充分展示。他不仅把兰陵治理得井然有序，而且以其人格的力量起到了化民成俗的作用。由于荀子一生勤奋好学，因此兰陵子弟亦多好学，且兰陵人因崇拜荀子，多喜欢把荀子的名字"卿"用作自己的名字。可见荀子影响之深、之大。

楚国的春申君死后，荀子被免去了兰陵县令之职。但他并未返回故乡赵国，而是从此客居兰陵，从事著述、讲学活动，直到离开人世。他还培养了大批弟子，其中最著名的有李斯、韩非、浮丘伯等。

荀子一生不仅以好学闻名于世，而且以善于劝人为学，善为人师而名垂史册。他在长期的刻苦学习研究中，总结出了丰富的治学经验，这些经验如今保留在他的鸿篇巨著《荀子》一书中。

荀子不仅精心研究儒家典籍，而且以传播儒家典籍为己任。荀子通晓儒家经典，因此传授内容也相当广泛。秦汉以来所流行的儒家经典以及对这些经典的解说，大都来自荀子，以至后人将其尊称为"传经大师"。清代汪中《荀卿子通论》说："荀卿之学出于孔氏，而尤有功于诸经。……自七十子之徒既殁，汉诸儒未兴，中更战国暴秦之乱，六艺之传赖以不绝者，荀卿也。"近代学者梁启超说："汉兴，诸经皆传自荀卿，其功最高不可诬。"传授儒家经典，的确是荀子对儒学也是对中国文化的重要贡献。

荀子之所以耗费大量心血传授儒家经典，是因为他认为儒家经典有教人向善的作用，因此要把自己培养成贤德之人，必须学习儒家经典；同时，儒家诸经还能为当政者提供治国平天下的理论根据，因此学习儒家经典，能达到学以致用的目的。劝人学习儒家诸经，是荀子劝学的重要内容，而荀子本人则以其亲身实践，为世人树立了学习的榜样。

罢官居乡的荀子已近垂暮之年，然而弘扬儒学的神圣使命激励着他，使他忘记了仕途的坎坷，忘记了老之将至。他毅然拿起那支锋利的笔，忘情地撰述着，勤奋地思索着，将几十年治学所凝成的思想成果，毫无保留地倾注于笔端，终于在有生之年完成了一部鸿篇巨著——《荀子》。它不仅是荀子一生治学经历的真实写照，而且成为我国教育思想史上的一份珍贵遗产，至今仍有其重要价值。

"学不可以已……不积跬步，无以至千里。不积小流，无以成江海。骐骥一跃，不能十步。驽马十驾，功在不舍。锲而舍之，朽木不折。锲而不舍，金石可镂。"这是《荀子·劝学》中一段至理名言，它不仅是这位睿智哲人为后世学子提出的衷心劝告，更是他一生勤奋求知，在探求真理的道路上终生跋涉，从不懈怠的生动写照。

荀子不仅作为儒学的一代宗师永远载入中国文化史册，而且作为一代名师，永远活在历代学子的心中。

荀子其书

在儒家典籍中，无论是记载孔子博大精深思想的《论语》，还是凝练孟子聪明睿智的《孟子》，都是其门人弟子辑录而成的。唯独《荀子》一书，其中的绝大部分篇章都是荀子亲笔写成的。这部著作不仅是荀子一生治学的思想结晶，而且向人们展示了他治学以及为人处世严谨认真的科学态度。与孟子一样，荀子从许多方面发挥、发展了孔子的学说，他所提出的"性恶论"与孟子的"性善论"虽然立论的角度不同，思考问题的方法不同，但在劝人向善方面却有异曲同工之效，因此，在人性论问题上，荀子作出了自己的贡献。另外，《荀子》一书对唯物主义思想的论述，则不仅是荀子对儒学的贡献，而且是中国思想史上的一份珍贵遗产，至今仍具有重要价值。

透过《荀子》一书，我们就可以窥见当时百家争鸣所涉及的几乎所有问题，以及荀子对这些问题的独到而深刻的见解。荀子学识渊博，思想严谨，才思敏捷，《荀子》书中每一篇章都有其明确的主题，环绕这一主题所进行的严密逻辑分析与推理、论证，都充分展示了荀子治学的态度与风格。《荀子》一书，不仅是一部逻辑性强，说理透彻、精辟的哲学巨著，而且又是一部文风自由流畅、文笔优美、内容充实、极具文采的文学巨著。它的许多篇章，今天仍为人们竞相传诵，成为千古不朽之作。

《荀子》原有三百余篇，后经刘向校阅整理，编订为32篇，取名《孙卿新书》。到了唐代中叶，一个叫杨惊的人把《孙卿新书》分为三卷，重新编排，加以注释，定名为《荀子》。今天我们所见到的《荀子》，就是杨惊所编定的。《荀子》一书，大部分为荀子亲笔所著，少部分为他的弟子记录整理，我们研究荀子思想也主要以其为基础。

《荀子》一书，内容丰富，其中涉及哲学、政治、经济、军事、法律、伦理、教育、科技、历史、文艺，无不思虑精湛、蹊径独辟。荀子治学严谨，识力卓著，综合百家，既师法有源，又不抱残守缺，规模宏浩，成为中国古代思想的集大成者，一个为诸子百家划句号的人。

荀子学说一个显著特点就是批判精神。《非十二子》是批判诸子的名篇，《不苟》《解蔽》《儒效》《富国》《王霸》《天论》《正论》《乐论》等篇，锋芒所向，如秋风过林、摧枯拉朽。凡此种种批判，鞭辟入里，尖锐中肯，取其精华，讽其糟粕，扬长弃短，可以说，荀子对诸子的批判具有划时代的意义。

荀子学说的另一个显著特点是求实精神。当时百家争鸣，诸子偏重言辩辞利、不务其实，"奇辞起、名实乱，是非之形不明"（《正名》），或"用名以乱名"，或"用实以乱名"，或"用名以乱实"。总之，就是歪曲事实、名实不符。荀子用他那勇毅、坚定而犀利的笔调，大力提倡"课以名实相符"，用今天的话来说，就是实事求是。所以，荀子的文章绝少浮气华词，那些不切实际的幻想，不着边际的玄思，不得要领的论辩，不可考察的言语，统统为荀子所唾弃。

荀子的文章中，主要阐明了两方面的观点：一方面，荀子否定了天命论，肯定了人的力量，另一方面，他也绝不讳言人的丑陋。他是一个让人难堪的人，他的矛头直指人性中最肮脏、最黑暗的部分。他认为，人性被恶，生来就好利、好色、好嫉妒，如不加以克制，任其发展，就会产生争夺、淫乱乃至危及整个社会秩序。"人之性恶，其善者，伪也。"（《性恶》）荀子认为，人的本性是丑恶的，所以善，那不过是人为的结果。而孟子则说人性本善，荀子一次次地批判道："是不然，是不及知人之性，而不察乎人性伪之分者也。"（《性恶》）在他看来，孟子没有把本性与人为加以区分，因而不能正确理解两者的关系，从而也就看不到教化的作用。荀子所认为的善，则是一切行为符合道德规范、服从礼仪制度，但这是人性中所没有的。为了把人由恶引向善，就需要圣人君主对臣民进行教化，需要礼仪制度和道德规范的引导。荀子打了个比方：弯曲的木头必须修整才能挺直，钝刀必须磨砺才会锋利。没有原始材料，礼仪道德就没有加工的对象；没有礼仪道德的加工，人的本性也就不能自行变得完满美好。

人性本恶是荀子全部学说的基础。它彻底打破了天赋的道德观念，否定了先天良知的存在，提出了人人都可以成为圣人的主张，从而为礼义、道德、君师、修炼等对于人的重要提供了理论依据。他说，尧舜与桀跖天性一样，可前者是圣人，后者是小人，所以，关键在于后天的努力。

人当自救，荀子在人性上强调人为的力量，这与他否定有一个至高无上的、法力无边的天神存在有关，人不但可以驾驭自己，而且还可以战胜自然，体现了荀子的朴素唯物主义观点。

荀子"性恶"解读

人性究竟指什么，本善还是本恶？几千年来让中外贤哲争论不休。不同的回答，导致了不同的文化传统，积淀成不同的社会制度。

最早提出人性这个问题，可以追溯到两千五百年前的春秋战国时期。大圣人孔子说："性相近也，习相远也。"不过，他并没给人性下什么定义，也没明确回答人性是善，还是恶。所谓"性相近"是善相近还是恶相近，"习相远"是善相远还是恶相远？都未明说。孔夫子到底是大圣人，对人性这个很复杂的问题，他谈得很少，也不轻率武断地下结论。正如他的弟子子贡所抱怨他："夫子之言性也天道，不可得而闻也。"这正是他老人家的明智之处，也给后人留下了想象、探讨的余地。

中国历史上第一个断言人性本善的要算战国中期的孟轲。他是孔子的孙子的学生，对孔子极为敬重，曾明确表态："乃所愿，则学孔子也！"

孟子认为："恻隐之心，人皆有之；羞恶之心，人皆有之；恭敬之心，人皆有之；是非之心，人皆有之。恻隐之心，仁也；羞恶之心，义也；恭敬之心，礼也；是非之心，智也。仁义礼智，非由外铄我也，我固有之也，弗思耳矣。"他把仁义礼智这些所谓的善，看作是人天生就有的，每一个人的人性都是善的，"人皆可以为尧舜"，关键在你是否能"尽心""知性"地挖掘、培养这些善的萌芽。

至于什么是人性，孟子也没定义；为什么人性本善，孟子也没作出严谨的论述。因此，他尽管满腔热情地到处宣扬、口诛笔伐地到处游说，但总让人觉得有点强词夺理的味道。比如他对杨朱的"拔一毛而利天下，不为也"的"为我说"、墨翟的"摩顶放踵利天下，为之"的"兼爱"说，就深恶痛

绝,曾破口大骂道:"杨氏为我,是无君也;墨氏兼爱,是无父也。无父无君,是禽兽也……杨墨之道不息,孔子之道不著,是邪说诬民,充塞仁义也。"孟子认为,杨朱派主张个人主义,有对君主不尽忠的倾向,这是目无尊长;墨翟派主张同视天下,兼爱众人,不分亲疏,有否定对双亲尽孝的倾向,这是目无父母;既不忠君,又不孝亲,这种人就是禽兽。

对于孟子的"性善"主张,荀子不同意了,他第一个站出来提出了人性本恶的主张。

荀子论述"人性本恶",与前人明显不同的是,他对人性下了定义:"生之所以然者谓之性夕",就是说:性,是天赋的、与生俱来的原始质朴的自然属性,是不待后天学习而成的自然本能。与"性"相对的是"伪"。"伪"就是人为、后天加工的意思。比如,仁义礼智信就是"伪",是人为教化的结果。他认为:"性者,本始材朴也;伪者,文理隆盛也。无性则伪之无所加,无伪则性不能自美。性伪合,然后成圣人之名,一天下之功于是就也。"荀子明确把人性限定为人的自然属性:"饥而欲食,寒而欲暖,劳而欲息,好利而恶害,是人之所生而有也,是无待而然者,也是禹、桀之所同也。"而把仁义礼智信归结为"伪",是人的社会属性。

既然"人"的本性是恶的,那"善"从那里来呢?荀子认为:性是恶的,伪是善的。那么,如何使人由恶变善呢?荀子认为要通过后天的礼仪教化来"化性起伪":"人之性恶,其善者伪也。今人之性,生而有好利焉,顺是,故争夺生而辞让亡焉;生而有疾恶焉,顺是,故残贼生而忠仁亡焉;生而有耳目之欲,有好声色焉,顺是,故淫乱生而礼义文理亡焉。然则从人之性,顺人之情,必出于争夺,合于犯分乱理而归于暴。故必将有师化之化,礼仪之道,然后出于辞让,合于文理,而归于治。由此观之,然则人之性恶明矣,其善者伪也。"在他看来:凡人都是好色贪利、憎丑恨恶的,这些都是人性本恶的表现,如顺其自然发展,社会就会充满争夺、残暴、淫乱。因此,必须用师法教化、礼仪规范来使人向善,但善不是"性",而是"伪"。

在荀子看来就是人性中的恶在作怪。也是这个原因,那些人类中的有识之士,看到,要解决这个问题,必须制定一套完善的法律来约束人性中的丑恶表露。所以才出现了"法治社会"。

荀子不仅提出了"性恶说",还对孟子的"性善论"给予了批判:"孟子曰:'人之学者,其性善。'曰:是不然!是不及知人之性,而不察乎人之性伪之分者也。凡性者,天之就也,不可学,不可事。礼义者,圣人之所生也,人之所学而能,所事而成者也。不可学,不可事,而在人者,谓之性;可学而能,司事而成之在人者,谓之伪;是性伪之分也。"荀子认为,孟子的性善论和不学而能、不虑而知的良知良能说,是不了解"性"和"伪"的区别。

由于时代的限制,荀子"人性恶"的观点,也不正确。其错误与孟子一样,都是把人的社会属性与人的自属性相混淆了。"恶"是人的社会属性,只有当人的自然属性扩大到损害了他人的利益时,其行为才称得上恶。简单说就是:人性之自私自利、憎丑爱美,本身并非是恶,放纵人性使之妨害了他人才是恶。荀子所说的人性恶,实际上是指人性如没有受到限制所造成的社会恶果,但他误把人性的自私自利当成了恶。这就等于把洪水泛滥当成了水性本身。水不受控制可能导致水灾,但我们不能认为水性本恶,更不能灭绝水源;没有了水,自然界便没有了生机,而正确的做法可以修堤建筑,把水限制起来。人性不受制约,人也可能犯罪作恶,同理,我们也不能不据此认为人性本恶,更不能去火绝人性;没有了人性,个人会失去生机,人类便失去动力,则社会不会进步,历史不会发展。如果不把人性与恶的关系搞清楚,"人性恶"的观点很容易成为人们的共识。这会造成两种恶果:一是否定人性,有戒欲、绝欲之嫌。导致如宋儒"存天理,灭人欲"的极端主张。二是否认自私的正当性。

第二章 将命运掌握在自己手中
——荀子『人定胜天』论的现代意义

人是什么？为什么有些人一生幸福，而另一些人一生却总是痛苦？自从人类开始认识自己以来，人们思考最多的就是命运。命运是人类有史以来最神奇的事物，命运又是所有人最关注的事物。然而，早在几千年前，圣哲荀子就以其睿智的思想告诉了我们，命运不是由神来安排的，命运其实就掌握在我们自己手中。

人的命运可以选择

【原文】可以为尧、禹,可以为桀、跖,可以为工匠,可以为农贾,在注错习俗之所积耳。

【大意】人可以成为尧、禹,可以成为桀、跖,可以成为工匠,可以成为农民、商人,这一切都在于行为举措与习俗的长期积累罢了。

生活中,我们常常看到很多人在大街上让那些江湖术士为自己算命,似乎世界上有人能够预知天机,能占卜未来。其实,人的命运不需要他人来卜算,一个人想成为怎样的人,全靠自己的抉择。人性在大体上都是相同的,饿了想吃饭,冷了想睡觉,无论帝王或庶民,无论尧舜或盗跖,都没有什么不同。荀子说,一个普通人也可以成为禹那样杰出的人。只要你自己意识到并且认识你的能力,正确地认识自己,根据自身的条件和实际的可能性,找到你的长处,及时调整自己的方向,让自己的长处得以发挥,就会感到自己并不比别人笨,你有不及别人的地方,而别人也有不及你的地方。

因此,不要被你现在所做的工作、所住的房子、所开的汽车或是所穿的衣服定性,你不是这些东西的总和,成功者相信的是自己,他们取得成功的潜力不依赖于地位或身份,而依赖于他们自身实现目标的信心。

你是否对自己现在状况不满意,你是否希望自己的命运好转,你是否想要改变自己,那么就要先认识自我。按照下面所说的事项来执行,你就能学会认识自己的本领。

列举出你的长处,请你的上司、老师这些能确实告诉你意见的人,帮你找到这些长处。接着在这些长处底下,写出那些虽然在事业上很成功,但是在长处上不及你的人来。

这样列出表来，至少你可以发现，自己也有长处是优于事业成功的人。最后，你将可能获得一个结论：你的本领比你自己想象的还要大。因此，我们应该要想象自己真正有那么大的本领，不可贬低了自己的能力。

正确认识自己，就是既不要高估自己，也不要低估自己，"人贵有自知之明"。一位伟人说过："痛苦常常属于那些没有自知之明的人。"如果我们低估或高估我们的力量，那么我们因决策失误，所遭受伤害的程度就会增加。什么是自知之明呢？了解你自己的最好的方法是站在一旁，像陌生人一样来评估自己。所谓"不识庐山真面目，只缘身在此山中"，接着，要尽可能客观地进行自我检查、评估自己的能力并认识自己的缺点。能够做到自知之明，就能够选择和掌握自己的命运。

然而，我们中的另一些人认为自己比实际情况还要糟，他们缺乏自信，他们感到不适应社会，他们逃避棘手的挑战，因为他们害怕失败。结果，他们注定一生平平庸庸。可能有人认为认识自己是一种毫无意义的行为，但我们都有自欺欺人的弱点，我们都会为自己的弱点寻找理由，为自己的失败找借口。我们中很多人都相信自己比实际情况要好得多；我们都认为自己在事业上没有做得更好的主要原因是我们没有运气；我们竭力回避这样的事实：失败是因为没有等到机会。他们把所有的一切都归结为外在客观条件。

因此，很多人总有怀才不遇的感慨，老觉得自己空有一身好本领却无缘得人赏识，不是自怨自艾，就是到处求神问卜，企求时来运转。再不然，就是走起路来无精打采，说起话来畏畏缩缩。在别人的眼里，他只不过是个毫无自信的庸才而已。

对于这个问题，荀子也有他独到的观点。荀子说："天有其时，地有其财，人有其治，夫之谓能参。"尽管天有四时的变化，地有丰饶的资源，但人也有自己治理自然和社会的办法。机会是客观存在的，机会也可以由自己来创造。如果你不能在适当的时机表达适当的展示自己，别人又怎会瞧见你的存在？不要怕自己的意见流于空泛，和别人没什么两样，只管表达出来。因为你的智慧、经验绝不会跟别人一模一样，由此而来的逻辑思

考就会不同，经过思考后的结论当然也不会和他人一样，会有你的独到之处。何必害怕别人的非难呢？不能正确认识自己，还在于有些人过于得意忘形，只顾强调自己许多不得了的成就，反而忘记偶尔透露一下自己的缺点。

要知道，敢于承认缺点的人在别人心目中的评价比竭力掩饰自己缺点的人要高，因为任何事不可能万无一失。承认自己的缺点也就更符合人性，更加诚实；只要是人，不论是百万富翁，还是人生刚起步的年轻人，没有永远只赢不输的。别怕告诉别人自己的失败经验与切身感受，坦白产生信任，而非猜忌。这样旁人才会相信你所言不虚！

我们每个人都有能获得成功的能力，然而，能发挥多少，就全靠我们对自我是怎么看待的。如果你认定自己是一个有能力、有才华的人，那么就会发挥出符合你这样认定的一切天赋；如果你认定自己是个"窝囊废"或"疯子"，那么你的一生也真有可能这么平庸下去。

在我们的内心深处有一种神秘的力量，我们无法解释，但有时我们可以感到它的存在，它仿佛会化成一种命令驱使我们去完成预定的目标。

例如，如果你一直在想并告诫自己是一个微不足道的人、一条"可怜虫"，而且你不像别人那么好，那么不久你将会相信这一点，你的潜意识就会接受这一点。这时你的精神机器开动了，在你的思想里，已经不自觉地把自己塑造成一个小人物的模型。如果你还是一再表现出那种不自信、懦弱以及没有能力的想法，那么这个模型很自然地就会再现于你的现实生活中，那时你将不得不接受软弱、失败与贫穷。

相反，如果你勇敢坚定地相信自己是这世界上所有美好事物的继承人，所有美好的东西都属于你，得到它们是你与生俱来的权利，并且你总是表现出一种王者的风范，确定你将实现自己这一生之中最伟大的理想，相信力量属于你，健康属于你，任何疾病、懦弱与混乱都将离你而去，如此积极地思想，将具有极强的创造力，为你带来的不是毁灭，而是所有你所期望的东西。

一个充满期望的人，他决心去实现自己的目标，他会总是将自己的理想铭记于心，在前进路上披荆斩棘消灭阻止他获得成功的敌人，摆脱懦弱与优柔寡断，为自己的理想而努力奋斗。

　　积极的、具有建设性的思维意味着健康与财富，我们将因此成为一个有能力的人；而消极的思维则意味着不幸、疾病以及所有其他折磨。积极的思维是我们的保护神，保护我们免遭贫穷疾病的折磨。在失败者的大军中，绝大多数都是有着消极思维的人；而在胜利者的阵营中，他们则都是一些拥有积极向上、创造性、建设性思维的人。

　　从现在开始，为自己选择想做的人吧！而且，还要坚信你一定能成为那样的人。永远记得自己是个多么特别的人，从而走你想走的路，让别人可以清楚地看到你对自己充满了自信。展现这种自信的神情，请你一定要保持步履轻盈，不时来首轻松的歌，让全世界都知道你无时无刻都快乐，每天对你而言都很特别。"人的命运是可以选择的"，你心里这样思考，你就会对自己的命运了如指掌。你不需要求卜问卦，你的命运已经在你自己心中下了定义。在这个世界上，只有你才能驾驭自己，驱动自己。你才是自己的主人。

用行动改变命运

【原文】 强本而节用,则天不能贫,养备而动时,则天不能病;循道而不贰,则天不能祸。

【大意】 增强农业生产而且节制用费,上天就不会使人贫困;供养充足而且行动适时,上天就不会使人患病;遵循自然的法则而且坚定不移,上天就不会嫁人灾祸。

自古以来,人们一直都在思考命运,关注命运,希望自己能够有一个好命运。但是,什么是命运? 这个问题却一直没有人能够作出正确的回答。早在几千年前,圣哲荀子就告诉了我们,是命运并不是上天决定好的,只要采用合理的措施去对待它就吉利,采用不合理的措施去对待它就发生灾难。从语言学的角度说,命运就是人在社会生活中的贫富、贵贱,以及一切遭遇,而且是人的生活发展变化的趋势。比如,增强农业生产而且节制用费,上天就不会使人贫困;供养充足而且行动适时,上天就不会使人患病;遵循自然的法则而且坚定不移,上天就不会嫁人灾祸。可见,一切祸福,皆与自己的主观能动性有很大关联。我们抛开那些骗人的迷信观念,不要相信命运是上天的安排,就会对命运作出正确的认识。

有很多人认为自己的命运是上天安排好了的,每个人都只能服从,不可违背,不可逆天行事。所以,那些人一直过着悲惨的、贫穷的、被动的日子,他们无力改变自己,也不敢想象能否改变自己。直到有一天,他们穷得实在过不下去了,他们被人欺压得实在过不下去了,他们痛苦得实在无法忍受了,就发愤一搏,突然,命运就改变了。于是,人们就发现,命运是个纸老虎,轻轻一碰就倒了。陈胜、吴广就是这样改变自己命运的,他们的经历让很多人明白了一个道理：命运不是上天决定的，而是自己决定的。

贫富、贵贱、遭遇，这是我们每个人在社会生活中不可避免要接受的现实。有人生在有钱人的家里，有人生在穷人家里，这看起来是上天的安排，其实，这是由上一辈人决定的，而不是上天决定的。上一辈的穷根可以一直往上推，是因为家族中一直没有人能够觉悟到自己可以改变自己的命运。那么，到了你这一代，如果还不觉悟，那么，这种贫穷就会一直传下去，直到你的家族里有人意识到这一点，就会发生变化。

你现在出生在贫穷家庭，是不是就没有办法了？不是，关键还是在于你自己。只要你意识到命运在你自己手中，你通过自己的能力，加上你的勤奋思考，你就一定能够主动改变自己的命运。《古文真宝》中记叙了苏秦与朱买臣的故事，对我们理解命运有很大的启发。苏秦自幼家贫，依靠兄嫂度日，但是，他一心想要读书做宰相，出门游说各国君王，却没有人赏识他。所以落得穷困潦倒，乞讨回家。嫂子见他那副模样，生气地说："你一个大丈夫男子汉连个糊口的钱都不会挣，而终日游荡，无所事事，难怪落到今天的地步。"一顿奚落之后，也不下厨给他做饭吃。

后来苏秦发愤学习，终于出人头地，衣锦还乡。其嫂也一反冷落态度，诚惶诚恐地出来迎接。苏秦便问："嫂子，以前你对我那么慢待，今日为何如此恭敬呢？"

嫂子说："今日你出人头地、享受荣华富贵了呀！"

苏秦不禁感慨万千，长叹道："唉！当我穷困时，父母都不愿认我这个儿子。如今一发达，乡里乡亲都来祝贺，可见这个世界没有金钱和地位不行啊！"

朱买臣，出身寒微。他与妻子靠卖柴维持生活，同时苦读。但即便是卖柴，他也是高高兴兴地，妻子以为他穷昏了头，并以之为耻，提出和他离婚。朱说："请再等我十年，就会让你幸福的。"妻哭着说："像你这样的贱货，不知何时要死在荒郊野外的。"说完离他而去。数年后，朱买臣果然金榜题名，荣归故里。其妻已再婚，念其旧恩，朱买臣便连同其夫一并招至近旁厚待之，其前妻为自己以前的无知感到羞耻而自杀。

这两个人都不是出生在有钱人家里,但是,他们有一种改变自己命运的决心和毅力,发愤读书,学好本领,既能够为国效力,又可以改变自己命运。所以,出生在贫穷人家并不是没有办法改变命运的。苏秦和朱买臣他们之所以在贫困艰难的条件下,通过自己的努力改变命运,关键在于他们早就预料到自己生活发展变化的趋势。也就是说,他们把自己的命运掌握在自己手中。为什么他们能够做到这一点呢?就在于对自己命运有清醒的认识。不相信上天,不相信命运是由别人来安排的,自己给自己设计命运,就能够在命运还没有出现转折时,就已经看到它的结果。

那么,人遇贫穷当如何?

"贫而无谄,富而无骄,何也?"

"可也,未若贫而乐,富而好礼者也。"孔子答。这真是至理名言。

"贫而乐"是积极的人生态度,人贫而志不贫,才有发奋的激情和动力,才能改变自己命运。"穷则变,变则通",化贫穷为力量,这就是中国人的生存智慧。

发现自己，掌握自己的命运

【原文】 大巧在所不为，大智在所不虑。

【大意】 一个最能干的人在于懂得什么是不能做和不应做的，最聪明的人在于他不去考虑那些不能考虑和不应考虑的事。

的确，一个人对于自身的才华和能力，必须有一个清晰的认识，才能所做所为。所以，发现自己身上具有的天赋才能，就是我们掌握自己命运的前提。

有人问古希腊犬儒学派创始人安提司泰尼："你从哲学中获得了什么呢？"

安提司泰尼回答说："发现自己的能力。"

古希腊犬儒学派是公元前4世纪苏格拉底的学生安提司泰尼开创的，代表人物有蒂欧根尼。这个哲学流派的主要观点是，人是自然的动物，主张人要回归自然，顺应自然，社会常规以及家庭常规都是对人性的束缚，应该打破这些常规生活，人就可以在任何艰难困苦的环境下快乐的生存。

现代社会，我们每个人每天忙忙碌碌，根本没有时间审视自己，常常被生活的实际问题所困扰，不知道自己还具有一种可以改变一切的能力，正是这种能力的忽视，使人的思想和情感得不到往高尚和纯粹境界提升的可能。

人不是没有能力，而是缺乏发现自己的能力，缺乏发现，人便会被自己蒙蔽，往往是做了自己不应做的事或是过多地考虑了不该由自己考虑的问题。甚至给别人、给社会带来伤害。

发现自己，就是发现另一个自己，发现假面具后面一个真实的自己，

发现自己的局部、偏见、愚昧、丑陋、冷漠、恐惧,发现自己的热情、灵感、勇气、创造力、想象力和独特个性。实际上,一个人多多少少是分裂的,能在分裂的各个自我之间进行平等、理性的对话,正是一个人的悟性从晦暗到敞亮的过程。正如真理愈辩愈明,在各个自我之间的诉说、解释、劝慰乃至激烈的辩论中,人心深处的仁爱、智慧和正义感就可能浮出海面。

安提司泰尼是善于发现自己的。他看到铁是被铁锈腐蚀掉的时候,悟出嫉妒心强的人被自己的热情消耗掉了——这是他在同自己的嫉妒谈话,对自己潜伏着的嫉妒作出严正警告。他常去规劝一些行为不轨的人,有人便责难他和恶人混在一起,他反驳道:医生总是同病人在一起,而自己并不感冒发烧——这是他在同自己的德行和自信谈话。他认为:那些想不朽的人,必须忠实而公正地生活——这是他在同自己的信念谈话。

一生与孤独为伴的哲学之父、后精神分析大师克尔恺郭尔,更是一个善于发现自己的人。

他在世时,整个世界都不理解他,甚至敌视和厌弃他。他一方面向整个世界的虚伪和庸俗宣战,一方面回到自己内心,不厌其烦地同自己谈话。

他在短短的一生中写了一万多页日记,也就是说,他几乎天天在同自己谈话。然而,正是这个"真正的自修者",这个被认为与人类社会格格不入的"例外者"充满绝望和激情的自我倾诉,许多年后成为震撼人类精神的伟大启示。

伟大的诗人都善于发现自己。因为只有在善于发现自己,这些诗才更具真实性,更有穿透事物的深刻性。

请看里尔克的最辉煌作品是怎样写出来的:"不和任何人见面,除了对自己的内心说话之外,绝对不开口——这的确是我立下的誓言。"所谓"对自己的内心说话",就是写诗,换一种说法,写诗就是诗人同自己谈话的一种方式。在同自己谈话的过程中,诗人把自己在生命静思中体验到的种种图像精确地呈现出来,从而让我们看到了生存的陷阱、灵魂的锯齿、信念的血痕以及万物的疼痛。

发现自己的声音必然是可靠的、真实的，摒除了所有虚伪、怯懦、狂妄和矫揉造作。世界上最感人的作品往往是作者的内心独白，比如里尔克的《杜伊诺哀歌》、卡夫卡的《城堡》和《变形记》、普鲁斯特的《追忆逝水年华》、西蒙娜·薇依的《书简》等。

发现自己，既是一种能力和智慧，又是一种德行，一种高贵的人格境界，更是认识自我，走向成功的第一步。

一个人如果认定自己是个有能力、有才华的人，那么他就会发挥出符合他这样认定的一切天赋；如果一个人认定自己是个笨蛋，是个窝囊废，那么他就不可能发挥出他实际存在着的潜能。一个人只要认定自己是个什么样的人，就要坚定不移地走下去，不管别人怎么看待和评论。

发现自己的关键在于，自己对自己的认定是否准确无误。如果自己的自我认定错了，那种错误的认定必将严重影响、困扰自己的一生。

人的自我认定是可以改变的，人生也随着自我认定的改变而改变。当一个人不满意自己的目前状况时，不妨按下述几个步骤重新改造自己。

第一步，找到你心目中的人生榜样，为自己树立人生目标。把你所希望的自我认定的条件写下来，而后认真思考：到底哪些人身上具有这些条件？自己是否可以效仿他们？设想自己已经融入了这一新的自我认定之中，在这一认定里的自己又该如何呼吸？如何走路？如何说话？如何思考？如何感受？

你如果想真正拓展自己的人生，那么由此刻开始你就得下定决心想要成为什么样的人。你应回到孩提时代的心态，对未来满怀热望地列出成功人生所必须具备的各种特质。

第二步，列出你的行动方案，以便能够同这个新的人生角色相吻合。这时，你要认真思考怎样做才能实现自己的目标，你需要在人群中树立自己的全新形象，你要特别留意结交什么样的朋友，你的成功与你结交的朋友有很大的关系，要让你的新朋友强化而不是削弱你的自我认定。

第三步，你要每天提醒自己，不要让心中的目标淡化或者消失掉。这最后一步便是让你周围的人都知道你的这一新的自我认定，而更为重要的是要使你自己知道，你自己每天都要以这个新的自我认定来提醒、告诫、

把握好自己。

确立新的自我认定后，不管周围的环境如何恶劣，周围的某些人如何嫉贤妒能，你都应该横下一条心，排除各种干扰，克服一切困难，全力实现自己所坚持的理想与所做的美好之梦。

我们每个人内心所真正需要的正是我们心目中的崇高目标，这种目标可以从丰富的生活或积极的创造过程中体验到。当我们体验到幸福、自信、成功的饱满的感情时，我们就掌握了自己的命运。当我们落魄到压制自己的能力、浪费自己的天赋本能，使自己蒙受忧虑、恐惧、自我谴责和自我厌恶的程度时，自己就是在扼杀我们可以利用的生命力，就是在背弃自我发展和完善的道路。

人能够发现自己，而动物却不能，这关键在于人具有创造性想象力，人可以利用想象去设计不同的目标，根据目标去达到成功。只有人才能利用想象力去指导成功机制，也只有人才能掌握自己的命运。

不管现在你是在哪个行业工作，你对自己一定要有一个清晰的认识，一开始就从各个角度不停地考察它，开动创造性机制，那么你的命运就一定可以掌握在自己手中，只不过时间有长有短而已。因为在创造想象这一过程中，你的头脑在加速运转，并不断地搜寻有效的意念和事实，并与自己相关的经验联系，结合为二个有意义的整体，使你的思维得以完善，完成你所需要的成功方程式，或者有效地"解决"问题。你自己想成为什么样的人，就得下决心像那个人那样去思考、感觉与行动，最终你就真的能成为那样的人。过去你是什么样的人已无关紧要，重要的是现在你想成为什么样的人。

每个人在人生的旅途中不会是一帆风顺的，往往要遭受许许多多的痛苦与磨难。其原因当然很多，但有一条原因特别值得人们深思，那就是未能发现自己。凡是抱定主意、持之以恒、百折不挠、勇往直前的人，都会成就程度不同的事业。善于夸夸其谈，虽能用美好的话语蒙哄住人，但丝毫改变不了其伪君子的本色。

一个人若能坚持原则，站稳立场，信守承诺，胸怀坦白，虚怀若谷，务真求实，苦心奋斗，百折不挠，那么，就会有许多好处或好事在等着他。

激发你的潜力，就能创造命运

【原文】错人而恩天，则失万物之情。

【大意】放弃人的努力，只是指望上天恩赐，那么万物就不会对你恩赐什么。

一个人的认识，由于受到时代的限制，总有一定的局限，总会受到人们已有观念的约束。所以，我们对自己命运的掌握，其实是基于别人的认识，根据以往的经验，根据人类代代相传下来的所谓常识。但是，别人的认识也好，以往的经验也好，还是人类的常识也好，都不一定是真理，也会有错误的时候。因此，荀子认为："错人而恩天，则失万物之情。"即放弃人的努力，只是指望上天恩赐，那么万物就不会对你恩赐什么。

例如，人们在谈到血统的时候，总是过多地强调所谓的"将门虎子"，所谓的"龙生龙，凤生凤，老鼠生来会打洞"，但是，"将门出犬子、龙生大虫、凤凰生麻雀"的事情在我们的社会里还少吗？

对于别人的认识，以往的经验，还有流传下来的常识，正确的、有利于我们个人发展的，我们当然要吸收，但那些我们认为错误的、不利于我们自身发展的，我们完全可以置之不理，如果一味地把别人的言论当作信条顶礼膜拜，而放弃了自身的努力，你就只能被命运牵着鼻子走。

要知道，你的人生属于你，而不属于别人。道理很简单，因为你的潜力是埋藏在你的身体之中的，只有你自己才能真正把你的潜力激发出来，从而创造自己的命运。

心理学上的罗森塔尔效应就充分说明了这一点。哈佛大学的心理学教授罗森塔尔分别以老鼠和人作为研究对象，做过教育实验。他先把一群小

老鼠一分为二,把其中一小群(A群)交给一个实验员说,这是属于特别聪明的一类老鼠,让你来训练。然后,他将另外的一小群(B群)交给另外一名实验员,告诉他这是智力非常普通的老鼠。两个实验员分别对两群老鼠进行了训练。过了一段时间,对两群老鼠进行穿越迷宫测试时,发现A群老鼠比B群老鼠聪明得多,穿越迷宫的时间要短得多。

罗森塔尔教授说,他当初对两群老鼠的分类完全是随机的、任意的,他并不知道哪些老鼠聪明、哪些老鼠不聪明。而实验员听他说A群老鼠聪明,就信以为真,用对待聪明老鼠的办法对老鼠进行训练,结果这些老鼠就真的成了聪明的老鼠。相反,B群老鼠被认为不聪明,实验员就用对待笨老鼠的办法进行训练,结果这一群老鼠也就真的成了不聪明的老鼠。

尔后,罗森塔尔将这一实验扩展到人,他从新生名册中随意挑出了一些学生,然后告诉老师这几个学生特别聪明。老师对这几个学生就有了好印象,便着意加以培训和指导。过了一段时间之后,发现罗森塔尔点出的"聪明"学生确实比其他学生学习更优异,在生活中也表现得更聪明。

这些实验都说明了同一个问题:人的潜力是无穷的、难以估量的。而一个人的潜力发挥到最大程度,因为认识自己可以增强人的自信心,使你产生无穷的力量,那么自己的命运也就可能因此而改变。

如果别人告诉你,你可以抬起一辆轻型卡车,你可能说别人在吹牛。但看完下面的故事,可能就会改变自己的观点。

一位农夫在自家的谷仓前干活,没有注意到一辆轻型卡车快速地开过他的土地。他14岁的儿子正驾驶着这辆车,由于年纪太小,他还不够资格考驾驶执照,但是他从很小就对汽车很着迷,而且似乎已经能够驾驶一辆汽车,因此他就偷偷地在父亲的农场里开这辆客货两用车,但是不敢开上外面的路。

突然,农夫看到汽车翻到了水沟里去,他大吃一惊,急忙跑到了出事地点。他看到沟里有水,他的儿子被汽车压在底下,只有头露出了水面一点点。

这位农夫毫不犹豫地跳进水沟,把双手伸到了汽车下面,把车子抬了起来,直到抬的高度足以使另一位跑来帮忙的工人把那毫无知觉的孩子从车子下面拽了出来。当地医生很快赶了过来，给孩子做了全面检查，幸好只有一点皮肉伤，只需做简单的治疗，孩子身体其他部位均完好无损。

那位农夫的身材并不很高大，身高大约有170厘米，70公斤体重。所以，别人都很惊讶，如此身体，竟然能有如此壮举！连农夫自己也觉得奇怪起来，刚才他跑过去的时候根本没有想自己是不是能够抬得动。事情过后，他就再试了一次，结果根本就无法动得了那辆汽车。

一个人到了生死紧要的关头所爆发的力量是我们一般人很难想象的。每个人身体中都沉睡着一个"巨人"，这个"巨人"就是你的潜能。能唤醒你心中的巨人，能开发出自己无穷无尽的潜能，你就能够获得成功。

有这么一个真实的故事：

有一天，一位母亲到菜市场买菜，买完菜后，这位母亲回到了自己居住的小区，在自己居住楼下的不远处，她遇到了一位熟人，这位母亲就和熟人聊起天来。这时，这位母亲年仅三岁的儿子在自家的阳台上看见了母亲。起先，他呼喊自己的母亲，也许由于母亲正在聊天，没有听到儿子的呼唤。儿子见母亲没有反应，于是他就爬上阳台。不幸的事就在这一刻发生了，孩子一不小心，从阳台上往下掉。就在儿子从楼上掉下来的一刹那，母亲发现了儿子的举动，出于本能的反应，母亲扔掉菜篮子，飞也似地跑了过去，就在儿子即将落地的那一瞬间，母亲也恰好赶到并用自己的双手牢牢地托起了儿子。

周围的人都被眼前发生的这一幕惊呆了，当时正好有一位消防队员路过这里，看到刚才发生的一幕，他怎么也不能相信眼前发生的这一切，于是他把自己的见闻告诉了自己的伙伴，并请自己的伙伴们一起进行了现场试验，在实验中，消防队员们在六层楼上把与小孩子同等重量的东西扔下来，然后让消防队员们从那位母亲聊天的位置往楼下跑，一个一个地去接从楼上扔下东西，试验的结果是没有一个消防队员能把东西接住。

若把那位柔弱的母亲与训练有素的消防队员的身体进行比较，任何人都明白，那位母亲能做到的事情，消防队员们一定能做到，而且还应该做得更好。可事实却并非如此，这是为什么呢？

可以说，创造奇迹的正是人的潜能。

人的潜能为什么能够创造奇迹呢？科学实验证明，当人的身体机能面对紧急状况时所产生的反应与面对一般状况时所产生的反应有着本质的区别。面对紧急状况时，人的肾上腺就会大量分泌激素，这些激素就会迅速传遍全身，产生难以想象的能量。并且，人在紧急状态下所产生的超常能量并不只是肉体的反应，同时涉及心智和精神的反应，是心智和精神同时产生超常的能量使得人能够作出在一般状态下做不到的事情。故事中的那位母亲之所以能在千钧一发之际，从死神手中救出自己的儿子，就是因为在她看到自己心爱的儿子从楼上掉下来这一危急时刻，她的心智和身体的一切反应只有一个，即救出儿子，除此之外，她不可能再有别的任何想法。在这种情况下，她的精神上的、肉体上的"肾上腺"都引发出了巨大的潜能，使她办到了常人难以办到的事情，她的儿子才躲过了那场灾难。

人的体能如此，其他方面的能力也是如此，比如，智能、宗教经验、情绪反应等，都可以爆发出几乎不可思议的潜力。平时只是由于情境方面的限制，人在一般状态下只能发挥其十分之一的潜在能量。

这也就是说，我们每个人身上都有巨大的潜在能量未被开发出来。据资料说，普通人只开发了他体内所蕴藏能力的十分之一，与我们应当获得的成就相比较，我们几乎是处于一种半梦半醒之间，我们只利用了我们身心的很小一部分。另外，人的大脑储存的能量也大得惊人，人们在平常的工作学习中也不是发挥了极小的大脑功能。要是人类能够发挥自己大脑功能的一半，就可以轻而易举地学会40种语言，背诵整个百科全书，获得12个博士学位……

这就是你自己的真实资料，是你自己的有关数据。可以说，在合理的范围内，只要你有信心，你几乎是无所不能的！

人的潜能如果不加以开发，就会自然消退，不复存在。它不像石油、煤炭等自然资源，如果不开采依旧埋藏在地下，以后仍然可以加以利用。人的潜能，如果今天、今生不加以发掘、利用，就会随着人的死亡而消失。在我们的生活中，那些不敢掌握自己命运的人，一生中失去了很多发展的机遇，最后带着被埋没的才能和无尽的遗憾，默默地告别了人世。这的确是非常悲哀的事情。

善于进行自我调控就能把握命运

【原文】君子敬其在己者,而不慕其在天者;小人错其在己者,而慕其在天者。

【大意】君子重视自身的修养努力,而不指望得到天的赐予,因此日益进步,小人放弃自身的修养努力,而指望得到天的赐予,因此日益落后。

前面我们已经讲到,人与人并无多大区别,可是有的成了君子,而有的则沦为小人,这关键在于你是否善于进行自我调控。

自古以来那些能够掌握自己命运的人,都表现出心理弹性大和心理空间大的特点。这种特点的实质,就是人能够根据环境的变化,去调整自己的心理结构,寻求更好的发展方式。

人在世界上生存、发展,要实现自己的价值,使自己的人生走向辉煌,必然会遇到这样那样的压力和困境。当一种压力突然降临时,脆弱者可能精神崩溃或人格变态,而善于调控的人,就会积极应变,暂时收缩,忍受打击与挫折,排遣痛苦,蓄势待发。一旦压力消失,就能够马上恢复原状,从而使其个性更为鲜明。

人的性格无论是刚而不柔还是柔而不刚,都会造成人生悲剧。中国历史上西楚霸王项羽,自以为"力拔山兮气盖世",攻无不克,轻用其锋,刚烈有余,柔韧不足,终致兵败垓下,自刎乌江边。

而汉代的张良,可以算是善于进行自我调控的一个人,他辅佐刘邦打天下,等到汉朝大业已定,便毅然急流勇退,隐居陕南山中,进退之间,悠然自得,将他本人的命运掌握得游刃有余。但是,最初的张良并非这样

一个善于进行自我调控的人。秦国吞并了韩国以后，身为韩国宰相后人的张良，年轻气盛，刚而不柔，雇请力士刺杀秦王，以报灭韩之仇。事未成功，却遭秦兵追捕，逃亡到下邳。在这里遇到黄石公，才改变了他的性格和命运。或者说，在这里，张良学会了自我调控，成为一个能够掌握自己命运的人。

据《史记·留侯世家》记载，当日张良散步到桥边，遇到了一位老头。这个老头衣着平常，貌不惊人，却有点古怪。他看张良走到桥上时，故意把鞋扔到桥下，然后对张良说："小伙子，给我把鞋拾上来。"张良既惊讶，又生气，真想掉头离去。后来想到老头年纪大了，不必与之计较，便强忍住气，把鞋子捡了上来。不料那老头得寸进尺，又说："给我穿上鞋吧！"张良又想发作，却又觉得既然已经忍气把鞋拾上来了，就好事做到底吧，就跪下给老人把鞋穿上。老头抬起脚让张良穿好鞋，诡秘地笑了一下说："年轻人，你算是个可塑之才！五天后天亮时在这里等我。"张良心里有点纳闷，不知何意，但还是跪下答应说："好的。"第五天天刚亮，张良赶往桥边，老头已先等在那里，老人先发制人说："与老年人相约，为何来得如此晚？"说完扬长而去，边走边说："过五天再来！"到了第五天，公鸡刚刚打鸣，张良就赶去了。可结果老头又先到，又训斥了张良一顿，让他再过五天再去。这一次，张良半夜就去了，等了一会，老头才来，老人高兴地说："年轻人就应当这样。"说完，就拿出一本书，对张良说："你拿回去仔细研读，将来必成为帝王之师。"说完就离开了，此后张良终生也未见到这位不仅教他兵法，更教他善于调控的老人。

老人给张良的书就是《太公兵法》。后来，张良熟读此书，终于帮助刘邦平定天下。

苏轼在《留侯论》中发表议论说，桥上老人并非神怪，而是秦代隐士。他认为张良有盖世之才，却缺乏深谋远虑、以柔克刚的大志，逞一时之勇，干出荆轲、聂政等刺客所作之事，差点送了命，实在可惜。所以老人就故意用傲慢无理的行为来考验张良，如果张良能忍，将来就可以成就大事。其实，送书不是主要目的，老人有意挫挫其少年刚锐之气，使他不再锋芒外露，忍小愤而成大业也是最终的想法。因此老人要做的，是改善张良的情绪，减少一点刚，增加一点柔，达到刚柔相济的水平。苏轼认为，古来豪杰之士的节操，能忍人之所不能忍。自我控制，是柔的一种表现。项羽不能自我控制，而刘邦却能自我控制，所以，项羽输给了刘邦。而刘邦的自我控制，是受张良耳濡目染的结果。

战国时期的蔺相如也是个善于自我控制的人。在威风凛凛的秦王和虎视眈眈的众臣面前，为了维护赵国的利益和尊严，他怒发冲冠、张目斥敌，刚烈之气震慑秦国君臣。而面对廉颇的有意挑衅，为顾全大局而再三回避，甘心忍让。该刚时刚，该柔则柔，用不同的方式处理好外交与内务，都取得了良好的效果，既完璧归赵，又将相和好。

人的一生中，不可能事事如意，工作生活的环境条件不可能一点不变。身处顺境，我们自然求之不得，不会有什么大的问题。身处逆境，如失败、犯错误、降级等，主观心理期待与现实处境反差极大，不善于调整自己，就会命运不济，一生不幸。而及时调整心理状态，尽快适应变化了的环境，等待、寻找新的发展途径，就会创造美好的命运。儒家讲的"达则兼济天下，穷则独善其身"，就是在人生到达两种不同的境界中调整自己的智慧结晶。

性格决定命运

【原文】 人之命在天。

【大意】 人的命运在于如何对待天。

人生在世,很多情况下,命运并不能够如想象的那样一帆风顺。但荀子认为:"人之命在天。"什么意思呢?其实,荀子主要是强调人对待天的态度,即人的命运在于如何对待天。而人对待天的态度则取决于自己的心态和行为方式。我们认为,成功与失败最主要有两方面因素:一方面是机遇,另一方面就是个人的性格决定的。不能说我们在社会生活中没有机会,正如有人所说的,机会对于我们大家都是均等的。但是,为什么有些人就能够抓住机会,取得人生成功,而大多数人却抓不住机会,常常抱怨命运不公?这就是个人性格问题。

性格决定命运,这并不是夸大其词,人的命运主要归结为自己的心态和行为方式,而不能归结为上帝的安排。一个人幸福还是悲伤,主要是自己的性格因素决定的。那么究竟什么是性格?性格又是怎样形成的?只要认识了这些问题,我们就可以掌握自己的命运。

具体而言,性格是人对现实的较稳定的态度和与之相适应的行为方式,比如人在环境中由认知、情绪、意志活动而构成的对事物的看法,稳定下来的、经常的、习惯性的行为举止等。比如有些人热爱生活,有些人对一切采取漠不关心的态度;有的人默默无闻但悉心体贴,有的人性格张扬但锋芒毕露。

性格是一种十分复杂的心理结构,复杂的原因就在于它包含太多的内容,从对现实的态度方面看,我们可以说某人的性格正直、诚实、勤劳、谦虚、积极或者相反；从意志方面来说，性格特征往往表现为对自己行为的调节水平和行为获得方式，例如独立性、自制力、毅力和恒心以及果断等；从性格的情绪特征看，主要表现为情感活动的强度、稳定性、持久性、心境的平和等；从理智方面看，性格表现为有人善于深思熟虑，有人浅尝辄止、有人善于分析综合、有人善于浪漫想象等。性格的这些方面，在一个人身上以其独特的方式结合在一起的，互相作用，互相制约，构成一个人区别于另一个人的个性面貌。所以"性格"是我们经常使用而没有被人真正理解的名词之一。即使有些心理学家在给这个词下定义时，都像瞎子摸象一样。一个瞎子确信大象是一条大蛇；另一个瞎子认为象是一根树干；第三个瞎子则自信另外两个人是真正的瞎子，因为象实际上是一堵墙。那么我们自己的性格又真正像什么呢？我们扮演的角色、玩的游戏及装扮的外表后面，我们真正是什么？

在我们了解自己性格的过程中，无论是我们自己，或者其他的人，我们都像瞎子描绘大象一样，只有当每个瞎子的观察都集中在一起的时候，这些综合的图像才能提供一个对大象完整的描述。事实上，每个人的性格都不会是十全十美的，都会有一些缺陷。正确认识自己的性格，就应该承认这种现实，不要求全责备、追求完美，否则，只能给自己增加痛苦。

性格是如何形成的呢？心理学家将性格的形成归为以下几点：

首先，父母兄弟姐妹的交往从决定意义上影响了个人性格的形成。由于那些对我们很亲密的人通常是我们的父母兄妹，同他们交往使我们学习到：①我是谁，即自我概念的形成；②什么对我们最重要，即我们的价值观；③如何满足某种需要，即我们的动机；④解决问题的方法，即思维；⑤对待我们感受的方式，即情绪。这些加起来，就构成了我们现在表现出的性格。可见，家庭对一个人的性格影响力是非常大的，我们每个人的性格完美或者病态都与家庭有很大的关系。

只要大家留心一下，把自己性格深层次的东西拿来与你们的爸爸妈妈相互细细分析比较一番，就会发现自己身上有父母的因子，兄弟姐妹有相似之处，对此你是否有些同感？

其次，我们的基本性格结构形成得很早，可能在人生最初5年之内。

但是,这并不能说我们的性格会原封不动,永久停留在同一个的位置上。恰恰相反,在环境不断变化、接触的信息不断转换过程中,我们的性格也呈现出不同的面目等。但是,人生早期的生活对性格的影响是很大的,一旦形成某种性格,改变起来是非常困难的。

即使我们个性的大部分心理特征开始得很早,后来的生活经验仍对我们的行为起着影响。有时候一件严重的事情,如家庭成员的死亡,或者生活中的失败或成功,都可能在性格模式上带来激烈的变化,多数心理学家把个性解释为生长着的有生命的实体。人类的命运是完全可以自由选择的,也是可变的,而人的生物学方面,却很少能自由改变。如果把人的身体比作是设置的一个舞台,那么心理性格就是可以在上面创作和一再创作人类的戏剧。

最后,性格是整体的,实际的行为被看作是变化的个性和情境之间的相互影响的结果。在发展的每一个特殊情境中,性格是以一种巨大范围的(Tyler)和一种甚至更大数量的选择表现出来的,因为人类能够使用无限的、独特的和创造性的方法来解释和联系外在的实际。

从以上理论的阐述来看,一个显而易见的真理摆在我们的面前:性格是后天形成的,而且是具有可塑性的——只要你意识到自己的性格缺陷,努力寻找完美的性格模式,那么你就可以掌握自己的命运。

不要听从命运的安排

【原文】 舍其所以参，而愿其所参，则惑矣。

【大意】 放弃人治理自然和社会的努力，而一心向往对天时地理的依赖，那就是太糊涂了。

人都有决定自己命运的权利。很多情况是你做了，或许你也无法改变什么；但你不做，就什么也改变不了。一个人的命运在于自己对人生的把握，我们一再强调，没有谁的人生是一帆风顺的。你是屈从于命运，还是做命运的主人呢？在荀子这里，我们找到了答案，屈从于命运的人是愚者所为，一个有志之人，是绝不能依附于命运的安排，只要能认识到这一点，你就会自己安排自己的命运。

在实际生活中我们不难见到一些人"混"日子，他们只是满足于混一天是一天，混到月底将工资混到手，然后下个月接着再混。这些人可能私下里认为自己很聪明，不用好好地工作，就能将单位或老板的钱混到了手。这些自以为聪明的人其实是最愚蠢的人，因为他这么日复一日、年复一年地混日子，混的不是别人，混的是自己的前途、命运。因为他混得久了，就会在头脑中形成一种定式：人生就是来混的，混也就成为自己的命运，这也就是荀子所强调的"太糊涂"了。

当一个人落魄到"混"的程度时，根本谈不上什么远大的理想与抱负了，他的一生就由命运来安排，而不是自己安排自己的命运。

如果你不想自己的青春和生命白白浪费掉，那么，在你的人生中、工作中，你就要为自己定一个明确的目标，这个目标就会影响甚至决定你以后的生活。因为有什么样的目标，就有什么样的人生。

如果你将你的人生目标和理想只定位于混一碗饭吃,那么,你可能一生都在为了"混一碗饭吃"而"奋斗"着,也很可能就连这"一碗饭"也混不到嘴里。

1998年,27岁的王凤英成了下岗女工。这个出生于长春一个普通工人家庭的孩子,常常凝视着天空发呆,其实,她是在思考如何改变自己的命运。经过了一段时间后,王凤英经人介绍,到了一家宾馆做了一名客房部的服务员,开始了每天叠被子、打扫房间的工作。

王凤英家里有老人、有上学的孩子,花销很大,而她每个月只有400元的收入,这种情况常常让她感到生活的巨大的压力,但王凤英从未感到灰心绝望,她常常这样激励着自己:上帝对她关闭着一扇扇大门,一定是想引导她到那扇成就自己命运的窗口前。

1999年的一天,王凤英像往常一样,清扫着宾馆的走廊地毯,一位客人叫住她,让她帮忙到街上买一块香皂。王凤英心里一惊,以为是自己粗心大意,忘了给客人房间配放一次性香皂了,她急忙向客人道歉。但出乎她的意料之外,客人告诉她:"房间里已经有一次性香皂了,可我讨厌用那种小香皂,体积太小了不好拿,容易掉,质量也太差。"王凤英帮助客人买回了香皂。

第二天,这位客人走了。王凤英在收拾客人的房间时,看到昨天帮客人买的香皂只用了一点点,招待所配送的一次性香皂因为客人已经打开了包装,也不能再用了。在将一大一小两块香皂丢进垃圾桶的时候,王凤英突然心里一动:客人出差在外,都喜欢方便,不愿意携带大块的香皂,而宾馆酒店提供的香皂又因为体积小、质量差等原因不能让客人满意。这难道不是一个改变自己命运的契机吗?

王凤英分析了客人不喜欢小香皂的原因:一是质量较次,二是难拿难握,洗脸时缺少舒服的感觉,三是宾馆酒店方面出于利益考虑也不可能为了满足客人的喜好而增加经营成本为客人配备大香皂。能不能作出一种折中的香皂,既能满足客人的需要,可以增大体积,让客人好拿好握、同时,又不影响质量,不造成浪费,不提升成本呢?

连续几天,王凤英都被这个问题困扰着。

一天，王凤英无意当中被孩子们玩的塑料球吸引住了。她暗想：如果塑料球的外面就是一层香皂，即设计一种空心的香皂，这样，既能增加香皂的体积，让客人好拿好握，好擦洗，又没有增加香皂的用量和成本，一举两得，这种香皂一定会得到顾客和酒店的欢迎。

王凤英兴冲冲地找来小孩子们玩的塑料球，把香皂削成薄片贴在塑料球的表面，这样，"空心香皂"的雏形就出来了。王凤英带着自己的"产品"到了市内一家大香皂厂。香皂厂的经理对此大为称赞，但当王凤英询问他们工厂能不能生产这种香皂时，这位经理却遗憾地告诉她，因为这种香皂的生产工艺与传统香皂的生产工艺完全不同，因此，他们无法生产。

不过，这位热心的经理最后鼓励王凤英先去为自己的"产品"申请一个专利。

2000年4月16日，王凤英终于申请到了新型香皂的专利权。

接下来，便是漫长的技术攻坚。皂粒熔点的掌握、皂粒与塑料球的附着等问题都包含着极高的科技含量。为此，王凤英不知道求了多少人，作了多少次试验。

这时，一些人听说王凤英要开发新型香皂，不禁议论纷纷，说她仅仅高中毕业，又是一个下岗女工，连吃饭都成问题，还要研究什么新型香皂，简直是异想天开，癞蛤蟆想吃天鹅肉。

这些舆论给王凤英的心理上造成了很大的压力，但尽管如此，王凤英依然没有动摇自己的信念。她经常用美国作家马克·吐温的一段话来激励自己："一个人的一生，如同一个个环套起来的锁链，如果其中一个锁链改变了位置，那么整个人生都会因此改变。"王凤英告诉自己：人的命运不是别人说是怎么样就应该怎么样的，要想改变自己人生的现状，等待机会是不行的，必须要善于创造机会，现在有了这么好的机会，绝对不能因为别人的不理解和舆论就放弃。

王凤英经过一年时间的不断钻研，空心香皂技术上的难关被一一克服。2001年，她的新型香皂已经达到了可以批量生产的水平。看到自己的创意终于变成了产品，从机器上"流"出来，王凤英真正领略到了创业的艰辛与快乐。

接下来的问题就是销售。王凤英在报纸上刊登了广告，立刻就有很多酒店和宾馆直接和她订货了。没过多久，就有数十家宾馆、浴池都开始使用王凤英的产品了。之后，王凤英设计空心香皂就出现了供不应求的局面。

就在这一年，王凤英成立了一家公司，她从一个人人同情的下岗女工，变成了一个身价数十万元的女老板。

从这个例子可以看到，你不被自己的命运所左右，只要你努力去思考，你就可能获得成功。但是，你要是安于现状，任凭命运支配，那么，你就永远不会拥有财富。

俄国著名作家车尔尼雪夫斯基也说过："人的活动如果没有理想的鼓舞，就会变得空虚渺小。"

其实，仔细想一想，只有先有梦想，然后才可能按照计划去实现梦想，取得人生的成功。如果你想着把自己交给命运，那你肯定不能成为百万富翁。

所以，你可以为自己设立一个有价值的目标，比如说，几年之内你要为自己和家人积累多少财富，然后，在实现这个目标的过程中，一步一步按照计划去做，你可以品味挑战和拼搏的喜悦，你还可以为发现了一个新的自我而感动。

现实生活中，没有人不追求和向往美好，但老天好像就是要与人作对，总是在人生的道路上布满坎坷，总是不让人一帆风顺，各种各样的挫折总是在人不经意间横亘在人们面前。

美国一种家喻户晓的美食叫"琼斯乳猪香肠"，在它的发明背后有一段催人泪下的与命运作斗争的故事。该食品的发明人琼斯原来只是威斯康星州农场的一名普通工人，当时他的家人生活比较困难，但他身体强壮，工作认真勤勉，也从来没有妄想发财。可天有不测风云，在一次意外事故中，琼斯瘫痪了，躺在床上动弹不得。亲友都认为这下他这一辈子可废了，然而事实却出人意料。

琼斯身残志不残，始终没有放弃与命运作斗争的决心。他身体虽然瘫痪，但他意志却丝毫没受影响，依然可以思考和计划。

他决定让自己活得充满希望，乐观、开朗些，他决定做一个有用的人，他不想成为家人的负担。他思考多日，最终把构想告诉家人："我的双手虽然不能工作了，但我要开始用大脑工作，由你们代替我的双手，在农场中全部改种玉米，用收获的玉米来养猪，然后趁着乳猪肉质鲜嫩时灌成香肠出售，一定会很畅销！"

皇天不负有心人，事情果然不出琼斯所料，等家人按他的计划做好一切后，"琼斯乳猪香肠"一炮走红，成为人人知晓、大受欢迎的美食。

天无绝人之路，生活丢给我们一个难题，同时也会给我们解决问题的能力。琼斯能够成功，是因为他没有屈从命运的安排，坚信冬天之后有春天。他在困难面前没有低头，没有被挫折吓倒，而是另辟蹊径，终于迎来了属于自己的成功。

生活中我们不必去乞求也不可能总是阳光明媚的艳阳天，狂风暴雨随时都有可能光临。但只要我们有迎接厄运的勇气和胸怀，在打击和挫折面前不低头，跌倒了再重新爬起来，将自己重新整理，以勇敢的姿态去迎接命运的挑战，只要我们坚信人生没有过不去的坎，就能迎来人生的辉煌。

一切生物中，唯有我们人类才拥有一项特权：这就是为自己设计命运，而不是屈服于命运的安排。

设计命运，定位人生

【原文】 君子贫穷而志广。

【大意】 君子虽处贫困，但志向远大。

我们的生活中充满了许多无法预测的因素，我们甚至无法弄清楚明天会发生一些什么事情。所以，处在这样一个忙忙碌碌的世界上，我们做许多事情都欠考虑，因而就形成了许多不必要的失败。于是人们开始哀叹命运的不公，指责世事的不济，其实这些都是没有必要的。荀子认为：君子虽处贫困，但志向远大。这里的志向就是你对自己命运的设计。如果我们没有人生的目标，没有好好地计划一下自己的人生，那么你的人生必定是贫穷的。为了自己有一个美好的命运，你就要自己为自己设计命运，这就是为自己确立一个人生目标。

那些伟大的人为什么能够成功，能够拥有辉煌人生？在很大的程度上，首先是因为有远大的目标。被赋予设想、梦想、希望和愿望以及实现它们的伟大的能力。

要想将命运掌握在自己手中，首先就要为自己设立一个有价值的目标，也就是为自己设计了命运。在实现这个目标的过程中，你可以品味挑战和拼搏的喜悦，你还可以为发现了一个全新的自我而感动。

心理学家告诉我们，人真正追求目标并非是一种安逸的生活状态，而是朝着目标竭尽全力地努力，这才是一个人的价值真正所在。为了实现目标，百分之百地耗尽自己的生命，是一个人最大的喜悦之一。

一个人要能更好地生活下去，必须有一个目标。如果没有一个有价值的目标，你不可能拥有一个美好的人生。道理非常简单：你不知道你将去何方？有了目标，你就自己掌握了自己的命运。

目标是对于我们所期望成就的事业的真正决心。目标不是不切实际的幻想，因为它可以实现，而幻想则是海市蜃楼，永远也达不到。

如果一个人没有目标，就只能在人生的旅途上徘徊，永远到不了任何一个地方。正如空气对于生命一样，目标对于成功也有绝对的必要。如果没有空气，没有人能够生存；如果没有目标，没有任何人能够成功。所以，对你想去的地方首先要有个清楚的范围，对想要达到的人生目标也首先要有一个清晰的蓝图。

明确的人生目标，不仅仅是界定人生的最终结果，它会贯穿于你的整个人生旅途中；目标是我们成功路上的里程碑，它的作用是巨大的。

据史料记载，"二战"期间，德国法西斯在奥斯维辛集中营关押了大量的同盟国战俘和老百姓，他们过着非人的生活，每时每刻他们都有可能被死神带走，几乎可以断言的是他们没有活着走出集中营的可能。但是，仍有一些人凭着自己顽强的信念，挣扎着活到了德国宣布投降的那一刻。然而可惜的是，在他们听到"纳粹投降""德国战败""我们获救了"的消息之后，竟然一个个相继死去。

他们能够在那么艰难的环境下顽强地活着，可为什么竟在将要获救的时候死去。原因很简单，因为对于他们来说，纳粹投降，目标实现了；但同时，他们的目标也消失了，目标消失了，信念没有了，人生还有什么意义呢？

当我们乘着人生之船驶入海洋时，我们的前方，都应有一个目的地，一个停靠的码头，否则，即使是一艘10万吨级的豪华客轮，也只能在茫茫的海洋上徘徊不前。与此相反，只要我们有了人生的目标，即使我们只有一只小舢板，也完全有可能达到人生成功的彼岸。

一个没有目标的人就像一只没有舵的船，永远漂流不定。前美国财务顾问协会的总裁刘易斯·沃克曾接受一位记者采访有关稳健投资计划基础

的问题。他们聊了一会儿后,记者问道:"到底是什么因素使人无法成功?"沃克回答:"模糊不清的目标。"记者请沃克进一步解释,他说:"我在几分钟前就问你,你的目标是什么?你说希望有一天可以拥有一栋山上的小屋,这就是一个模糊不清的目标。问题就在'有一天'不够明确,因为不够明确,成功的机会也就不大。"

"如果你真的希望在山上买一栋小屋,你必须先找出一座山,并找出你想要的小屋现值,然后考虑通货膨胀,算出5年后这栋房子值多少钱;接着你必须决定,为了达到这个目标每个月需要存多少钱。如果你真的这么做,你可能在不久的将来就会拥有一栋山上的小屋,但如果你只是说说,梦想就可能不会实现。梦想是愉快的,但没有配合实际行动计划的模糊梦想,则只是妄想而已。"

所以说,一个伟大的人,想明白人生要成功,必须要有明确的人生目标的道理,同时,更重要的是,他们知道该怎样制定自己的人生目标。

一个人的目标越是远大,取得的进步和成就也就越大。

一个学生,如果他只是以得60分及格作为自己的学习目标,那么,他的成绩一般也不会很高;一个员工,如果他只以赚的钱够养活妻子儿女为自己的人生目标,那么,他一辈子都可能在一种疲于奔命的状态中工作,而赚的钱也就刚刚够养活妻子儿女;一个运动员,如果他的人生目标只是在地方队混碗饭吃,那么,他就永远进不了国家队,更不会打破世界纪录。

这么说可能有点绝对,但在一般情况下,奇迹是不会发生的。因为一个人的人生目标,在很大的程度上就决定了他一生的成就。这也就是为什么我们要从小培养孩子有远大的理想和抱负、有远大的人生目标、要志存高远的原因。

母鸡孵出来的鹰也是鹰,它总有一天会飞上蓝天,因为它志在蓝天。

徒步旅行者或者赶路的人可能都有过这样的经历:你要到达的目的地只有5公里路,在你走到4公里处时,你可能会感到疲倦而松懈自己,因为毕竟快到目的地了。但如果你的目标是要走 50 公里的路程，你在一开始就会调整调动各方面的潜在力量，做好思想上的准备和其他方面的准备，这样，你走了 4 公里，也会认为才起步了一小点，而不会因此而松懈下来。由此可见，确立一个远大的人生目标，可以在很大的程度上发挥和调动人的无穷的潜能。

既然人有什么样的人生目标，就有什么样的人生，那么，我们在制定人生目标时，一定要慎之又慎。所以，你必须先确定自己的人生目标。

无论是做什么事情，你的人生目标必须能够进行检验。人们需要自己建立成功的标准并寻找途径监督自己的进步，否则，就没有俯瞰人生的视点。这样，你就应该把人生目标分为两步走：短期目标和长期目标。

一般来说，短期目标要容易制定一些，因为在一定意义上，短期目标就是你近期要做的事情。如果你连你近期要做的事情都搞不清，估计你也不会有更长远的想法与打算，也不会有什么远大的人生理想。

而所谓的长远目标，也不过就是由一个一个短期目标连缀而成的。就像一匹长长的布，它实际上是由一根一根的线连缀而成的一样。但这并不意味着，我们可以没有长期目标。长期目标一定得有，因为它意味着我们人生的努力方向，制约、指引着我们的行动。

制定长期目标，一定要将各方面的因素尽可能地考虑到，虽然有些东西我们无法未卜先知，但一些必要的措施却一定要有。否则，一旦发生意外，我们只能束手无策，造成被动挨打的局面。这恐怕不是我们所愿意看到的。

应该考虑的东西的确很多，但以下几个方面是我们制定人生目标时必须考虑的：

（1）长远。一个思想深邃的人不光要看到现状，同时还要关注未来的发展。一个人如果只看到眼前，那就容易鼠目寸光，不会有远大追求。因为你有着远大目标，你要解决大问题，同时为很多人服务，那么你必须有大本领才行，你需要有更多的知识、技能，有过人的胸怀，有时甚至要超

越你个人的得失、毁誉、荣辱等,作出某些重大的牺牲。

在你为达成自己远大的目标而学习、实践、行动的过程中,你会逐渐变得有超乎常人的知识、能力,你的胸怀也越来越宽广,你会越来越大公无私,你会以你独特的方式为人民、为国家、为人类的文明进步全心全意地服务。当你的这种服务取得成效之后,你自然会得到社会、国家、人民,甚至全人类的认可与尊敬。

(2)伟大。伟大的目标,是你前进途中的指南针。所谓伟大目标,无非是要做大事,考虑更多的人、更多的事,在更大的范围里解决更多的问题。比如做一个社会活动家或政治家,为国家的利益和人类的和平事业而奋斗;做一个具有世界影响的外交家,为了使地球上的人们化干戈为玉帛而斡旋;做一个世界一流的艺术家,为净化人类的灵魂而献身;以及做一个企业家、亿万富翁,做一个有为的省长、市长,等等。一个心智正常的人,应该掌握自己的人生使命,高悬某种理想或希望,全力以赴,使自己的生活能够配合一个伟大的目标,从而实现成功。我们生活中许多人庸庸碌碌,默默而终,这是因为他们认为人生自有天定,从没有想到可以创造人生。事实上,人存在于世间,这是天定;而好好利用自己的生活,让它朝着自己的计划和目标奋进,这样就成就了人生。

(3)崇高。崇高的目标,造就崇高的人物。那些坚定刻苦的人,成功的主要原因是有崇高的理想在激励着他们前进,激励着他们发挥自己的潜能。伟大的人生始于伟大的理想,始于对人生的憧憬,这就是他们要做什么或要成为什么。那些伟大而崇高的人都为自己想象出了伟大而崇高的前途,并将其作为目标,勇往直前。

(4)意外。这一点也是我们在制定目标时必须考虑的一个因素,期望获得最佳成绩的心理是正常的,但同时也要为最糟的情况做好准备,随时为意外之事做好妥善的安排。你无法控制别人的行为,你也无法知道在某个时候会发生什么事情,但是你可以预期各种不同的情况,尽你的所能做好准备;你也能控制你在意外发生时的反应。这样,你就能永远立于不败之地。

（5）现实。现在是你坐下来思考现实，也即短期目标的时候了。在开始制定短期目标之前，你应该十分清楚它是什么样子。以下就是你要遵守的金科玉律：

第一步，目标应用明确的词句说明。长期目标应能合理地划分为明确的短期目标，短期目标有哪些？

第二步，划分不同目标的重要性，这样之后制定先后次序。目标对于你应该有实际意义，而且与你的价值和长期目标一致。你必须明白一个重大目标胜过30个琐碎的目标。

第三步，对于完成的目标，你应能计算其成功的进度。目标应切实可行，不可为狂妄之臆想。给每个虽紧张但并非不可能的目标，定个完成时限。辨认你目标中隐含的能力目标，这样你才知道应该加强什么。顾及环境，如此你的目标才能实现。

依照以上这些标准去制定你的人生目标，它能使你的目标一直矗立于你的面前，吸引着你，召唤着你。

磨砺自信，造就人生

【原文】木受绳则直，金就砺则利。

【大意】木材经过墨斗画线加工后变直了，金属制成的刀剑在磨刀石上磨过之后变锋利了。

宝剑锋从磨砺出，梅花香自苦寒来。

这句话透彻地传达了荀子的一大教育思想："木受绳则直，金就砺则利。"木材经过墨斗画线加工后变直了，金属制成的刀剑在磨刀石上磨过之后变锋利了。成大事者，莫不受尽磨难，在磨难中完成自我教育。

人的自信同样需要一个成长的过程，需要经受一番磨砺，这当中，可能会遭受些打击与挫折，但却更能让自信变得真实。否则，所谓的自信只能说是茫目、是自大、是脱离实际的空中楼阁。

有一段时间，荧屏上总是在播放这样一个广告，一个人尽皆知的国外名人，对着一种产品竖起大拇指说到"我行，你也行！"。那一副自信的神态，给人极大的冲击力，无论广告最终的效果如何，可以想象的是这种自信的态度已经传达到每个观众面前。但是，回忆一下我们自己的生长过程，也许就没有那种"我行"的自信了。关于自信是什么，心理学家孙云权博士给出的解释是：所有的儿童，在出生后的第一年和第二年就得到了结论："我不行，你行"。这个结论是他们在童年环境中的依赖地位的产物，并永久地刻印在心里。在出生的头五年，许许多多事情夹杂着强烈的情感，被印在我们幼小的心灵里，并且在以后，随时可能再现。如果现在我们发现自己正处于一种依赖的情形中，我们就又回到了"小孩"时代，并体会到与幼年时同样的情感。或许我们又感到"我不行，你行"。在毕生的时间中，我们都把时间用来抛弃、战胜、证实或者推翻这个幼年得出的结论。

当我们长大后，就忘了儿时眼中的世界，忘了我们是多么软弱无能，甚至忘了"我不行，你行"这个结论。但这个结论一旦得出，就被永远地印记下来，即使这种结论对自己、对他人都不愉快，却很有生命力。

但现实中有的儿童仍然能一开始就像小公主、小王子一样快乐。难道他们不认为"我不行，你行"吗？事实上，这是因为父母将无私的爱倾注在孩子身上，在他们思考时，始终如一地给予可靠的指导，并亲自示范他们如何去做，儿童才会感到快乐。这样，儿童在以后的思考和行动中，增长了知识，培养出了自己的胜任感。这种胜任感也被印记下来，并可以伴随着自信而再现。然而，和成人一样，即使是自信的儿童也同样有"不行"的时候。当我们处于一种依赖和无助的环境中时，就会唤起幼年埋藏在我们内心深处的情感——"我不行"。

那么我们是如何得到"你行"的结论的呢？那是因为父母给予了儿童生活中所需要的物质和情感的交往，我们将这些交往称为"抚慰"。

"我行，你也行"的态度更多地来自有意识的思考，来自于我们的信念和对行动后果的预期，而不是情感。它摒弃了我们童年的结论，并且断言，我们不再是软弱无能和依赖他人的孩子。

"我行，你也行"的意思是要把别人当作人来看待，而不是物。要最大限度地看到自己所具有的潜能，考虑到现实的可能性，而不管过去曾经发生过什么。"我行，你也行"是对我们内部心理结构的修正，这样一来，我们或许能够颇有作为；但这并不意味着过去获得的结论会被抹去；过去的结论一旦记录下来，就会被永远保留，并且经常被唤起。幸运的是，我们后来的结论也被记录下来了。我们越是自觉地使用这种新态度去看待自己和他人，就越能改变我们日常相互作用的实质，改变我们的交际方式、我们的态度、我们对压力的反应以及我们控制情感的方式。现实生活中虽然充满了斗争，但我们坚信，人与人之间一定还存在着更美好的东西在指引我们前进。

别人行，你不一定就行，如果不去在实践中磨砺是不能让自信成长起来的，那么，你就不可能拥有真正的自信，也很难拥有辉煌的人性。

埋怨只能说明你无能

【原文】自知者不怨人，知命者不怨天；怨人者穷，怨天者无志。

【大意】了解自己的人不埋怨别人，晓得自己命运的人不埋怨上天；埋怨别人的人会身陷困窘，埋怨上天的人是没有志向的。

世上确实有很多不公平的事，有很多值得埋怨的事。但是，如果我们静下心来想想，世上是根本不可能会有什么事情十全十美。如果我们一味追求完美，抱怨社会，抱怨他人，如果我们一定要等到世上所有条件都完美后才开始行动，那么只好永远等下去了。有的人为什么一辈子都干不了一件事情，原因正在于此。相反，有的人也对自己的现状不满，但他却起来行动，力求改变现状，而不是埋怨，结果行动者成功了，而埋怨者依旧一事无成。

杰克快40岁了，他受过良好的教育，有一份安定的公务员工作，一个人住在芝加哥，他最大的心愿就是早点结婚。他渴望爱情、友谊、甜蜜的家庭、可爱的孩子以及种种相关的事。他有几次差点就要结婚了，有一次只差一天就结婚了。但是每一次临近婚期时，杰克都因不满他的女朋友而作罢。

两年前杰克终于找到了梦寐以求的好女孩。女孩端庄大方、聪明漂亮又体贴。但是，杰克还要证实这件事是否十全十美。有一个晚上当他们谈到婚姻大事时，新娘突然说了几句坦白的话，杰克听了有点懊恼。

为了确定他是否已经找到理想的对象，杰克绞尽脑汁写了一份长达四页的婚约，要女友签字同意以后才结婚。这份文件又整齐、又漂亮，看起来冠冕堂皇，内容包括他所能想象到的每个生活细节。其中有一部分是生活方面的，里面提到女孩每天应该干什么、怎么做，以及孝敬双方的父母；另一部分与孩子有关，提到他们一共要生几个孩子、在什么时候生。

他把他们未来的朋友、他太太的职业、将来住哪里以及收入如何分配等，都不厌其烦地事先计划好了。在文件结尾又花了半页的篇幅详列女方必须戒除或必须养成的一些习惯，例如抽烟、喝酒、化妆、娱乐等。准新娘看完这份仔细又周全的"婚约"，勃然大怒。她不但把它退回，又附了一张便条，上面写道："普通的婚约上有'有福同享，有难同当'这一条，对任何人都适用，当然对我也适用。我们从此一刀两断！"

当杰克先生收到被退回的婚约时，还委屈地说："你看，我只是写一份婚约书而已，又有什么错？婚姻毕竟是终身大事，你不能不慎重行事啊！"

杰克真是大错特错。他可能过分紧张、过度谨慎，但不论是婚姻，或是任何一件事情，你都不能过分吹毛求疵，以免你所定的每一种标准都偏高了。杰克先生处理问题的做法，跟他对工作、积蓄、朋友的交情，甚至每一件事情都很相像。

掌握自己的命运并不是在问题发生以前，先把它统统消除，而是一旦发生问题时，有勇气克服种种困难。我们对于一件事情的完美要求必须折中一下，这样才不至于陷入行动以前永远等待的泥沼中。当然最好是有逢山开路、遇水架桥那种大无畏的精神。

让我们再来认识另一位先生。亨利先生代表另一种类型，他不满现状，但他没有一味地埋怨别人，把改变的希望都寄托在别人身上，结果……

第二次世界大战之后不久，亨利先生进入美国邮政局的海关工作。他很喜欢他的工作，但5年之后，他对于工作上的种种限制、固定呆板的上下班时间、微薄的薪水以及靠年资升迁的死板人事制度（这使他升迁的机会很小），愈来愈不满。

他突然灵机一动。他已经学到许多贸易商所应具备的专业知识，这是他在海关工作耳濡目染的结果。为什么不早一点跳出来，自己做礼品玩具的生意呢？他认识许多贸易商，他们对这一行许多细节的了解不见得比

他多。

自从他想创业以来，已过了10年，直到今天他依然规规矩矩在海关上班。

为什么呢？因为每一次他准备搏一搏时，总有一些意外事件使他停止。例如，资金不够、经济不景气、孩子的诞生、对海关工作的一时留恋、贸易条款的种种限制以及许许多多数不完的借口，这些都是他一直没有采取行动的理由。

其实是他自己使自己成为一个"被动的人"他一直在等待他自认为是成熟条件的出现。由于实际情况与理想永远不能相符，所以只好一直拖下去了，他的理想也就成了空想。

看来，埋怨除了说明你自己无能外，不能说明别的了。

第三章 这样做人最讨人喜欢
——荀子智慧与人性之辩

人性究竟是善的,还是恶的?至今也是一个纠缠不清的问题。孟子说人性本善,实际上他是从人的肯定一面来鼓励人、安慰人;荀子说人性本恶,实际上他是从人的否定一面来鞭策人、警醒人。当荀子说,人性生来是丑恶的,我们应该感谢他的直率,让我们清楚地知道我们该改变些什么。

好心态是做好人的前提

【原文】心平愉则色不及佣而可以养目。

【大意】只要心境平和愉快，即使色泽不如平常，也可以满足视觉的欲望。

荀子说，只要心境平和愉快，即使色泽不如平常，也可以满足视觉的欲望。可见心态对人的影响是何其之大。

很多年前，看过两个小幽默，其中一个叫"本性难移"。

说一个父亲想对一对孪生兄弟做心态改造，因为他们其中一个过分乐观，而另一个则过分悲观。一天，他买了许多漂亮的新玩具给悲观的孩子，又把乐观的孩子送进了一间堆满马粪的马棚里。

第二天清晨，父亲看到悲观的孩子泣不成声，便问，"那些新玩具不好玩吗"？

"玩了就会坏的。"孩子仍在哭泣。

父亲叹了口气，走进马房，却发现那个乐观的孩子正兴高采烈地在马粪堆里掏着什么。

"告诉你，爸爸"，那孩子满怀欢喜地向父亲宣称，"我想马粪堆里一定还藏着一匹小马呢！"

另一个幽默叫"牢骚满腹"：

某君写了一封信，信上说：

"亲爱的，我活不下去了！我不知道生活为什么这样折磨我！早晨去买早点，却发现早点铺里根本没有安装篮球框架。我去买一张报纸，却发现卖报的不是双眼皮。在汽车站我等汽车，等了两小时也没有一辆我所希望的NO1234567号巴士开来。进了办公室以后,我大吃一惊,原来桌子上连一碗馄饨也没有。我接到了一个电话,打电话的人竟然没有得到奥林匹克跳高冠军。我用玻璃杯给自己倒了一杯茶,忽然想起那个采茶的农妇说不定对丈夫不贞。

结果,我没吃早点、没买报、没坐汽车、没进办公室、没接电话、没喝茶……什么都不顺心,我准备自杀了……"

以上所讲的故事,的确让人忍俊不禁,但回头想想,你曾经是否也被自己的坏心态左右过呢?

每一种心态都是每个人对人生的不同看法。在如铁般的现实里,每个人都不可避免遭受这样或那样的打击和挫折:因为高考失利而精神萎靡或是因为失恋而痛苦忧伤,因为无法适应快节奏的工作而丧失斗志……这些心理多半是人们意志薄弱,心态不成熟的一种表现。而这些异常的心理、悲观的心态往往导致痛苦的人生,往往影响对环境的正确看法。悲观者实际上是以自己悲观消极的想法看待客观世界,在悲观者心中,现实是或多或少被丑化了的。现在社会上许多人,对未来和生活,常常持有一种悲观的迷茫心理。对自己的过去,不管有无成败,不管有无辉煌,都一概加以否定,心理上充满了自责与痛苦,嘴上有说不完的遗憾。对未来缺乏信心,一片迷茫,以为自己一无是处,什么事都干不好,认知上否定自己的优势与能力,无限放大自己的缺陷。

我们的心灵就像一座花园,如果你栽种的是菜豆,那么你收到的就绝不会是南瓜。你种下一棵南瓜,也肯定不会收获一颗菜豆,在播种与收获之间,就是"种瓜得瓜,种豆得豆"。这也是我们心态的工作方法。无论什么事情出现在你心中,都会出现很多的结果。我们播种一种思想,无论是消极的还是积极的,你都会收到同样的思想。因为在播种与收成之间,我们的心态并不会得到改观。

从某种角度来讲,我们的心灵也像银行一样在工作,但是有些方式却有很大的不同。例如,任何人与任何事物(无线电广播、电视、电脑等)都会在你的心灵银行存入积极或消极的思想。但一般说来,你是唯一的能在你的银行账户存入信息的人,而且你能够使所有的存入都是积极的。

如果从银行里取出存款，那么你的存款就会减少。但是如果当你用正当的手段从心灵里取出思想时，你的思想不但没有因此而减少，反而会增加它的力量。

你的心灵银行中好比有两位业务员，这两者都会遵从你的每一项命令。其中一位业务员是积极的，专门处理积极思想的存取；另一位业务员是消极的，它专门接受消极思想的存入与反馈。

你是心灵的主人，对银行当中的提取或存入都能完全控制。存入的部分代表你的人生经验；取出的部分决定了你的成功与快乐。你无法取出你未曾存入的任何事物。

你在银行中的每一项交易都包含"要用那一位业务员"的选择。消极的业务员遇到问题，它就把不好的思想灌输给你，并预期你目前的问题会失败。积极的业务员遇到问题时，它会很热心地告诉你过去你是怎样成功地处理更困难的问题，它会带给你一些技巧和天才的例子，并且它能够使你确信：你有能力轻而易举地解决这个问题。

很明显，我们正确地选择应该是：只跟积极的业务员打交道。但是在日常生活当中，我们能做到吗？我们存入的思想是否大部分诚实，或不诚实？道德或不道德？自由或保守？懒惰或勤勉？积极或消极？

每天，有许多消极的垃圾倒进你的心灵，每天也有许多良好的、清洁的、积极的思想存入你的心灵。我们应该存入更多的积极思想来替换消极的垃圾，使得你的业务员在你要求取出时，能很快地找出积极的答案。

如果有人提着一桶垃圾走进你家里，并将这桶垃圾倒在你家客厅的地板上，你会怎么样呢？这时你可能会大怒，你可能会动手打他，或叫来警察逮捕他，或逼他马上把垃圾打扫干净。

但是对于把垃圾倒进你心灵的人，你又会怎样处理呢？也许你根本没有意识到它的危害，只是露齿一笑说："一点垃圾而已，并不会打扰我。"其实，把垃圾倒进你心灵的人，比把垃圾倒进你家里地板上的人更能伤害你。因为进入你心灵的每一种思想，多少都会有些作用。积极的思想会产生积极的作用，而消极的思想也会产生消极的作用。

20世纪，美国的一些权威专家经过几年的调查研究发现：

电视暴力与犯罪行为之间有固定的偶发关系。观看暴力演出的人比未观看的人，更容易出现暴力倾向，观看暴力演出使任何人都具有侵略性，尤其是小孩子更容易受到这方面的暗示。同样的道理，我们大力抨击消极心态对我们的影响，就是因为这些东西进入我们的心灵不会有好的反映。

有一个一文不名的年轻人，却大胆地说："总有一天，我要到欧洲去。"他旁边的朋友一听此话都笑了起来："听听，你不是在痴人说梦话？"但在二十年之后，这个年轻人果然带着自己的妻子去了欧洲。年轻人当时并没有像其他人所说的那样，而是真的实现了自己的想法，就是因为他的心里抱着积极的、坚定的希望，这希望和积极的心理暗示给了他极大的动力，促使他为了要去欧洲而有所行动。假如你一开始就被消极的心态所左右，说："不行，我花不起，那笔费用对我来说太昂贵了，我恐怕永远都做不到。"如果你首先放弃了，那么，事情一定会像你所想的那样，一切都会停顿下来。你的希望没有了，你的心智迟钝了，你的精神也消失了，久而久之，我们真的就会让自己相信事情是不可能办到的。

如果我们每个人都懂得保持心态的积极与平和，我们就会拥有希望、力量、勇气，它使我们能够力行不辍，去获取我们真正想要得到的东西。

在《飘》中，我们发现女主角——漂亮的斯佳丽的一个典型习惯，即每当她遇到什么烦恼或是无法解决的问题时，她就对自己说"我现在不要想它，明天再想好了，明天就是另外一天了"。实际上，这种"明天再想，明天是另外一天了"就是保持心态平和的方法。如果你对一个问题思索了一整天，但仍然没有显著的进展，那你就最好不要再去想它了，暂时不作任何决定，让这个问题在睡眠中自然地解决。因为睡眠中没有太多意识的干扰时，也往往就是最佳的工作时机。

人的一生短暂炫目，又一闪而逝。快乐也是一辈子，痛苦也是一辈子，那么我们为什么不让自己活得更快乐更轻松一点呢？当我们用积极、快乐的心态暗示自己的时候，你就会觉得其实在这个地球中还是有许多轻松快乐的事情。

同有半杯水，消极者说："我只剩下了半杯水。"积极者说："我还有半杯水！"同样拥有，却有两种截然不同的人生态度与价值判断，也是两

种截然不同的自我心理暗示。

在第三届世界杯女足比赛的时候,看台上打出"中国女足必胜"的横幅,这就是球迷对中国女足队员的暗示,给队员们平添取胜的信心;而开赛前,女足队员肩靠肩挽成一个圆圈,大喊:"中国队,加油!加油!加油!"则是女足姑娘们给予自己的心理暗示,从而以最佳的状态、饱满的激情投入角逐。中国女足凭着精湛的球技,更靠良好的心理、顽强的斗志和临阵不乱、有条不紊的整体配合而赢得辉煌,也赢得了人们的爱戴。辉煌之后归来,以孙雯为代表的女足姑娘们所表现出的不骄不躁的"平常心",更显出令人景仰的大气。

人生也是一场接一场的足球赛,胜负常在不可预料之间。让我们时时给自己一个积极进取的心理暗示:我能赢。给自己喊一声:加油!

欲望太多造成心理贫穷

【原文】 从人之欲，则势不能容，物不能赡也。

【大意】 纵观人的欲望，那么从权势上来说是不能容忍的，就物质而言是无法满足的。

荀子认为："从人之欲，则势不能容，物不能赡也。"纵观人的欲望，那么从权势上来说是不能容忍的，就物质而言是无法满足的。人生的欲望无穷无尽，生理的欲望，心理的欲望，爱的欲望，被尊重的欲望，成功的欲望。有了欲望，就要求实现；欲望部分实现了，又要求全部实现；欲望一时实现，又要永恒拥有；一个欲望实现了，新的欲望又产生了。人生的过程就是一个不断欲望的过程。

在生活中，我们并不是因为拥有的太少变得贫穷，而是因为欲望太多，总是觉得自己拥有的都不够，从而造成心理的贫穷。欲望有时也是洪水猛兽，如果利欲熏心，欲壑难填，欲罢不能，会在你糊涂之时不知不觉地淹没你，在你清醒之时明目张胆地吞食你。

从前，有两位很虔诚、很要好的教徒，决定一起到遥远的圣山朝圣。两人背上行囊、风尘仆仆地上路，誓言不达圣山朝拜，绝不返家。

两位教徒走啊走，走了两个多星期之后，遇见一位白发年长的圣者；这圣者看到这两位如此虔诚的教徒千里迢迢要前往圣山朝圣，就十分感动地告诉他们："从这里距离圣山还有十天的脚程，但是很遗憾，我在这十字路口就要和你们分手了；而在分手前，我要送给你们一个礼物！什么礼物呢？就是你们当中一个人先许愿，他的愿望一定会马上实现；而第二个

人,就可以得到那愿望的两倍!"

此时,其中一教徒心里一想:"这太棒了,我已经知道我想要许什么愿,但我不要先讲,因为如果我先许愿,我就吃亏了,他就可以有双倍的礼物!不行!"而另外一教徒也自忖:"我怎么可以先讲,让我的朋友获得加倍的礼物呢?"于是,两位教徒就开始客气起来,"你先讲嘛!""你比较年长,你先许愿吧!""不,应该你先许愿!"两位教徒彼此推来推去,"客套地"推辞一番后,两人就开始不耐烦起来,气氛也变了:"你干吗!你先讲啊!""为什么我先讲?我才不要呢!"

两人推到最后,其中一人生气了,大声说道:"喂,你真是个不识相、不知好歹的人,你再不许愿的话,我就把你的狗腿打断、把你掐死!"

另外一人一听,没有想到他的朋友居然变脸,竟然来恐吓自己!于是想,你这么无情无意,我也不必对你太有情有义!我没办法得到的东西,你也休想得到!于是,这一教徒干脆把心一横,狠心地说道:"好,我先许愿!我希望——我的一只眼睛——瞎掉!"

很快地,这位教徒的一个眼睛马上瞎掉,而与他同行的好朋友,也立刻两个眼睛都瞎掉!

原本,这是一件十分美好的礼物,可以使两位好朋友互相共享,但是人的"贪念"与"嫉妒",左右了心中的情绪,所以使得"祝福"变成"诅咒"、使"好友"变成"仇敌",更是让原来可以"双赢"的事,变成两人瞎眼的"双输"!

在巴拉圭有一对即将结婚的未婚夫妻,很高兴地大喊大叫、相互拥抱,因为他们中了一张"高额彩券",奖金是七万五千美金。

可是,这对马上要结婚的新人,在中奖后隔天,就为了"谁该拥有这笔意外之财"而闹翻了;两人大吵一架,并不惜撕破脸、闹上法庭。为什么呢?因为这张彩券当时是握在未婚妻的手中,但是未婚夫则气愤地告诉法官:"那张彩券是我买的,后来她把彩券放入她的皮包内,但我也没说什么,因为她是我的未婚妻嘛!可是,她竟然这么无耻、不要脸,居然敢说彩券是她的、是她买的！"

这对未婚夫妻在公堂上大声吵闹，各说各话，丝毫不妥协、不让步，所以也让法官伤透脑筋。最后，法官下令，在尚未确定"谁是谁非"之时，发行彩券单位暂时不准发出这笔奖金！而两位原本马上要结婚的佳偶，因争夺奖券的归属而变成怨偶，双方也决定取消婚约。

有人说："结婚，经常不是为了钱；离婚，却是经常为了钱！"

的确，人的私心、贪婪、嫉妒，常使人跌倒，重重地跌在自己"恶念"的祸害里。

杨朱说，高大住宅，华丽衣服，甘美食品，漂亮女子，有这四机，又何必追求别的呢？有这些又追求别的，就是贪得无厌，贪得无厌，必损人灭己。

杨朱的说话不一定高妙，但他至少说明了二点：一是人应该有欲望，二是人的欲望应该有一个限度。

事实上，我们所拥有的，并不是太少，而是欲望太多；欲望太多的结果，就使自己不满足、不知足，甚至憎恨别人所拥有的、或嫉妒别人比我们更多，以致心里产生忧愁、愤怒和不平衡；欲望太多，就会导致心理贫穷！

要减轻欲望，就要懂得舍弃。而外在的放弃让你接受教训，心里的放弃让你得到解脱，从而心里变得安宁。

中国有句古语说："苦海无边，回头是岸。"偏偏有人就执迷不悔，因此，烦恼都是自寻的。

有一个女孩四年前在女友的宿舍玩，一念之差想偷屋里的一条项链，后来被项链的主人识破，女孩羞愧难当，自此离开家乡，再也没回去过。

人的欲念是随时存在的，有时，需要你付出代价去控制它，这个代价就是放弃。外在的放弃让你接受教训，心里的放弃让你得到解脱。生活中的垃圾既然可以不皱一下眉头就轻易丢掉，情感上的垃圾也无须抱残守缺。

在物欲横流的今天，既需要你作出选择，而更多的则是放弃。与其说是抉择得当，不如说是放弃得好。人生苦短，要想获得越多，就得放弃越多。那些什么都不放弃的人，是不可能有多少获得的。其结果必然是对自身生命的最大的放弃，让自己的一生永远处在碌碌无为之中。

放弃需要明智，该得时你便得之，该失时你要大胆地让它失去。有时你以为得到了某些时，可能失去了很多；有时你以为失去了不少，却有可能获得许多。不以得喜，不以失悲。尽自己最大的努力做去，管它花开花落，云卷云舒。

你应该明白：即使你拥有整个世界，但你一天也只能吃三餐。这是人生思悟后的一种清醒，谁真正懂得它的含义，谁就能活得轻松，过得自在，白天知足常乐，夜里睡得安宁，走路感觉踏实，蓦然回首时没有遗憾！

物质上永不知足是一种病态，其病因多是权力、地位、金钱之类引发的。如果任其发展下去，其结局只能是自我爆炸，自我毁灭。

托尔斯泰说："欲望越小，人生就越幸福。"这话，蕴含着深邃的人生哲理。"欲望越小，人生就越幸福。"这是针对欲望越大，人越贪婪，人生越易致祸而言的。古往今来，被难填的欲壑所葬送的贪婪者，多得不可计数。

托尔斯泰还讲过一个故事：有一个穷人去向地主讨要一块土地，地主就对他说，清早，你从这里往外跑，跑到一个小地方就插个旗杆，只要你在太阳落山前赶回来，插上旗杆的地都归你。那人就不要命地跑，太阳偏西了还不知足。太阳落山前，他是跑回来了，但已精疲力竭，摔个跟头就再没起来。于是有人挖了个坑，就地埋了他。牧师在给这个人做祈祷的时候说："一个人要多少土地呢？就这么大。"

这个死者，正像《伊索寓言》里一个故事所说的那样："有些人因为贪婪，想得到更多的东西，却把现在所有的也失掉了。"

其实，我们每个人所拥有的财物，无论是房子、车子……无论是有形的，还是无形的，没有一样是属于你自己的。那些东西不过是暂时寄托于你，有的让你暂时使用，有的让你暂时保管而已，到了最后，物归何主，都未可知。

卡耐基曾说："要是我们得不到我们希望的东西，最好不要让忧虑和悔恨来苦恼我们的生活。且让我们原谅自己，学得豁达一点。"根据古希腊哲学家艾皮科蒂塔的说法，生命的精华就是：一个人生活上的快乐，应该来自尽可能减少对外来事物的依赖。罗马政治学家及哲学家塞尼加也说："如果你一直觉得不满，那么即使你拥有了整个世界，也会觉得伤心。"且让我们记住，即使我们拥有整个世界，我们一天也只能吃三餐，一次也只能睡一张床，即使是一个挖水沟的工人也可如此享受，而且他们可能比洛克菲勒吃得更津津有味，睡得更安稳。

不过于奢恋身外物是思悟后的清醒。它不但是超越世俗的大智大勇，也是放眼未来的豁达襟怀。谁能做到这一点，谁就会活得轻松，过得自在，遇事想得开，放得下。

追求功名不要弃君子之道

【原文】 鄙夫反是：此周而誉俞少；鄙争而名俞辱，烦劳以求安利其身俞危。

【大意】 鄙贱的人与此相反，他们结党营私求取名誉，反而名誉更少，用不正当的手段争夺名誉反而得到羞耻的名声，以忧烦辛劳去求取安逸与利益，反而自身更加危险。

俗话说：人过留名，雁过留声。谁也不想默默无闻地活一辈子，所谓人各有志就是这个意思。但是，在求取功名利禄的过程中，有的人往往会为名利遮住眼，贪念由此而起，从而做出使自己悔恨终身的事。关于这一点，荀子也提出了他的见解，他说："鄙争而名俞辱。"就是说，用不正当的手段争得名誉，反而得到更为羞耻的名声。

唐朝诗人宋之问，有一外甥叫刘希夷，很有才华，是一年轻有为的诗人。一日，希夷写了一首诗，曰《代白头吟》，到宋之问家中请舅舅指点。当希夷诵到"古人无复洛阳东，今人还对落花风。年年岁岁花相似，岁岁年年人不同"时，宋情不自禁连连称好，忙问此诗可曾给他人看过，希夷告诉他刚刚写完，还不曾与人看。宋之问遂道："你这诗中'年年岁岁花相似，岁岁年年人不同'二句，着实令人喜爱，若他人不曾看过，让与我吧。"希夷言道："此二句乃我诗中之眼，若去之，全诗无味，万万不可。"晚上，宋之问睡不着觉，翻来覆去只是念这两句诗。心中暗想，此诗一面世，便是千古绝唱，名扬天下，一定要想法据为己有。于是起了歹意，命手下人将希夷活活害死。后来，宋之问获罪，先被流放到钦州，又被皇上勒令自杀，天下文人闻之无不称快！刘禹锡说："宋之问该死，这是天之报应。"

自古以来胸怀大志者多把求名、求官、求利当作终生奋斗的三大目标。三者能得其一，对一般人来说已经终生无憾；若能尽遂人愿，更是幸运之至。然而，从辩证法的角度看，有取必有舍，有进必有退，任何获取都需要付出代价。问题在于付出的值得不值得。为了公众事业，民族和国家的利益，为了家庭和睦，人格完善，付出多少都值得。否则，付出越多越可悲。

客观地说，追求名利并非坏事。一个人有名誉感就有了进取的动力；有名誉感的人同时也有羞耻感，不想沾污自己的名声。但是，古今中外，为求虚名不择手段，最终身败名裂的例子很多，确实发人深思。

有的人已小有名气，还想名声大振，于是邪念膨胀，连原有的名气也遭人怀疑，更是可悲。

在中世纪的意大利，有一个叫塔尔达利亚的数学家，在国内的数学擂台赛上享有"不可战胜者"的盛誉，他经过自己的苦心钻研，找到了三次方程式的新解法。这时，有个叫卡尔丹诺的找到了他，声称自己有千万项发明，只有三次方程式对他是不解之谜，并为此而痛苦不堪。善良的塔尔达利亚被哄骗了，把自己的新发现毫无保留地告诉了他。谁知，几天后，卡尔丹诺以自己的名义发表了一篇论义，阐述了三次方程式的新解法，将塔尔达利亚的成果攫为己有。他的做法在相当一个时期里欺瞒住了人们，但真相终究还是大白于天下了。现在，卡尔丹诺的名字在数学史上已经成了科学骗子的代名词。真是"偷鸡不成反蚀把米"。

这些人等也并非无能之辈，在他们各自的领域里都是很有建树的人。就宋之问来说，即使不夺刘希夷之诗，也已然名扬天下。糟的是，人心不足，欲无止境！俗话说，钱迷心窍，岂不知名也能迷住心窍。一旦被迷，就会使原来还有一些才华的"聪明人"变得糊里糊涂，使原来还很清高的文化人变得既不"清"也不"高"，做起连老百姓都不齿的肮脏事情，以致弄巧成拙，美名变成恶名。

求名并无过错，关键是不要死死盯住不放，盯花了眼。那样，就一定会走上沽名钓誉、欺世盗名之路。

有时，既未沽，也未钓，更未盗，美名便戴到了自己的头顶，这又当如何面对呢？

第二次世界大战期间，美军与日军在依洛吉岛展开了激战，最后以日军的失败结束了战斗，美军把胜利的旗帜插在了岛上的主峰，心情激动的陆战队员们，在欢呼声中把那面胜利的旗帜撕成碎片分给大家，以作终生的纪念。这是一个十分有意义的场面，随后赶来的记者打算把它拍照下来，就找来六名战士重新演出这一幕。其中有一个战士叫海斯，是一个在战斗中表现极为普通的人，可是由于这张照片的作用，使他成了英雄，在国内得到一个又一个的荣誉，他的形象也开始印在邮票、香皂等上面，家乡也为他塑了雕像。这时他的心是极为矛盾的：一方面陶醉在赞扬中，一方面又怕真相被揭露；同时，由于自己名不副实，又总是处在一种内疚、自愧之中。在这样的心理状态下，他每天只好用酒来麻醉自己。终于，在一天夜里，他穿好军装，悄悄地离开了对他充满赞歌的人世。

东坡先生说得好："苟非吾之所有，虽一毫而莫取。"美名美则美矣！只是对于那些还有一点正义感，有一点良知的人，面对不该属于他的美名，受之可以，坦然却未必办得到！得到的是美名，得到的也是一座沉重的大山，一条捆缚自己的锁链，早晚会被压垮，压得喘不上气来。

得不到的未必是最好的

【原文】 凡人之欲为善者，为性恶也。

【大意】 人之所以追求善，是因为他生性丑恶。

荀子说，人之所以追求善，是因为他生性丑恶。

假如本身没有，必定向外寻求，这样，薄的希望厚，丑的希望美，狭小的希望变得广大，贫穷的希望变得富有，卑贱的希望高贵，粗俗的希望文雅。所以荀子说，人之所以追求善，是因为他生性丑恶。

但追求善不一定更善，追求真不一定更真，追求美不一定更美；结果刚好相反，追求善可能更恶，追求真可能更假，追求美可能更丑。

社会学家认为，人活着总是在追求最大的幸福。大致说来，人主要是想提高自己的物质生活水平。但对大多数人来说，生活并不如想象中的那样开卷有益好，只有童话中的公主和王子才能享受着永恒的欢乐。现实生活总是充满了挑战，有乐趣也有痛苦，就像歌里唱的："外面的世界很精彩，外面的世界很无奈。"

很多人都很羡慕那些有钱的人，看到他们有汽车、洋房、大把的钞票，心情好的时候可以坐飞机去国外旅游，就认为那样的生活才是幸福。因此人们相信这样的俗话：钱不是万能的，但没钱是万万不能的。当人们面对选择的时候，有很多证据表明人的物质追求倾向。所以，荀子断言："贫愿富，贱愿贵，苟无之中看，必求于外。"贫穷的就希望富足，卑贱的希望高贵，假如本身没有它，就必定要向外寻求。这似乎是由人的人性决定的。但是，人们所追求的一定就是最好的吗？有证据表明，钱有时并不能使人感到幸福，至少是不能感到更大的幸福。金钱和幸福只有很小的关

系。当然，太贫穷的人一定不快乐，但当人们一旦摆脱了贫穷，收入和快乐的关系就相应减弱。一般来说，很富有的人只比中产阶级人士快乐一点，可他们也常常抱怨自己不幸福，因为钱能买来床铺，但不能买睡眠；钱能买书，但不能买头脑；钱能买食物，但不能买食欲；钱能买装饰品，但不能买美；钱能买房屋，但不能买家；钱能买药物，但不能买来健康；钱能买奢侈品，但买不到教养；钱能买娱乐，但买不到幸福。有人说，一个人有健康就等于拥有一切。健康是幸福的关键吗？假设你有健康，但无财富，正处于失业状态中，而且感到孤单，即使有健康，但你幸福吗？

另外，年龄和幸福的关系也不大，不同的年龄有不同的幸福。孩子会因为有了一个新玩具而乐不可支，老年人会因为病床前老伴为自己递上一杯水、掩上被子而感到幸福。

还有许多人或者以为由于漂亮人士享有不少特权，所以会比较幸福，但大部分的证据都指出美貌与幸福没有多大的关系。一代美人杨玉环38岁被吊死在马嵬坡，一代影后阮玲玉风华正茂时死于人言可畏。

那么，到底是什么东西让人觉得幸福快乐呢？不去羡慕自己得不到的东西，而实实在在地抓住自己所拥有的，人才能享有幸福和快乐。

歌德曾经说过，人之所以幸福，是因为他的心灵感到幸福。

一个人的处境是苦是乐，常是主观感受的。不去羡慕自己得不到的东西，而实实在在地抓住自己所拥有的人，才能享受幸福和快乐。

有人安于某种生活，有人不能。因此能安于自己目前处境的不妨就如此生活下去，不能的只好努力另找出路。你无法断言哪里才是成功的，也无法肯定当自己到达了某一点之后，会不会快乐。

有些人永远不会对自己所拥有的感到满足，他的快乐只建立在不断追求与争取的过程之中，因此他的目标不断地向远处推移。这种人的快乐可能少，但成就可能大。

其实人的苦乐全凭自己判断，这和客观环境并不一定有直接关系，正如一个不爱珠宝的女人，即使置身在极其重视虚荣的环境，也无伤她的自尊。拥有万卷图书的穷书生，并不想去和百万富翁交换钻石或股票。满足于田园生活的人也并不羡慕任何荣誉，或高官厚禄。

你的爱好就是你的方向，你的兴趣就是你的资本，你的性格就是你的命运。各人有各人理想的乐园，也有自己所乐于安享的花花世界。

其实，幸福有时很简单。它是手持钓鱼竿在周末的清晨兴高采烈、蹦蹦跳跳奔向池塘的小男孩；可能是花前月下牵手散步的情侣们；可能是公园里家庭野餐上的欢歌笑语；可能是病床前亲人的一声问候；可能是送行的饺子接客的面；可能是清晨在你沉睡的时候，爱人轻手轻脚为你做的一顿丰盛的早餐；可能是下班后回到家里孩子递上的一杯热茶。

幸福就是你所拥有的东西，它就在我们的周围，在点点滴滴的生活中。据一项调查结果表明，结婚的人比独身者感到更幸福，虽然爱情和婚姻会带给人们烦恼或困扰，但人们却一致认为爱情和婚姻是构成幸福快乐的一个关键因素；没有孩子的夫妇比有孩子的感到更幸福，孩子虽然可以给父母带来无比的幸福和满足感，但也可以是父母头痛烦扰的来源；女人比男人更容易感到更幸福，虽然女性由于抑郁病要接受治疗的个案比男性高出两倍，但这并不代表女性比男性不幸福快乐；自由职业者比受雇于人的人感到更幸福；退休者比在职者感到更幸福。

《纽约邮报》专栏作家亚当斯，曾给"幸福"下这样的定义，第一条：像他这样的老头子，能娶上个又年轻又性感的老婆。第二条：这一婚姻，基于纯真的爱情，充满浪漫情调，不像纽约地产大亨川普先生一样，五十开外，还频频和世界上最当红的模特儿约会、恋爱、结婚、离婚，每次都靠巨额赔偿金才能摆平。第三条：婚后无意发现，无懈可击的美娇妻，带来巨额财产。

亚当斯又说，婚后，如果太太到银行去，本意是取了款好去商场购物的，却糊里糊涂地排在"存款"队伍里。那就是更加圆满的幸福了。

人不要盲目去追求自己所得不到的东西，有时幸福可能就在你的一念之间。你看到别人好的东西，可能对你来说一文不值，而你厌烦的东西，对你来说可能才是无价之宝。

心怀这样的想法，一个人才会不宠不惊、不骄不躁、不怨不怒，追求自己所没有的，正确看待自己所追求的。

学会自我节制

【原文】 欲过之而动不及,心止之也。

【大意】 有时欲望非常强烈,但是行动却没有完全这样去做,这是由于心节制了他的缘故。

荀子一方面认为人性本恶,欲壑难填,但另一方面他又认为:"欲过之而动不及,心止之也。"有时欲望非常强烈,但是行动却没有完全这样去做,这是由于心节制了他的缘故。懂得节制的人,不仅是一个懂得感情的人,也是一个懂得理智的人。

不懂得节制,就不懂得生活。生活的艺术就是节制的艺术。节制就是给欲望一个限度,不多不少,刚刚合适。所以说节制是欲望的看护者。

人的全身都是欲望,眼睛有眼睛的欲望,耳朵有耳朵的欲望。欲望像打击乐一样隐伏周身,旋转着,撞击着,奔突着,寻找满足。

只要血液在流动,欲望就会伸出固执的手。可不要轻慢了它,它比朋友还忠实,影子一样追随着你。它的死心塌地迫使你不得不慎重考虑和它维持一种什么样的关系。如果你能处理好这关系,你将心旷神怡,如果你不能处理好这关系,你会焦头烂额。

阿Q得意的时候,想着"要什么就是什么,喜欢谁就是谁",从某种程度来看,只是一种奢望。学者王国维的《红楼梦评论》,其中有一段话大意是:一欲既终,他欲随之,终竟慰藉不可得。这就是涌动不息的欲望之潮。个体自有生命开始,就意味着需求的产生。随着人体的发育,以及与社会接触面的扩大,需求也随之不断升华,如果需求得不到满足,人体的自身生长发育便会受到阻碍。这种生理上的、物质上的需要是正常的，但是如果对这些需要要求得过分，便又会陷入欲望膨胀的泥潭。人都有欲望。人的欲望与生俱来，挥之难去，但同时人又是具有理性的高级动物，应该而且能够把握好欲望的"度"。人活在世上，有些东西应该得到，也能够得到；有些东西不该享有，也不能攫取。老子曾说过："祸莫大于不知足，咎莫大于欲得。"这句话对于今天有着尤其特殊的意义。纵观今日一些落马之人，探其原由，"祸咎"概莫能出其"知节制"和"欲得"之外。贪婪的欲望使得一个又一个春风得意的"能人"，从马上倏然坠地，沦为"阶下囚"，甚至走上"断头台"。

一位古人说过："善行乐者必先知足"，他说的"知足"即"退一步法"，"穷人行乐之方，无他秘巧，亦止有退一步法。我以为贫，更有贫于我者；我以为贱，更有贱于我者；我以妻子为累，尚有鳏寡孤独之民，求为妻子之累而不能者；我以胼胝为劳，尚有身系狱廷，荒芜田地，求安耕凿之生而不可得者。以此居心，则苦海尽成乐地。"用现在的话说，那就是"比上不足比下有余"，该知足了。从物质享受角度考虑，我们每个人确实应当有个知足的心态，因为毕竟"人心难满，欲壑难填"，人的欲望是永无止境的。

人，在不知足中绝对地追求，在自得其乐中相对地满足。节制，使得人在自我释放和自我克制之间，砌筑了一个生命安顿的心理平台。在"见好就收"的意义上，提前规避了未知的风险。知足常乐，在相对满足和绝对追求之间，重建了一种平衡。一方面，知足常乐少了些欲而不得的焦躁、少了些由色而空的虚无。比起"无欲"的禁锢，"知足"多了一层人情味；比起"一无所有"的自得与佯狂，"知足常乐"返回了世俗理性。

节制将有力地增进你和它的关系，节制不是纵欲，当然也不是禁欲。倘若你冷淡了欲望，节制会提醒你，假使你娇惯了欲望，节制会警告你。懂得节制的人，不仅是一个懂得感情的人，也是一个懂得理智的人，一个睿智通达的人。

荀子就是这样的一个人。

荀子这样谈到他的日常经验：

欲望无穷无尽。欲望即使不能穷尽，仍然可以近于满足。欲望即使不能去掉，对欲望的追求仍然可以加以节制。抱有的欲望即使不能穷尽，对欲望的追求还是可以近于满足；欲望即使不能去掉，追求的又不能得到，但想追求欲望的人应该节制自己的追求，按照正确的原则行事，在可能的条件下，就尽量使欲望得到满足，在条件不允许时，就要节制欲求，天下没有比这更好的原则了。

话虽说得有些绕口，但荀子表达得已经十分清晰了。

不要算计人：算来算去算自己

【原文】 计者取所多，谋者从所可。

【大意】 善于算计的人愿意以少得多，善于谋划的人却按照自己认为正确的方法去办。

关于如何做人，荀子又说："计者取所多，谋者从所可。"善于算计的人愿意以少得多，善于谋划的人却按照自己认为正确的方法去办。一直以来，人们都有一个认识误区，常常把"谋利"与"算计"等同起来。但荀子却清楚地指出了两者间的差异。同时，从中我们不难看出，算计者表面上是获得了好处，但却不一定正确，说不定哪天就把自己算了进去。

但社会上就是有那样一帮人，心术不正搞歪门邪道，以堵塞别人的道路，破坏别人的成功为乐，让许多人深受其害。

会算计的人，虽无专长，但也能算计来一官半职。只是当官不会为民解忧，把别人干的功劳归自己却是相当拿手；自己不会写小说写诗歌写散文，但会写大批判文章，把别人的成果一笔抹杀；自己不会盖楼房，但会找两个钉子户，让你连地基也甭想打……这类人，不显山露水，好处捞够了就行。这类人犯错也不会大。这类人表面上沾得好处，得名得利，但到头来也什么都没留下。

有了会算计的人，我们的生存能力也会在无形中增强很多。学会与这

类人打交道，一不上火，二不生气，该丢的丢了就是，该舍的舍它而去，并不使你活得更差。因此，你不妨把此类人当作心理健康教师，让你时时有个标准：这样做会让我也变成"这类"了吗？

有了会算计的人，社会也有了一个"环保信息"。当蚊子苍蝇成群结队地在你周围嗡嗡乱叫的时候，那就说明这里有了腐败之气了，可以下大功夫清除这些垃圾了。所以说做人不要算计人，你的心机都用于正道，一样可以有所作为，功成名就。去做一个小人，不但事业不成，还会留下骂名，实乃做人的大失败。

出人头地要慢慢来

【原文】声无小而不闻,行无隐而不形。

【大意】声音无论怎样小,没有不被听到的,行为无论怎样隐蔽,没有不显露出来的。

荀子说:"声无小而不闻,行无隐而不形。"就是说声音无论怎样小,没有不被听到的,行为无论怎样隐蔽,没有不显露出来的。人生在世,想证明自身存在价值的愿望可以说是与生俱来、与身俱灭的。功成名就不仅是个人的追求,同时也是家族的、朋友的、社会的共同期望。我们的老祖宗曾毫不客气地将成功分解为"立德、立功、立言"三项,称为"三不朽"。儒家的著名主张之一,便是"达则兼济天下",鼓励人们积极入世,即为个人求取功名,又为社会提供服务。

西方有名著名谚语,叫作"罗马不是一天建成的",用来比喻人生的成功过程,颇有几分形象。本来嘛,青年孜孜为名,中年孜孜为利,老年孜孜为善,在人生的不同阶段,人们会有不同的追求,追求的实现过程与成功的体现过程同步。成功在古人心目中,不仅意味着事业上的成就,还须蕴含着人生境界的提升,即使时乖运蹇,成功未能到位,个人修养方面仍然马虎不得,所谓"穷则独善其身",说的便是这个意思。通常说"长

江后浪推前浪，今人定比古人强"，多少有些一厢情愿意味。古人在渴望成功、取得成功的同时，不忘修身养性，并未把成功看得高于一切。今人则要现实得多，功利得多，为达成功目的，往往不择手段。

西方还有一句谚语，叫作"条条大路通罗马"，说的是为了达到同一目的，可以采取不同的方法和途径，可惜有人不知其中奥妙，举手投足、一颦一笑都意在证明成功，难免欲速则不达，就像列宁所说，本意是想拜访真理，结果走进了真理隔壁的房间。现代文学史上有一些作家，刚步入文坛，便写出了一批在读者心目中有地位的作品。就是说，在他们没有刻意追求成功的时候，已经获得了令人瞩目的证明。随着新时代的到来，他们急于证明自己没有落伍，匆忙著书立说，结果他们后来写的东西，不要说没有人会看，连作者本人都不愿收入自己的文集，这些由著名的成功者变成了某种意义上的失败者。

学者也不例外，一批名扬域内，同时亦被外国学术界看重的学者，进入新时代后出成果者寥若晨星。回顾先辈学者的学术道路，不能不令人扼腕叹息：学者学者，不见学术成果，固然有来自客观环境、人际关系的制约，但急于证明的心态恐也难辞其咎。相反，倒是宗奉"独立之精神、自由之思想"的陈寅恪，甘当不成功者，不求闻达，甘于寂寞，双目虽然失明，学术研究却未中断，其人品文品，皆令人叹服。近年来关于陈寅恪的书籍已有数种，多能引起世人关注。与其说这是对一代史学大师"迟到的理解"，毋宁说也是对一种人生成功方式的肯定。

在崇尚成功的年代里，成功人士频频出没于大众传媒，其成功诀窍充斥坊间的大小书摊，成功传奇成为普通大众的茶余饭后谈资，但成功究竟意味着什么，大约不会有一个众人赞同的答案，更何况一些今人认同的成功者，在他们生前甭说别人，连他们自己都不会说自己是个成功者。现代主义大师卡夫卡，按理是个成功者，可他生前，论事业，至死不过是一家专利局的小职员；论家庭，连个媳妇也没娶上；论寿命，不过活了41年。还有绘画大师凡·高，现在存世拍卖价格最高的画作，头几名依然非他莫属；无论从美术史或商业价值上说，他都是个成功者，可有多少成功者会先是割下自己一只耳朵，而后又在麦田里用拿惯了画笔的手对自己扣动扳机呢？可见后世认同的成功，未必符合成功者的当时情形。

如果不努力谋求成功，人们可能会感受到"生命中不能承受之轻"，混同于自然界其他生物，自生自灭，枉担了"万物之灵长、宇宙之精华"的虚名；如果刻意追求成功，甚至抱有"不成功便成仁"的信念，就会时时体验着"生命中不能承受之重"：最想扮演的角色要么是婚礼上的新娘，要么是葬礼上的死者，错把忙碌当成充实，生活形式远远大于内容居然浑然不觉。此类成功，难说是真正的成功。

在一种浮躁的社会背景下，想保持心态平衡，无怨无悔，是颇有难度的。渴望成功没有错，对成功不必"举世皆浊而我独清"，但实践已经证明，急于证明成功，不是成功的唯一表达方式，也不是最好的表达方式。是金子总会发光的，渴望成功者，应该听听圣哲荀子的劝诫。

第三章 这样做人最讨人喜欢——荀子智慧与人性之辩

强出头者必招来祸患

【原文】 言有招祸也，行有招辱也，君子慎其所立乎！

【大意】 说话有时会招来灾祸，做事有时会招来耻辱，君子要谨慎地立身处世啊！

做人要懂得韬光养晦。荀子认为君子们的一言一行都需谨而慎之。在人性的丛林中行走，尔虞我诈，是非多有发生，但许多人却不知收敛，不注意自己的言行。或许是这些人认为自己太精明，事事想争先，处处想位于人前，不分何时都想出人头地，不知退让，到头来，自己给自己招来祸患，使自己处于无穷的烦恼之中。

知足常乐，适可而止，是古今中外智者贤达所一致推崇的做人智慧，而很多人在利益的旋涡中往往忘了这一点。中国人的智慧之源《周易》一书中，早告诫人们"亢龙有悔"，即一个人过于要强，必然招来灾祸。

人不甘于平凡，总想有点作为。这种想法是推动社会前进的动力。许多人认为，如果生活太平凡、太普通，日子太单调、太呆板，就没有多大意思，尤其是年轻人，更是珍惜一生难再的青春，总想在历史的长河中翻起几朵浪花，在历史的教科书上留下一笔重彩。古代不是有人说过"要么流芳百世，要么遗臭万年"的话吗？

然而，古往今来，普天之下，还是平凡的人多于非凡的人。实际上，要做一个非凡的人很难，能安于做一个平凡的人也不容易。一个人如果看得破、看得透，其平凡的经历都透露着非凡的智慧。

常言道："烦恼皆因强出头。"一位作家曾说过，猴子爬得越高，屁股又红又脏的丑相就越加显眼；自己不知道身上只穿着"皇帝的新衣"，却忙不迭地挣脱"隐身衣"，出乖露丑。许多稍有才能的人，终生挣扎着在几人之下，万人之上，耗费精力，何苦来哉？

三国时的蜀国重臣杨仪，因未受到重用，而口不择言，乱发牢骚。结果被小人告发，落得个贬为庶人，最后羞惭自刎而死，真是太不值得了。

孔明去世后，刘禅依照孔明的遗言，任命蒋琬为丞相，大将军，录尚书事；晋升费祎为尚书令，同理丞相事。杨仪虽为官多年，还有新功，却仍依旧职，在此情况下，心中不快是自然的。他找了费祎发牢骚，诉说对蒋琬的不服气，并且提起孔明死后，将全军指挥权托付给他，说如当初带兵投魏，还不至于像现在这个官。这是气话，因这气话不同寻常，故说话的对象应是知己。费祎在杨仪最苦闷时，被找来听诉牢骚，无疑应是杨的老友、知交，谁知不然，费祎打了小报告，差点要了杨仪的命。

杨仪官至长史，已是不小的官职，但因横向比较，产生了怨气。他在敌兵压境，内隐叛患的复杂情况下，被诸葛亮尽托一应大事，说明他的素质、能力和应变急才是超人的；但诸葛亮又没有向刘禅推荐他作"任大事者"，又可知杨仪有他的个人局限。杨仪就好比一位有实战经验的将才，能在瞬息万变的战场态势下率千军万马从容应对，但他缺少和上下左右的相处之气量，因此只能胜战，不能治国。他的缺少气量，实在是崇尚做官的虚荣。长史是人官了，却还有更大的官。他从战地回来的期望值太高了，一旦实现不了，就产生了抵触，就表现了不成熟的一面。这就是希望强出头的杨仪的悲剧。

杨仪仅只是不服别人，禁不住寂寞。当今社会有些人禁不住寂寞，是舍不得放弃做官。官位就像贾宝玉脖子上的那块石头，是命根子，丢了或变小了，都会要他们的命。"月满则亏"，亏时未免伤心落泪，与其承受人生"亏"时的凄凉痛苦，不如像曾国藩那样，保持一种"月未圆时花未开"的心态，就会保持永恒的快乐和恬淡，任凭风浪起，横祸也不会飞来。

时刻自我反省,乐观情绪养心养身

【原文】君子博学而日参乎己,则知明而行无过矣。

【大意】君子广泛地学习,又能每天检查反省自己,那就会见识高明而行动上不会犯错误了。

人是随着时间的推移而改变的,不仅形体如此,心智也是如此。10年前也许你认为金钱万能,只要有了钱就算是拥有了世界。5年前你可能认为唯有事业成功这一生才算是没有白过。现在呢?或许你会觉得唯有心境愉快才是生命的最终意义。

不管这10年来的改变如何,也不管改变是正面还是负面,你都得反省反省。因为至少你知道自己是个什么样的人,也会了解为什么会有这样的变化。一个人只有懂得时刻反省自己,才能不断进步。

大多数人就是因为缺乏自省能力,不晓得自己这些年以来的转变,才会看不清楚自己的本质。而一个不晓得自身变化的人,就无法由过去的演变经验来思考自己的未来,当然只能过一天算一天。

再者,我们的一切行为都和环境息息相关,过去的变化以及未来的动向都是和环境互动的结果。要是不能以正确的看法来解读外在环境的话,当然也无从定位自身所处的立场。

如果能随时反复诘问自己过去的转变,就可以找出以往看待事物的观点是对是错,若是正确,则往后当然可以继续以此眼光去面对这个世界,万一是错的,也可以加以修正。如此,则可以帮助你往后以正确的观点去看待周遭的事物。

有空时多想想吧!请随时自我反省,因为良好的心态有益于健康。

当然，自省不是要你一味沉浸在往日的失意里悲叹生命的不公，自省中你必须保持乐观情绪。你在工作中因一时疏忽而挨了领导的批评，上班时发现自行车的气门芯被人拔掉……人生中常有一些让人心烦的琐事。所以，自省最关键的是要善于调节心态，俗话说，"笑一笑，十年少"。积极乐观的心态不仅能使你显示青春活力，还将有助于增强机体免疫力，免受疾病的侵袭。

时刻自省能让你坦然面对现实。在快节奏的都市生活中，人们会面临种种压力，勇敢地面对现实，把压力当作是一种挑战将更有利于人的身心健康。

时刻自省能帮你抛弃怨恨，学会原谅。怀有怨恨心理的人情绪波动较大，不是整天抱怨，就是后悔；不是对人怀有敌意，就是自暴自弃。这样容易患心理障碍。所以，平时应学会能抛弃怨恨，要原谅别人，更要原谅自己。

自我反省可以让你热爱生活。当一个人患病时，热爱生活的人会多方听取医生的意见，积极配合治疗，并能消除紧张情绪。

自省中你要善于宣泄感情。不善于用语言来表达自己的忧伤或难过等感情的人容易患病，而压抑愤怒对机体也同样有害，更不能用酗酒、纵欲等不健康的生活方式来逃避现实。伤心的人痛哭一场，或与知心朋友谈谈心，或参加剧烈程度的体育运动后，常会感到心情舒畅，这就是宣泄感情的意义。

时刻反省会让你拥有更多的爱心。拥有爱心不仅会使世界变得更美好，而且会更有助于自己的身心健康。乐于助人还可使你广交朋友，这不仅是人生的一大乐事，还会使人更长寿。

不要盲从他人,坚持自己的原则

【原文】 凡事行,有益于理者,立之;无益于理者,废之;夫是之谓中事。

【大意】 凡是做一件事情,对于原则有好处,就做;对于原则没有好处的,就不做,这就叫作办事正确。

盲从不是灵活,灵活是发自内心的自我主创,而不是盲目地随从别人。

前几年流行事物中最令人惊讶的,是人们对于山地自行车的青睐,该车型适宜爬坡和崎岖不平的路面,对于平坦的都市马路毫无用处。山地车骨架异常坚实沉重,车把僵硬别扭之至,转向笨拙迟缓,根本无法对都市复杂的交通做出灵巧的应变;一天折腾下来,腰酸背痛;加上尖锐刺耳的刹车声,真正是一个中看不中用的东西。放着好端端的轻便车或跑车不骑,却要弄上一辆如此的蠢拙之物,好像一个人丢下良马,偏要骑那笨牛一样。时髦先生们头戴耳机,腰挎"随身听",脚踩山地车,一身牛仔服,表面上自我感觉良好得一塌糊涂,然而这潇洒的背后,却有许多无奈。

但是,假如把时髦比喻成一座令人心旌摇荡的山峰,山地车的功能便昭然若揭了。追赶时尚,大约就像骑那山地车一样,即便累你半死,也是心甘情愿。究其根源:"为什么这样?"必答曰:"别人都这样!"

灵活做人,最容易进入盲从的误区。这样做的人还误以为:"看我多机灵,不落后于他人,别人刚这么做,我就也这么做了。"盲从就失去了原则,往往给自己带来损失或伤害。而要想在生活中、事业上有所成就,就必须摆脱盲从众人的不良习惯,善于用自己的头脑思索问题,做出人生的抉择。

做人千万不能盲从,那样最容易失去自我。要坚持自己的想法,坚持自己的原则,不要随便就改变了原则上的问题。盲从对于现代人来说是最大的一块硬伤!

人生需要不断进取

【原文】 彼求之而后得,为之而后成,积之而后高,尽之而后圣。

【大意】 人只有不断求取才能有收获,不断实行才会成功,不断地积累经验才会提高,达到完美的程度才能成为圣人。

"知足常乐"是国人奉行的一种调整心态、保持心理平衡的方法,但现在经常被一些人庸俗化为对待事业和工作的一种态度,从而得过且过,不思上进,这样只会使你失去原存的信心,失去成功的机会。

成功就是人生价值的最大化,换句话说,就是最大程度地发挥了天赐潜能。那么天赐潜能到底有多大,这谁也说不清楚。但可以肯定的是,你只有去做、去尝试,才有机会认识自己的潜能,发挥自己的潜能。在现实生活中,就是要不断地给自己树立新的目标,使自己不断地奋斗。

可口可乐公司前任董事长保尔·奥斯汀曾这样说过:最糟糕的事就是一个高级主管对公司在市场上的成就沾沾自喜,尤其是公司处于最佳时期。

这种危险有时表现得并不很明显,吃老本的人有时并没有意识到自己正在衰退。有许多聪明人在这方面栽跟头,他们认为自己的成绩是显而易见的,提升和奖赏都应降临到自己头上,这种自满情绪是很危险的。下边这个故事就说明了这一点。

在美国的一个大公司中,有两个人在争夺第一把交椅。一个是当时的第二号人物,一个是第四号人物。第二号人物当时业绩辉煌,他确信凭自己的成绩担任总裁毫无问题,没有必要去进行任何竞选活动。而此时那位本来处于劣势的第四号人物,除了积极工作外,还聘用了一位公共关系专家,到处活动、演讲,拜访公司下属的地区分部经理,和每个董事详谈,与董事长套近乎。谈话中的侧重点并不放在以往的业绩上,而是极力描述

如何开拓更美好的公司前景。渐渐地，他头上显露出总裁的光环，那位目瞪口呆的第二号人物最后愤而辞职。

汪中求在《营销人的自我营销》中说：人就是要跟自己过不去。人要对自己有一点刻薄，才有可能使自己取得进步，获得成功。让自己艰苦起来，让自己受勤奋的折磨，这样的人才会有动力，而且富有成就感。

人们失败的两个最主要的原因，一个是畏难中途放弃，另一个是满足于已有。

拿破仑·希尔说："天下真不知有多少人一无所成，原因就是他太容易满足了。要求进步的第一步，就是绝对不可停留在现有的地位。不满足于现状可以帮助你不断获得新的成功。"

一个犹太人，曾被德国人拘进了3年多的时间，他被转送到各个集中营，甚至还在著名的奥斯威辛呆了几个月，但是在那个恶劣的环境里，他却幸存了下来。这简直是一个奇迹。

当后来有人问他是什么原因才让他得以活下来时，他说："当然学会保护自己是必不可少的。但更重要的是心中的爱。促使我坚强的活了下来，爱是勇气和希望啊！"

他说："那时，我们每天只能吃二分之一盎司的面包和一丁点的麦片粉，许多人像猪一样挤在一个个小房间里，根本没有什么棉被之类的，我们只能用仅有的破衣服裹着睡觉，所谓的睡觉也往往是处在惊恐中。因为随时都有尖锐的哨声把我们惊醒，如果有人动作慢了些，就可能会被毫无理由地处决。有一天，天还未亮，我们便被驱赶着去工地。在那种生存环境里我们每个人都很虚弱，我们艰难的行着，在工地劳动时，我和一个瘦得皮包骨头的人搭伴抬石块，那个人轻轻地说了一句话，让我感触很大，他说：'妻子和孩子不知道在集中营里怎么样了。真希望她们能过得好些，千万不要像我们这样。'"

这使我想起了自己的妻子，我们不能有太多的话语。但我们每个人都明白，我们都惦记着自己的亲人，默默地思念着妻子，任何恶劣的环境都毁灭不了我们心中爱的火焰。我不经意地抬头看着天空，星光已逐渐隐去，淡红色的晨光开始从一片黑暗的乌云后乍现。我依稀又看到了妻子的笑容，看到她对我说：要坚强的活下去。

造就人生

【原文】 今生之性,生而有好利焉,顺是故争夺生而辞让之焉。

【大意】 现代的人的本性,生来就贪图私利,顺着这种本性于是人与人之间就要出现争夺,谦让也就丧失了。

这是荀子"性恶论"的主张,但从中我们不难得出这样一个结论。假如一个人有贪图之利这样一些不好的心性,那么其做出的行为也便不正确。

所谓的心性,其实就是一个人的善恶成分,好与坏,正确与错误,如何判断自我与外界关系的一种综合反映。

人是很奇怪的,对同样的一件事物,今天可能这样看,明天也可能就那样看。人生中的某些艰难与不顺,甚至危险与可怕的事件,往往也就在"这样"或"那样"的心理上事先形成了。

说"事先"是因为人的动态左右了许多事情。世间的不少事,皆是人为形成的,是人的动念起因,决定了那个后果。人想去谋利,想去得名,或想去做贼,或想变得崇高,这些想,都是"事先"动念。念先有了,事才会跟上。

动了什么念头,想去往哪里,这就是心性了。心性因年龄的增长而成熟,许多人因岁月流逝,人事更迭,更加体味到日常心念与生活的关系,因而修炼心性,心态也随之更加平和、完善。

长期以来,人们把个人的品行过于社会化,个人品行的好坏,在更多的时候,只被强调为一个人社会公德的如何。仿佛只有在公众的场合里,品行才能显示它的好坏,而对个体的自我无妨。

其实，心性最主要、最直接的，并不在对外部他人的影响力，而最严重的，是对个人生活的影响。一个人的命运如何，做事的成功与否，生活得是否美满，乃至悲欢离合的遭遇，都是在这个"心性"之中，由这个心性在作怪。

心性健康的人，会注意到阳光、友情、温暖，寻找到欢乐，不缺乏自我安慰的办法，并有回避危险的能力。在这个自然的层面上，好心性的人，会把日子过得舒畅，就是遇到挫折，也能自我调整，能较自然地处在一种对事物的全面理解中。

这种心性，使人保持了一种健全的生活基调，人生的和谐也由此而生。

而心性糟糕的人，生活起来便会遇到问题，总是事多。往往也总处在不畅顺中，内心黯淡，日日阴郁。这种人，往往也是过分自利的人，人在过分自利的状态下，本身就是一种艰难，负担会很重。心性丑恶的人，自然常常存有不好的念头，生出不利于自己和他人的想法，容易走入褊狭，自身也会产生郁闷，步入迷雾，常与谬误为伴而不知。内心也总是阴云密布。这样的人，就是不做什么事，也已经活得很累，很不开心了。

心性自然是指人的内心，连我们自己也并不一定每时每刻都能够看得很清楚。好的心性与坏的心性，也不是随时随地都能区分开的。但它却明明白白作用着一个人对事物和生活的整体看法，指导着人的每一个行为，紧密联系着人的喜怒哀乐。人的情感往往就从这里出发。人生的幸福与不幸福，命运的畅通与否，甚至你到底能作多大的事，你的成功与失败，在长时间的过程中，往往都取决于你自己的心性。

为了良好的心态，为了自己的幸福与命运的畅顺，我们应该随时注意自己的心性，有意地修炼出一种好的心性，以作为生活的保障。

第四章 有心人，天不怕
——荀子的做事方式

做事的方式千千万万，但最终的目的却都是以取得成功告终。从荀子博大精深的智慧中，我们寻得了一些做事的捷径与技巧，相信对你也会有所裨益。

学习是终生的需要

【原文】学不可以已。

【大意】学习不可以停止。

早在几千年前，荀子就认识到了学习的重要性，他在《劝学篇》中说道："学不可以已。"就是说学习不可以停止。

过去一个人只要学会一技之长就可以终生享用，现在就不行了。今天还在应用的某项技术，明天可能就已经过时了。知识、技术更新换代的速度让人应接不暇，要使自己不落后，就要不断地学习。信息革命的时代，使每一个人都认识到，学习将成为终生的需要。

人一停止学习，就会退步。从人的自我发展和自我实现来说，一旦停止学习，也就没有多大价值了。

现在的许多年轻人对此可能还没有什么体会。多数人还在适应生存，在如何才能发展自己的问题上思考着学习的重要性。如果停止学习，你就要落伍，就要被时代淘汰，你的生存就会受到威胁，就谈不上发展，更谈不上自我实现。

人的潜能是很大的，成功没有止境，学习也是没有止境的。

不断的学习，你就会有不断的进步。

有些人浅尝辄止，满足于一时的成功。他们虽然值得庆贺，但不值得人敬佩。只有那些不断进取，不断超越自己的人才值得我们敬仰。

我们生活中的一切东西都在折旧，没有什么东西可以永远保持它当初的价值，知识也是一样的，你赖以生存的知识、技能也一样会折旧。在风云变幻的社会中，脚步迟缓的人瞬间就会被甩到后面。

很多人认为自己只要熬几年，自己的地位就一定稳固了，千万不要这么以为，如果你有这样的想法，就很容易被社会淘汰出局。

看看我们的流行音乐，你就能很容易地发现，淘汰的频率是如何的高。处在流行最前线的娱乐圈，每年都有前赴后继的新人，以数百张新专辑的速度抢攻唱片市场，稍不留意就被远远地抛在后面。在这个世界中，老不是最可怕的，未老已旧才是最悲哀的事。所以，面对推陈出新的市场，不断学习和创新才能不被抛出轨道。

这并不是危言耸听，有关专家指出，现在职业半衰期越来越短，所以高薪者若不学习，无须5年就会变成低薪。就业竞争加剧是知识折旧的重要原因，据统计，25周不更新自己的知识结构，你在学习中就要比别人慢上一步。只有不断更新自己，才能使自己时刻跟得上世界发展的脚步。

斯托·卫尔原来想做一个营造工程师，并且一直在这方面学习专业知识，武装自己，但是，在美国经济大恐慌时期，他找不到他的就业市场，也就是说，他所学的专业知识没有用武之地，他无法实现原来的梦想。

他重新估量了自己的能力，决定改行学习法律。他又一次回到了学校，去学将来可以当法人律师的特别课程，很快，他学完了必修课程，通过了法庭考试，很快就执业营运了。

斯托·卫尔回学校上课的时候，已经年逾不惑，并且成家立业，更加令人感动的是，他不回避困难，而是仔细挑选了法律最强的多所院校去选修高度专业化的课程，一般法学系学生需要4年才能上完的课程，他只花了两年就读完了。

很多人会找借口说："我已经太老了，学不懂了。"或者说："我有一大家子人等着我去养活，哪有时间去学习？"这实际上是人性中不可救药的弱点。人都有这个弱点，就是得过且过，苟且偷安，贪图享受，安于现状。

其实，人生有很多个层次，要想达到最高层次的人生境界，人就必须用一生的时间去学习，去努力；满足现状，就等于自己宣告自己生命的结束。

人的一生就是学习的一生。

活用你的知识

【原文】 君子之学也，入乎耳，箸乎心，布乎四体，形乎动静。

【大意】 君子的学习，要把所学的东西听入耳中，牢记在心里，融会贯通到整个身心，并表现在举止上。

将学习推到了实践执行的阶段，也就登峰造极了。

读书是学习，使用也是学习，而且，是更重要的学习，这是一位现代伟人说的话。

古时有一个人进城去卖竹竿，可是在他进城门之时却发觉竹竿横竖均不能进入城门，他非常气恼。

这时走来一位读书人，这位读书人为他出了一个主意，让他把竹竿从中间折断，就可进城了。

事后这位读书人还非常谦逊地说："吾非智者，无非见者多矣。"

多么可笑！

伯乐以相马闻名于世，他根据自己切身体验，写了一本《相马经》。他儿子看过此书，乐不可支，以为自己也会相马了。于是，出门寻马，结果他相回来的是一只大蛤蟆。伯乐哭笑不得，问他怎么相的。他儿子说："你的《相马经》不是说，骏马的特征是'隆柔蛣口，蹄如累鞠'吗？"

在你笑过以后，再仔细想想，或许读书人真的是一个才高八斗的学者，然而他却犯了死搬教条的错误，不能把知识学以致用。

所以，学习是一回事，使用知识是另一回事。无论是教人折竿的读书人，还是伯乐之子，他们都不是因为无知而留给后人笑柄，而是因为不会使用知识才贻笑大方的。如果你想做到学以致用，必须做到以下几点。

（1）学会向"前"看

我们在这里举一个TCL进军中原的例子。

在郑州，电视机的销售是分季节的。TCL就利用销售旺季以后的时间进行产品宣传，使TCL在郑州引起了轰动。

这是为什么呢？原来TCL集团郑州分公司总经理杜健君就是活用了"豆腐分割理论"。

杜健君认为，市场的消费总量基本都处于标准的基数之内。

用一个较易明白的方式来打比方，就是这个基数相当于15斤的豆腐，其中有10斤豆腐是属于旺季的，有5斤豆腐是属于淡季的。

TCL首先进入中原市场的就是这5斤淡季的"豆腐"。春季是其他竞争者在旺季酣战后的休整期，这时其他竞争者或是去游山玩水去了，或是回去庆功了，是竞争者最放松、最悠闲、最缺乏警惕及干劲的时期。

TCL却在这时比别人多了一个心眼，利用这个看似非常不利的机会只花费了最小的人力、财力即达到了轰动，TCL在春季一上市的几个月之内就卖了几千台电视机（占了5斤豆腐的4斤），其他厂家的销量加起来才占了1斤。

它们的轰动效应一直延续到了旺季，这时TCL在消费者之中已经深入人心，尽管其他厂家也在大张旗鼓地卷土重来，费尽了人力与物力，极尽广告、宣传之能事，收效也只是微乎其微，TCL在旺季又割了4斤豆腐，这样一年下来，15斤"豆腐"被TCL，巧妙地割去了8斤左右。

这就是一种成功。

杜健君的"豆腐分割理论"之所以能够成功，其关键就在于他看到了前景，即向前看。

事物的发展是在不断变化的，只有综合了事物发展的方方面面之后，才能清楚地看到事物发展的趋势。然后再根据事物发展的趋势，用战略的眼光向前看，就能够指导和推动事物向着好的方向发展。

（2）学会联系

知识是固定的，但是知识的运用却是灵活多变的，只要你发挥自己的思维，就会达到由此及彼触类旁通的效果。

你可以通过思维把两件看似风马牛不相及的事联系在一起。

例如美国的柑橘是从中国引进的,但是在最初引进时,美国人却不知道该把它引种到哪个地方最好,于是他们只好组织了一个专家组对其进行专门的研究。

这看似是一个非常难的问题,然而专家组却得出了一个非常简单的结论。

对柑橘成长影响最大的因素就是温度,而地球上的温度又主要是由纬度决定的。

柑橘之乡的纬度恰好与美国的加利福尼亚相近,因此,专家们认为最好是把它引种到美国的加利福尼亚州。

这种结论在学以致用之中得到了证明,专家组的结论是正确无误的,柑橘在加利福尼亚州获得了喜人的丰收,而别的州种的柑橘却收获甚微。

温度、纬度、柑橘、加利福尼亚州,这几种事物本都是风马牛不相及的,但是在经过专家的集体思维研究之后,却发现这些事物之间存在着一些必然的联系,从而使柑橘在美国安了家落了户。

锲而不舍，万事皆可成

【原文】 锲而舍之，朽木不折，锲而不舍，金石可镂。

【大意】 雕刻东西，如果半途而废，即使是腐烂的木头也不能刻断；如果不停地刻下去，就连金属和石头都能雕空。

下定决心做一件事是容易的，但能够做完一件事就不那么容易了。有的人，头脑热一些，没有估计到困难，困难一出现，就退缩了；有的人，头脑冷静一点，估计到了困难，可没估计到困难有那么大，也退缩了。眼看就要成功了，一步之遥，一纸之隔，可就是挺不住了，结果，前功尽弃。

因此，目标一旦明确就要开始行动，而且要锲而不舍。

德田先生是在日本大阪大学附属医院就诊时确定了要上大阪大学医学系学习的目标。这一目标定下来之后，他就立刻付诸实践。当天下午，他就到北野高中联系转学事宜，却没有成功，他没有放弃，第二天他又到今宫高中联系，结果联系成了，他马上回家向父亲表明转学的事，父亲同意他转学，实现了他的第一个目标。

德田是个认准了目标就勇往直前的人，大阪大学医学系毕业以后，他当上了医生。

在医院工作期间，德田对医疗界的弊端感触尤为深刻。他认为要想改革日本医疗事业的现状，就必须建立不受宗派势力支配的新型医院，并以此体现医疗的真正作用。

于是，德田先生决定自己办医院。目标一定下来，他就立刻行动起来。他既没有资金，也没有抵押品和保证人，一切都要从零开始。但是，

德田先生并没有被困难吓住,而是以顽强的毅力坚持了下来,并开始了奋斗。

1971年1月,德田先生开始有了正式创办医院的设想,从那时起,他用了3个月的时间,完成了对建筑用地的调查。

德田不仅从数字上掌握了大阪的单位人口与诊疗所及病床的比例、急救车的市郊出动率、住宅患者的循环周期等实际状况,而且还认真地听取了居民的呼声。通过详细的调查,他发现大阪府管辖的松原市与大东市是医疗网点最稀少的两个地区。

最后他把交通较为方便的松原市定为第一院址,开始征寻地皮。为此,他利用值夜班后的休息日和下班后的时间到处奔走。

到了5月,他在靠近铁南大阪线的河内天美车站的对面找到了一处非常实用的地皮。

这不是准备出售的土地,而是一块卷心菜地。它位于铁路沿线,而且离火车站很近,人们在火车站就可以看见这个地方。作为医院的地址,条件很好,土地的主人也很通情达理,愿意把土地卖给他做医院。

可是,德田连买地的定金都没有,现在最紧要的问题就是筹措资金。

在德田的建院计划里,地皮、建筑、设备、医疗器械等在内,总额为1.6亿日元。可是德田既没有私人资金,也没有可抵押的东西,连个有钱的保证人也没有。他到银行贷款,没有人贷给他。这时他才恍然大悟,原来银行只把钱借给有钱人,它不给没钱人提供贷款。如果贷不到款,即使那块地的主人愿意卖地,一切还将化为泡影。"我要办医院,我要办医院",德田一边想,一边从这家银行跑到那家银行,四处奔波。可哪家银行都不愿为他贷款。德田深感徒劳,但他有一丝期待,于是他就抱着一线希望详详细细地拟订了一份建院所需1.6亿日元资金的收支计划,一直忙到深夜。

也许是德田诚心感动了天地。8月的一天,当他无意中翻开报纸时,一则消息跳入了他的眼帘,内容是关于"尼克松冲击"问题。这则消息仿佛是用特大铅字排印似的,它紧紧地吸引着他的视线。

报纸上说,这个"尼克松冲击"将使金融业发生急剧变化,用户对资金的需求，可望有所缓和。由于设备过剩，大企业不大可能继续向银行借款，银行方面认为将余资通融给中小企业不大保险，这样一来，贷款的对象就会大大减少。"这是个极好机会"，于是德田又开始每天去银行，连新设的支行都找遍了，因为新设的支行业务较少，说不定对德田的话感兴趣。

德田终于在新设的支行中，找到了一家似乎有点指望的银行。他立即把建院的收支计划递了过去。在计划里不仅注明了单位人口所需床位数，包括现有床位数、不足床位数、外地患者住院人数，还注明了请求保险菜单的单价、设备、偿还等筹款项，连当地居民生活的状况也写得详细具体。"就是银行调查也没有这么详细的。"对于德田那详尽的资料，银行方面也感到惊讶。因为对方所需要的各种数据，在德田那份精心准备的计划里，可以说是应有尽有。最终，银行投资，关于贷款交涉进展的颇为顺利。到了这年年底，德田终于得到了购买地皮用的1800万日元的贷款。

毫无疑问，假如当初德田遇到困难就退缩，认为"我没有私人资金，银行决不会贷款给像我这样的人""至少等我把私人资金储到三分之一以后再同银行进步交涉，只能把设想先搞到这儿为止了"。如果这样考虑的话，恐怕直到10年后的今天，医院也不一定能建成。正因为德田锲而不舍，所以仅用了一年时间就达到了目标。自古以来人们常说，失败是成功之母。因为失败往往是身体力行过程中的失败。但一个人如果没有锲而不舍的精神，即使失败了一千次，他也只会再失败一千零一次，而不会到达成功的彼岸。

毫无疑问，德田先生是一个极具有毅力的人，正是这种毅力促使了他在事业上的成功。锲而不舍的精神和善于安排行动计划的能力对个人成功都是非常重要的。缺少这种精神和能力，即使你的目标再好，最终也难以达成。

第四章　有心人，天不怕——荀子的做事方式

持之以恒才有成

【原文】 无冥冥之志者，无昭昭之明；无惛惛之事者，无赫赫之功。

【大意】 一个人要是没有潜心钻研的精神，就不能明辨事理，洞察一切；不专心致志工作，就不可能有显赫的成绩。

有专才有恒，有恒才有成。

你生活在一个知识大爆炸的时代，如果你是一个天才，不专心就成了你的不幸；如果你资质平凡，请不要悲观，只要你下定决心一辈子做好一件事，你就能成功。年轻人，千万别给人留下一个朝三暮四的形象。

好多年前，有人要将一块木板钉在树上当搁板，贾金斯走过去管闲事，说要帮他一把。

他说："你应该先把木板头子锯掉再钉上去。"于是，他找来锯子之后，还没有锯到两三下又撒手了，说要把锯子磨快些。

于是他又去找锉刀。接着又发现必须先在锉刀上安一个顺手的手柄。于是，他又去灌木丛中寻找小树，可砍树又得先磨快斧头。

磨快斧头需将磨石固定好，这又免不了要制作支撑磨石的木条。制作木条少不了木匠用的长凳，可这没有一套齐全的工具是不行的。于是，贾金斯到村里去找他所需要的工具，然而这一走，就再也不见他回来了。

后来人们发现，贾金斯无论学什么都是半途而废。他曾经废寝忘食地攻读法语，但要真正掌握法语，必须首先对古法语有透彻的了解，而没有对拉丁语的全面掌握和理解，要想学好古法语是绝不可能的。

贾金斯进而发现，掌握拉丁语的唯一途径是学习梵文，因此便一头扑进梵文的学习之中，可这就更加旷日费时了。

贾金斯从未获得过什么学位，他所受过的教育也始终没有用武之地。但他的先辈为他留下了一些本钱。他拿出 10 万美元投资办一家煤气厂，可造煤气所需的煤炭价钱昂贵，这使他大为亏本。于是，他以 9 万美元的售价把煤气厂转让出去，开办起煤矿来。可这又不走运，因为采矿机械的耗资大得吓人。因此，贾金斯把在矿里拥有的股份变卖成 8 万美元，转入了煤矿机器制造业。从那以后，他便像一个内行的滑冰者，在有关的各种工业部门中滑进滑出，没完没了。

他恋爱过好几次，可是每一次都毫无结果。他对一位姑娘一见钟情，十分坦率地向她表露了心迹。为使自己匹配得上她，他开始在精神品德方面陶冶自己。他去一所星期日学校上了一个半月的课，但不久便自动逃遁了。两年后，当他认为问心无愧、可以启齿求婚之日，那位姑娘早已嫁给了一个愚蠢的家伙。

不久他又如痴如醉地爱上了一位迷人的、有 5 个妹妹的姑娘。可是，当他上姑娘家时，却喜欢上了二妹。不久又迷上了更小的妹妹。到最后一个也没谈成功。

在商业界有一句格言："把所有的鸡蛋放入同一个篮子。"在日常生活中也是如此。

有一个十岁的小男孩，在一次车祸中失去了左臂，但是他很想学柔道。

最终，小男孩拜一位日本柔道大师做了师傅，开始学习柔道。他学得不错，可是练了三个月，师傅只教了他一招，小男孩有点弄不懂了。

他终于忍不住问师傅："我是不是应该再学学其他招数？"

师傅回答说："不错，你的确只会一招，但你只需要会这一招就够了。"

小男孩并不是很明白，但他很相信师傅，于是就继续照着练了下去。

几个月后，师傅第一次带小男孩去参加比赛。小男孩自己都没有想到居然轻轻松松地赢了前两轮。第三轮稍稍有点艰难，但对手还是很快就变得有些急躁，连连进攻，小男孩敏捷地施展出自己的那一招，又赢了。就这样，小男孩迷迷瞪瞪地进入了决赛。

决赛的对手比小男孩高大、强壮许多，也似乎更有经验。有一度小男

孩显得有点招架不住，裁判担心小男孩会受伤，就叫了暂停，还打算就此终止比赛，然而师傅不答应，坚持说，"继续下去！"

比赛重新开始后，对手放松了戒备，小男孩立刻使出他的那一招，制服了对手，由此赢了比赛，得了冠军。

回家的路上，小男孩和师傅一起回顾每场比赛的每一个细节，小男孩鼓起勇气道出了心里的疑问："师傅，我怎么就凭一招就赢得了冠军？"

师傅答道："有两个原因：第一，你几乎完全掌握了柔道中最难的一招；第二，就我所知，对付这一招唯一的办法是对手抓住你的左臂。"

所以，朝着一个方向努力，小男孩最大的劣势变成了他最大的优势。

人人都有自己的弱点，人人都有自己的长处，只要你始终如一，专心致志，那么劣势也可能转变为优势。

注重细节，升华你的人生

【原文】 不积跬步，无以至千里；不积小流，无以成江海。

【大意】 不半步半步的积累，就无法达到千里之外；不汇集众多的小溪流，就不能形成江海。

人的一生由许许多多事组成，有的事使一个人变成了大人物，有的事情使一个人变成小人物。大人物总是跟大事件联系在一起，小人物总是跟小事件联系在一起，有的人一辈子也不一定会做一件大事。但无论大人物还是小人物都会与一件又一件小事发生关系。所以小事情是人一生最基本的内容。

大事件是可遇而不可求的，小事情则是每天都会发生的，顺利、妥帖而又快乐地去处理一件小事是容易的，但天天都能顺利、妥帖而又快乐地去处理一件小事却是十分困难的。如果一辈子都这样无怨地、耐心地、谨慎地、愉快地去处理一件又一件小事，那恐怕比做一件大事还要难得多。

大事能检验一个人的智慧、才能和品格，小事也能检验一个人的智慧、才能和品格。如果每件小事都做得漂亮、舒心，令人熨帖，那你也能得到极大的快乐和对自我的肯定。

荀子说，小事虽然微不足道，但不做也是不能成功的；那种常常闲得无事的人，他的成就肯定不会超过常人多远。荀子还这样说，忽视小事，专做大事的人，他的成就往往不如做小事的人。这是什么原因呢？因为小事来得频繁，办事所花的日子也多，积累起来数量也就大；而大事来得稀少，积累起来数量也就小。

积累，一件又一件小事地去积累，有一天，你会惊讶地发现自己是一

个多么了不起的人。比如雷锋,他并没做惊天动地的大事,但他珍惜每件小事,把每件小事都当作一个新的出发点,倾注全部的生命和爱心,谁又能怀疑他的伟大呢?

其实,伟大也是很平凡的。

每年积累,不如每季度积累;每季度积累,不如每个月积累;每个月积累,不如每天积累。

一天不是一周,一周不是一月,一月不是一年。一周需要七天才能构成,一月需要四周才能构成,一年需要五十二周才能构成。一件事情会影响一个人的命运,几件事情会改变一个人的一生,从搬运工到哲学家,从奴隶到将军,从凡人到伟人,都不是一天、一月、一年就可以达到的,它需要经过长期的努力、长期的追求、长期的积累、长期的磨炼才能够达到。

也许一个穷人,会因为某种机遇而一夜之间成为腰缠万贯的富翁,但一个搬运工成为一个哲学家,一个凡人成为一个伟人举世闻名,绝不是某个机遇的缘故。不断地追求,才有不断的进步;不断地行动,才有不断的成就;不断地积累,才有不断的提高,不断的积小步,才有跨大步的力量。

栽什么树苗,结什么果子;播什么花籽,开什么花儿。人积累耕耘的经验就成为农夫,积累砍削的经验就成为工匠,积累贩卖货物的本领就成为商人。这种积累,既是痛苦的,又是快乐的。

美国社会工作者海伦·凯勒的老师安妮·沙利文说过,人们往往不了解,即便是要取得微不足道的成功,也必须迈过许许多多蹒跚艰难的脚步。

你希望一口吃个胖子,希望夺取成功就像迈一下脚步那样简单,你或许常常这样幻想:"我真希望自己是个完美无缺的人。假如我有好的天资,是个大智者的话,我就会干什么事情都永远不会失手,我会马上把吸烟、赌博的恶习戒除掉。"

这是幼稚的懒汉成功逻辑。你以为成功者都是因遗传得来的天赋,才有把事情做得尽善尽美的诀窍。按这种逻辑,成功者每做一件事情都是轻松愉快的，易如反掌的。懒汉们认为，成功者都是无师自通的天才，学了第一课，就能够一下子成为专家。你这种"马上如愿"的思想，是导致失败的大敌。

毫无疑问，那种希望"马上如愿"的人还是存在的，像婴儿。婴儿都是要求父母即刻满足他们的意愿的。他们一想撒尿，不管是在大人怀里还是睡在床上，即刻就把衣服尿湿、被子尿湿。对婴儿的这种行为，父母无可指责，并不会对婴儿提出从发育来说不现实的要求。不幸的是，如果你一生当中总保持着这种马上如愿的要求，那么，你要走向成功是不可能的。

举个例子。你决定当一个画家，你期望自己一下子就能画出像达·芬奇《蒙娜丽莎的微笑》那样的杰作，期望自己一夜成名。但你不知道自己是该先画蒙娜丽莎的秀发还是先画蒙娜丽莎的额头，你便会认为绘画很艰难，情绪陡变，顿时扔掉画笔，长叹创作之难。因为你相信的是：如果一个人有出息，有才干，想要做什么事，都能一下子如愿以偿，用不着像达·芬奇那样天天画鸡蛋苦苦地做单调乏味的努力，用不着一点点地积累经验，用不着总费很多时间去锻炼基本功。这种想法，终将会把你抛入失败的谷底，不堪回首。

上天就是这样捉弄人，你越希望即刻如愿的，越难以即刻如愿。成功，不是直线，而是曲线。成功，是一个缓慢的积累过程，缓慢的学习过程。攀登珠穆朗玛峰，需要从脚下第一步开始，没有一下子就能跃上山顶取得成功的。

紧紧地盯着眼前的阶梯，一步一个脚印，你终将登上成功之巅。

成功的最大误区——目标不适

【原文】不识步道者以穷无穷，遂无极与？意亦有所止之与？

【大意】不知道走小路的人，是用有限的力量去追逐那无限的目标呢？还是也有个一定的范围和止境呢？

要想成大事并不是一件最难的事，最难的是你如何设定成功的目标，定位成功，而最容易陷入的误区便是目标不适。

19世纪英国伟大的物理学家牛顿，以自己的聪明才智创立了具有划时代意义的古典物理学三大定律，为人类认识宇宙作出了伟大的贡献。但是，就在牛顿创立了著名的三大定律之后，他却花了15年的工夫，要证明上帝是第一推动力，由于目标及行动都是错误的，偏离了正确认识世界的方向，其结论自然也是错误的。

一个人所确定的人生的目标，如果脱离了实际，超过了自身所能达到的高度，他即便再努力，费尽心机或者付出高昂的代价，也不会取得成功。

有些人虽然知道要有奋斗目标，但往往目标太多，朝秦暮楚，摇摆不定。关键是不知道自己需要什么。随大流，跟着感觉走，这些人的悲哀在于丧失了对生命的主动权。

审视目标的原则在于是否符合自身的能力和社会发展的需要，因为社会的发展是不以人的意志为转移的。只有你的目标与社会需要的一致性越高，自身潜能的发掘才越充分，脱离社会需求而谈个人成功，无异是水中捞月一场空。

凡是自身条件难以达到的或客观环境不允许的目标，都属于不切实际的目标。

一个人如果确定了不切实际的目标，他就会浪费宝贵的时光，最终失去成功的机会。为了不可能达到的目的而耗费心血，无异于缘木求鱼。

比如，生活中常常有许多人梦想着成为百万富翁，但是百万富翁只会在少数具有经商才能的人中产生，而实际上大多数人又恰恰缺乏这方面的才能，因而要达到这样的目标，对于大多数人来说可能性实在太小。许多人一生中之所以碌碌无为，就是因为确定了不切实际的目标造成的。

选择目标最忌目标太多。哪儿都是目标等于哪儿都没有目标。正如古罗马的小塞涅卡所说："如果一个人不知道他要驶向哪个码头，那么任何风都不是顺风。"

人们往往缺乏对自我的正确认识，对未来的目标期望值太多且偏高。社会心理学研究发现，人对某一事物的内心期望值越高，心理上的情绪冲突就越大。一般而言，在期望值一定的情况下，内心期望值越高，其情绪指数越低，人就越容易灰心丧气、情绪低落；反之，情绪指数越高，人就越容易精神振奋、情绪高涨。

如果目标太低，举手即得，容易使人丧失进取心。因此，及时调整目标的期望值是调动心理潜能的前提。正如诺贝尔奖获得者马斯·亨特·摩尔根的话，对大家也许有所启迪："不要把志向立得太高，太高近乎妄想。没有人耻笑你，而是你自己磨灭目标。目标不妨设得近点，近了就有百发百中的把握，标标中的，志必大成！"

自古以来，不知有多少人因为一生制定了不恰当的目标而导致工作的失败。在这些失败者中，有不少人做事都很认真，似乎应该能够成功，但实际上却一败涂地，这是为什么呢？原因在于，他们根本就没有找到适合自己的工作。

避免目标不适，首先就应该在内心对所选目标做到单纯定位、明确要点、预知阻力、全力以赴、避免盲从，达到专心致志，走向成功。其次在这里要达到目标，还需要具备坚持到底的决心。

松下的成功就是以耐心加韧劲。松下电器创始人松下幸之助，起初家境贫寒，全靠他一人养家糊口。松下失业后，一家的生活更无法支撑。一

次，他去一家电器公司求职，身材瘦小的松下来到公司人事部，请求给他安排一个工作最差、工资最低的活干。

人事部主管见他个头瘦小又衣着不整，不便直说，就随便找个理由说："现在不缺人，过一个月再来看看吧。"人家本来是推脱他，没想到一个月以后，松下真的就来了。那位人事部主管又推托说现在有事，没时间接待他。过了几天，松下又来了。那位负责人有点不耐烦地说："你这种脏兮兮的样子，根本进不了我们公司。"松下回去后借钱买了套新衣服，穿戴整齐地又来了。

这位主管一看，觉得不好再说什么了，又难为松下："我们是搞电器的，从你的材料看，你对电器方面的知识了解得太少，不能用。"两个月后，松下又来了，说"我已经下功夫学了不少电器方面的知识，您看哪个方面还有差距，我再一项一项来弥补。"这位人事部主管盯着松下看了半天感慨地说："我干这项工作几十年了，头一次见到你这样来找工作的，真佩服你的这种耐心和韧劲。"就这样，松下终于打动了主管，如愿以偿地进了这家公司。经过艰苦不懈地努力，终于成为享誉全球的"企业经营之神"。

松下幸之助给自己设定了一个恰当的目标，而且一直朝着这一个目标奋斗，最终才取得了显著的成就。可见，如何给自己确立一个合适的目标才是关键。

半途而废，只能"收获"失败

【原文】 学数有终，若其义则不可须臾舍也。为之，人也；舍之，禽兽也。

【大意】 从学习的科目来说是有尽头的，若从学习的意义上说，连片刻也不能停止。做到了这样，是堂堂正正的人；半途放弃了学习，就成了禽兽。

学习如此，做事更当如此，如果你不能坚持到最后，半途而废，那么你绝不可能取得成功。

取得成功的方法是多种多样的。可以这么说，世界上如果有一百个人的事业获得巨大成功，那么，就可以有一百条走向成功的道路。然而，这一百个人却具有同一种品质：对待自己的事业坚持不懈的狠劲。在没有到达目标之前，他们不会收住自己前进的脚步。谁能想象这样一个人，死神在他事业的路上如影相随，他却矢志不移地走向了成功。他就是家喻户晓的诺贝尔奖金的创始人——弗莱德·诺贝尔。

1864年9月3日这天，对于斯德哥尔摩市是不平静的一天，这天，在市郊突然爆发出一阵震耳欲聋的巨响，滚滚的浓烟雾时间冲上天空，一股股火花直往上蹿。仅仅几分钟时间，惨祸就发生了。当惊恐的人们赶到出事现场时，只见原来屹立在这里的一座工厂已荡然无存，无情的大火吞没了一切。火场旁边，站着一位三十多岁的年轻人，突如其来的惨祸和过分的刺激，已使他面无人色，浑身不住地颤抖着……这个大难不死的青年，就是后来闻名于世的弗莱德·诺贝尔。

诺贝尔眼睁睁地看着自己所创建的硝化甘油炸药的实验工厂化为灰

烬。人们从瓦砾中找出了五具尸体，其中一个是他正在大学读书的活泼可爱的小弟弟，另外四人也是和他朝夕相处的亲密助手。五具烧得焦烂的尸体，令人惨不忍睹。诺贝尔的母亲得知小儿子惨死的噩耗，悲痛欲绝。年老的父亲因太受刺激引发脑出血，从此半身瘫痪。然而，诺贝尔在失败和巨大的痛苦面前却没有动摇。

　　惨案发生后，警察当局立即封锁了出事现场，并严禁诺贝尔重建自己的工厂。人们像躲避瘟神一样避开他，再也没有人愿意出租土地让他进行如此危险的实验。困境并没有使诺贝尔退缩，几天以后，人们发现，在远离市区的马拉仑湖上，出现了一只巨大的平底船，船上并没有装什么货物，而是摆满了各种设备，一个青年人正全神贯注地进行一项神秘的实验。他就是在大爆炸中死里逃生、被当地居民赶走了的诺贝尔！

　　在令人心惊胆战的实验中，诺贝尔没有连同他的驳船一起葬身鱼腹，而是碰上了意外的机遇——他发明了雷管。可以说雷管的发明是爆炸学上的一项重大突破，随着当时许多欧洲国家工业化进程的加快，开矿山、修铁路、凿隧道、挖运河都需要炸药。于是人们又开始亲近诺贝尔了。他把实验室从船上搬迁到斯德哥尔摩附近的温尔维特，重新建立了一座硝化甘油工厂。接着，他又在德国的汉堡等地建立了炸药公司。一时间，诺贝尔生产的炸药成了抢手货，源源不断的订货单从世界各地纷至沓来，诺贝尔的财富与日俱增。

　　然而，灾难并没有因为诺贝尔的成功而停止对他的干扰，反而却来得更加猛烈。

　　不幸的消息接连不断地传来：在旧金山，运载炸药的火车因震荡发生爆炸，火车被炸得七零八落；德国一家著名工厂因搬运硝化甘油时发生碰撞而爆炸，整个工厂和附近的民房变成了一片废墟；在巴拿马，一艘满载着硝化甘油的轮船，在大西洋的航行途中，因颠簸引起爆炸，整个轮船全部葬身大海……

　　一连串骇人听闻的消息，再次使人们对诺贝尔望而生畏，甚至简直把他当成瘟神和灾星，如果说前次灾难还是小范围内的话，那么这一次他所遭受的已经是世界性的诅咒和驱逐了。

诺贝尔又一次被人们抛弃了，不，应该说是全世界的人都把自己应该承担的那份灾难给了他一个人。面对接踵而至的灾难和困境，诺贝尔没有一蹶不振，他身上所具有的毅力和恒心，使他对已选定的目标义无反顾，永不退缩。在奋斗的路上，他已习惯了与死神朝夕相伴。

炸药的威力曾是那样不可一世，然而，大无畏的勇气和矢志不渝的恒心激发了他心中的潜能，最终征服了炸药，吓退了死神。诺贝尔赢得了巨大的成功，他一生共获专利发明权355项。他用自己的巨额财富创立的诺贝尔科学奖，被国际科学界视为一种崇高的荣誉。

诺贝尔成功的经历告诉我们，恒心是实现目标过程中不可缺少的条件，恒心是发挥潜能的必要条件。恒心与追求结合之后，就形成了百折不挠的巨大力量。

不但如此，诺贝尔的成功还启示我们，干事业要经得起挫折，不能半途而废。美国著名学者安东尼·卡索，从他亲自策划和主持过的上百次民意测验中，整理和归纳了美国五百家大企业创立人成功的要点和原则，得出的"创业十要"中就有这么一条：做一件事坚持到底最重要，相反，半途而废，就会在商场竞争中一事无成。

巨大的成功靠的不是力量而是韧性。商场竞争常常是持久力的竞争，有恒心和毅力的经营者往往成了笑在最后、笑得最好的胜利者。从龟兔赛跑的故事中可知，竞赛的胜利者之所以是笨拙的乌龟而不是兔子，这与兔子在竞争中缺乏坚持精神是分不开的。因而，恒心和毅力对驰骋商战的经营者来说，是必备的心理素质。

一个坚定地向目标迈进的人，困难会向他让路，失败会向他让路，甚至整个世界都会为他让路，而一个半途而废的人只有独自品尝失败的苦果。

做事要分轻重缓急

【原文】 职分而民不慢，次定而序不乱，兼听齐明而百事不留。

【大意】 职责分明，人们办事就不会怠慢，等级明确，次序就不会混乱，全面听取意见明察一切，于是一切事情都能及时处理，不会受到阻滞。

的确，分清事物的轻重缓急是做事的一个基本要求。

人有两种无价的能力——一是思考能力，一是能按事情轻重处理的能力。

白手起家的查理·鲁克曼，经过12年的努力，登上了维斯克公司总裁一职，年薪十万元，另有上百万其他收入。他把成功归诸与上面谈到的两种能力。H·克路说："就记忆所及，我每天早晨5点起床，因为这时候我的思考力最好。我计划当天要做的事，并按事情的轻重程度安排好。"

全英最成功的保险推销员之一克特·贝里，每天早晨在不到5分钟的时间内，便把当天要做的事一一安排好——这便是他在前一个晚上预备的——他定下每天要做的保险数额，如果没有达成，便加入第二天的数额，往后依次推算。

由此可见，在工作中分清事情的轻重缓急是很重要的。虽然我们没有人能永远按照事情的轻重程度做事。但我们知道做事分清轻重缓急总比想到什么就做什么要好得多。

不会做事的人在处理日常生活的方方面面时，分不清哪个更重要，哪个更紧急。他们以为每个任务都是一样的，只要时间被忙忙碌碌地打发掉，他们就从心眼里高兴。

在紧急但不重要的事情和重要但不紧急的事情之间，你首先去办哪一个？面对这个问题你或许会很为难。

在现实生活中，有些做事不分轻重缓急的人就是这样，这正如法国哲学家布莱斯·巴斯卡所说："把什么放在第一位，是人们最难懂得的。"对这些人来说，这句话不幸而言中，他们完全不知道怎样把人生的任务和责任按重要性排列。他们以为工作本身就是成绩，但这其实是大谬不然。

不妨举一个例子，我们在学校学习的过程中，最缺的是什么？可能有许多人都有同感，我们最缺的就是钱。在这个时期，我们可以认为，对于我们的一生而言，学习对我们是重要的，但却不是最紧急的，而钱对我们是紧急的（我们会举出许多理由，如我们已经长大了，不想要父母的钱等等），但却不是最重要的。在这个十字路口，我们选择什么？

对这个问题，不同的人有不同的选择。有的早早就选择弃学从商，有的依然选择在校学习，而更可悲的人还有，无论他是弃学经商还是在校学习，他都不知道他在做什么？在荀子看来："少而理曰治，多而乱曰耗。"处理事务简明扼要而有条理叫作治理，措施多而又杂乱无章叫作昏暗不明。这些行为都是不利于做事的。

实际上，懂得美丽生活的人都是明白轻重缓急的道理的，他们在处理一年或一个月、一天的事情之前，总是按分清主次的办法来安排自己的时间。

1. 把重要事情摆在第一位

商业及电脑巨子罗斯·佩罗说："凡是优秀的、值得称道的东西，每时每刻都处在刀刃上，要不断努力才能保持刀刃的锋利。"罗斯认识到，人们确定了事情的重要性之后，不等于事情会自动办得好。你或许要花大力气才能把这些重要的事情做好。而始终要把它们摆在第一位，你肯定要费很大的劲。下面是有助于你做到这一点的三步计划：

（1）估价

首先，你要用上面所提到的目标、需要、回报和满足感四原则对将要做的事情作一个估价。

（2）去除

第二步是去除你不必要做的事，把要做但不一定要你做的事委托别人去做。

（3）估计

记下你为达到目标必须做的事，包括完成任务需要多长时间，谁可以帮助你完成任务等资料。

2. 精心确定主次

在确定每一年或每一天该做什么之前，你必须对自己应该如何利用时间有更全面的看法。要做到这一点，你要问自己四个问题：

（1）我从哪里来，要到哪里去

我们每个人来到这个世界上，都是上帝的安排。我们每个人都肩负着一个沉重的责任，按上帝指定的目标前进。可能再过 20 年，我们每个人都有可能成为公司的领导、大企业家、大科学家。所以，我们要解决的第一个问题就是，我们要明白自己将来要干什么？只有这样，我们才能持之以恒地朝这个目标不断努力，把一切和自己无关的事情统统抛弃。

（2）我需要做什么

要分清缓急，还应弄清自己需要做什么。总会有些任务是你非做不可的。重要的是你必须分清某个任务是否一定要做，或是否一定要由你去做。这两种情况是不同的。非做不可，但并非一定要你亲自做的事情，你可以委派别人去做，自己只负责监督其完成。

（3）什么能给我最高回报

人们应该把时间和精力集中在能给自己最高回报的事情上，即他们会比别人干得出色的事情上。在这方面，让我们用巴莱托定律（80/20）来引导自己：人们应该用 80% 的时间做能带来最高回报的事情，而用 20% 的时间做其他事情，这样使用时间是最具有战略眼光的。

（4）什么能给我最大的满足感

有些人认为能带来最高回报的事情就一定能给自己最大的满足感。但并非任何一种情况都是这样。无论你地位如何，你总需要把部分时间用于做能带给你满足感和快乐的事情上。这样你会始终保持生活热情，因为你的生活是有趣的。

3. 根据轻重缓急开始行动

在确定了应该做哪几件事之后，你必须按它们的轻重缓急开始行动。大部分人是根据事情的紧迫感，而不是事情的优先程度来安排先后顺序的。这些人的做法是被动的而不是主动的。懂得生活的人不能这样，而是按优先程度开展工作。

（1）每天开始都有一张优先表

伯利恒钢铁公司总裁查理斯·舒瓦普曾会见效率专家艾维·利。会见时，艾维·利说自己的公司能帮助舒瓦普把他的钢铁公司管理得更好。舒瓦普承认他自己懂得如何管理，但事实上公司不尽如人意。可是他说自己需要的不是更多知识，而是更多行动。他说："应该做什么，我们自己是清楚的。如果你能告诉我们如何更好地执行计划，我听你的，在合理范围之内价钱由你定。"

艾维·利说可以在 10 分钟内给舒瓦普一样东西，这东西能使他的公司的业绩提高至少 50%。然后他递给舒瓦普一张空白纸，说："在这张纸上写下你明天要做的 6 件最重要的事。"过了一会儿又说："现在用数字标明每件事情对于你和你的公司的重要性次序。"这花了大约 5 分钟。艾维·利接着说："现在把这张纸放进口袋：明天早上第一件事是把纸条拿出来，作第一项。不要看其他的，只看第一项。着手办第一件事，直至完成为止。然后用同样方法对待第二项、第三项……直到你下班为止。如果你只做完第一件事，那不要紧。你总是做着最重要的事情。"

艾维·利又说："每一天都要这样做。你对这种方法的价值深信不疑

之后,叫你公司的人也这样干。这个试验你爱做多久就做多久,然后给我寄支票来,你认为值多少就给我多少。"

整个会见历时不到半个钟头。几个星期之后,舒瓦普给艾维·利寄去一张2.5万元的支票,还有一封信。信上说从钱的观点看,那是他一生中最有价值的一课。后来有人说,5年之后,这个当年不为人知的小钢铁厂一跃而成为世界上最大的独立钢铁厂,而其中,艾维·利提出的方法功不可没。这个方法还为查理斯·舒瓦普赚得一亿美元。

(2)把事情按先后顺序写下来,定个进度表

把一天的时间安排好,这对于你成就大事是很关键的。这样你可以每时每刻集中精力处理要做的事。但把一周、一个月、一年的时间安排好,也是同样重要的。这样做给你一个整体方向,使你看到自己的宏图,从而有助于你达到目的。

总之,无论做什么事都要分清事情的轻重缓急,作出最恰当的决定,最合理的安排,生命才有意义。

不必事事躬亲

【原文】为之者，役夫之道也，墨子之说也。

【大意】事事都亲自办理，是服劳役者的办法，是墨子的主张。

在日常工作中，有很多人习惯于事必躬亲，这些人被那些烦琐细节所淹没，从而提早进入失败的坟墓。

一说到"事必躬亲"，我们有许多人想到《三国演义》中那个"鞠躬尽瘁，死而后已"的军师诸葛亮。这个为了帮助刘备以及刘备的儿子恢复汉室的丞相诸葛亮，在刘备死后，为了使摇摇欲坠的蜀政权不至于加速灭亡，可以说做到了"事必躬亲"。

可惜的是，诸葛亮的本事再大，也没有能挽狂澜，最后只好抱病死在了五丈原。不过，诸葛亮与其说是病死的，倒不如说是累死的，他就是让"事必躬亲"活活地累死了。

所以说，诸葛亮是聪明了一世，也糊涂了一世。他的聪明我们人已熟知，而他的糊涂就在于太相信自己，而没有将别人也可以做的事情让别人去做，没有充分"放权"。因为你诸葛亮的能耐再大，也不可能将所有的事情都做了。

在现代社会，随着社会分工的越来越细，做老板的或是其他管理人员，也需要"抓大放小"，给你的下属以充分的发展空间。

人的确有着巨大的潜能，人也有着无限的可能性，但是，人毕竟是人，而不是万能的上帝。所以，你不可能懂得天下所有的知识，你也不可能熟练地掌握了天下所有的技艺，你更不可能做完天下所有的事情。了解了这一点，你也就了解了我们的社会为什么会有各行各业的分工，你也就

了解了一个成功人士要走向成功绝不会仅仅靠他一个人单枪匹马地去冲锋陷阵。

曾经有一位医生在替一位实业家进行诊疗时,劝他多多休息。这位病人愤怒地抗议说:"我每天承担巨大的工作量,没有一个人可以分担一丁点的业务。大夫,您知道吗?我每天都得提一个沉重的手提包回家,里面装的是满满的文件呀!"

"为什么晚上还要批那么多文件呢。"医生惊异地问道。

"那些都是必须处理的急件。"病人不耐烦地回答。

"难道没有人可以帮你忙吗?助手呢?"医生问。

"不行呀!只有我才能正确地指示呀!而且我还必须尽快处理完,要不然公司怎么办呢?"

"这样吧!现在我开一个处方给你,你能否照着做呢?"医生问道。

这病人听完医生的话,读一读处方——每天散步两小时;每星期空出半天的时间到墓地一趟。

病人奇怪地问道:"为什么要在墓地待上半天呢?"

"因为……"医生不慌不忙地回答:"我是希望你四处走一走,瞧一瞧那些与世长辞的人的墓碑。你仔细思考一下,他们生前也与你一般,认为全世界的事都得扛在双肩,如今他们全都沉眠于黄土之中,也许将来有一天你也会加入他们的行列,然而,整个地球的活动还是永恒不断地进行着,而其他世人则仍是如你一般继续工作。我建议你站在墓碑前好好地想一想这些摆在眼前的事实。"医生这番苦口婆心的劝谏终于敲醒了病人的心灵,他依照医生的指示,释缓生活的步调,并转移一部分职责。他知道生命的真义不在急躁或焦虑,他的心已经得到和平,也可以说他比以前活得更好,当然事业也蒸蒸日上。

这位实业家在医生的劝导下,最终把自己肩负的过重的职责,转移一部分,从而使得疾病减轻,生活轻松自在了,事业上也有了重大的发展。

实际上,我们每个人都有这种习惯,觉得事情让别人去做,自己总是不放心,恐怕别人干不好,故不愿假手于人。

现代社会生产的一个突出特点,也就是它不同于古代作坊式生产的地方，就是它是以流水线式的生产为基本模式，即集体的力量越来越重要，甚至，任何一个产品，单是依靠一个人的力量根本是无法生产的。比如电视机，除了发明电视机者，还应有设计师以及每个零件的生产者，安装师等，如果一个人想造出一台电视机，而且每个部件都是自己设计、生产的话，也不知道到了猴年马月才能生产出来，如果能生产出来的话。

学会授权给别人虽然是困难的，但身为主管的人还是得学会如何恰当地转移责职，否则永远免不了疲于奔命，因为你终究只是一个人！

俗语说得好，浑身是铁能碾几个钉子？一个人的精力必然有限，凡事都要自己去做，那终将会被事务压垮的。要学会相信别人。自己能做好的事情，相信别人也能做得好，因为人人都有责任心，也许某些事情放在别人那里去做会比自己干得更出色呢！

充分授权给你的下属。在"抓大放小"的前提下，你要把本来属于下属的工作或者适合下属的工作，以及完成这项工作所需要的权威坚决地交给下属。这样不但可以将你从繁忙的事务中解脱出来，同时对下属也是一个很好的锻炼机会。

当然，这里还有另外一个忠告：把你或任何人都不要做的事情交给下属去做并不是授权，而是派定任务。适当地这么做一两次可能是必要的，但是这无助于增长他们的荣誉，也并非在鼓励他们，而是增加了他们的负担。古人云："己所不欲，勿施于人"恐怕就是为了说明这个道理。

所以，为了能把你真正地解放出来，你因此要学会把具有挑战性的工作、甚至是决策性的工作，还有使下属有所收益的工作授权给他们。这首先建立在你充分信任你的某些下属的基础上，"用人不疑，疑人不用"，这其中的道理，你可能比谁都清楚。因此，在你授权的时候，别忘了把整个事情都托付给对方，同时交付足够的权力好让他做必要的决定。

领导阶层，一般都会事务缠身，只要放开手脚，大胆用人，讲求工作策略，就能做到为官也能一身清。若不懂得组织、授权与督导，你就终将被工作中的繁重事务拖垮。

还有，如果下属习惯把所有的决定留给你做，那可能是因为你有意或无意地强迫他们这样去做。你要问问自己是不是在给下属安排工作时，也

将做事的权力给了他们。如果没有,你就不能因为他们把只解决一半的问题推回来给你而责备他们。

请记住:一位优秀的经理如有一副忧烦的面孔时,那忧烦应在其助手脸上。

现在太多的经理要享有决定一切大小事务的那种万能权力。这不仅不能很好利用自己的时间,而且也阻碍了下属去发挥创意并自我成长。

即使你不是一个公司的高级经理,也需要懂得授权。如果父母不把家庭杂务授权给子女去做一些,这对他们和子女都没有好处。志愿组织的干部对他们和组织来说,都应该把能参与的益处尽量让许多人分享。如果你想什么事情都由你自己来做,那你管理一小队童子军,也会像管理通用汽车公司一样要花很多时间。

这里我们还要提出一点忠告:把你或任何人都不想做的事情给下属去做,这不是授权,而是派定任务或推卸责任。有时候这固然是必须的,但这样无助于增长他们的荣誉,鼓励他们成长,或使他们能够担任进行决策的角色,好让你有更多的时间去处理其他事情。因此你要学会把具有挑战性和有所收益的工作授权给别人。

给下属授权,同时又控制他们付诸实施,这只能是自找失败。例如,如果你要某一个人去做一本小册子,你就不必再交代一些有关形式、封面,以及附图说明等的详细意见。如果让他自己去选择,他会把工作做得很好,而且会引以为荣。

授权的要诀在于"信任"这两个字。在你授权的时候,你要把整个事情托付给对方,同时赋予足够的权力让他做必要的决定。这与说"只要照着我告诉你的话去做"完全是两回事。

习惯的力量不可忽视

【原文】 积也者，非吾所有也，然而可为也。注错习俗，所以化性也；并一而不二，所以成积也。习俗移志，安久移质。

【大意】 长期积累下的东西，虽不是我们先天固有的，但是可以通过学习得来，习惯风俗可以改变人的思想，长久地受风俗习惯的影响，也会成为一种习惯。习惯了会改变志向，长久了，就会影响品质。

荀子十分强调习惯于人后天的教化作用，在他看来，一个人，积累善行到了尽善尽美和程度，就叫圣人。不断地追求才有不断的进步，不断地实行才有不断的成就，不断地积累才有不断的提高。所谓圣人，就是凡人日复一日积累高贵的品德而成的。

栽什么树苗，结什么果，撒什么种籽，开什么花。积累耕耘的经验就成为农夫，积累砍削的经验就成为工匠，积累贩卖货物的本领就成为商人，积累礼仪的习惯就成为君子。

习惯对人具有不可低估的影响，因为习惯最稳定，最恒久。朝夕相处，耳濡目染，原来是这么一个人，不知不觉就变成了另外一个人。居住在楚国的人，遵从的是楚国的习惯，于是他就成了一个楚国人。居住在越国的人，遵从的是越国的习惯，于是他就成了越国人。习惯是最自然、最持久、最深刻的积累。那么你就应该注重在习惯中塑造自己。

习惯是一个人经过长时间做某一件事而形成的一种不自觉的或者自发的行动。每天要洗手、刷牙、洗脸，这些最平常的事到底给了我们什么呢？它给了我们生活中最重要的东西——秩序。有良好习惯的人办事有条理，不会手忙脚乱，这实际上就节省了时间。节省了时间也就延长了生

命，你就可以利用有限的人生看更多的风景，做更多的事情，想更多的问题，享受更多的快乐，开拓一个美丽的新世界。政治家的思考要有秩序，否则国家管理会出现混乱；军事家的指挥要有章法，否则军队就是一盘散沙；教师的思考要有秩序，否则学生便不知所云；律师的思考要有秩序，否则就会弄错案情，不能伸张正义。一个人思维的品质是由良好的学习习惯造成的，一个人的办事条理是由良好的生活习惯造成的，一个人品格的好坏也是由它的习惯所决定的。要想拥有美好人生，就要有良好的习惯。

良好的习惯对于人的发展究竟有何意义呢？也许，木桶理论可以从某一个角度解释清楚。木桶理论认为，一只桶盛水的多少，取决于最短的木板，而不取决于最长的木板。对于人的发展而言，同样如此。良好的习惯能够助人成长这已成不争的真理。

20世纪60年代，苏联宇航员加加林，乘"东方"号宇宙飞船进入太空遨游了108分钟，成为世界上第一位进入太空的宇航员。他在20多名宇航员中，之所以能够脱颖而出，起决定作用的是一个偶然的事件。在确定人员的前一个星期，主要设计师罗廖夫发现，在进入飞船前，只有加加林一个人脱下鞋子，只穿袜子进入座舱。就是这个细节一下子赢得了罗廖夫的好感，他感到这个27岁的青年如此懂得规矩，又如此珍爱他为之倾注心血的飞船，于是决定让加加林执行人类首次太空飞行的神圣使命。

从更深的意义上讲，良好的习惯是人生之基础，而基础水平决定人的发展水平。大量事实证明，良好的习惯常常决定一个人事业的成功。

大千世界，有天才，有凡人，两者之间的区别在哪里？天才怀有对未知领域宗教般的热情和对自己从事的研究全身心的投入。从最简单的做起就是培养天才品质的最有效的途径。你想成为天才吗？从最简单的做起，培养这种良好的习惯，它会成为你力量的源泉。

现在，时代的节奏加快了，什么都在变，明天的世界和今天不一样，我们不得不每天面对生活对我们的挑战，你也许会因为整日的奔波而心力交瘁。因此，在你看来，养成什么样的习惯已经不那么重要了。其实这是错误的观点，时代在变，我们更应该用良好的习惯来迎接生活给我们的压力和变化，在现代生活的大潮中稳稳地架起生活的方舟。

习惯是生活中相对稳定的部分，每天我们要读书、要跑步、要听音乐、要打球，这些都会是在某个相对固定的时间来做的。其他的时间所做的事可能每天都有不同。当你忙碌了一天后，想起自己的书本和球拍，心中犹如点燃了一盏明灯，尽管很累，但它们能让你摆脱日常生活的喧嚣，寻找到片刻宁静犹如一艘远航的船可以停泊靠岸，过一种别有情调的生活。

习惯是从环境中成长出来的。以相同的方式一而再、再而三地从事相同的事情，不断地重复，不断地思考同样的事情，而且，当习惯一旦养成之后，它就像在模型中硬化了的水泥块，很难被打破了。

习惯也是一位残酷的暴君，统治及强迫人们遵从他们的意愿、欲望、爱好，抵制新的思想和事物，人类的历史就是在与习惯和偏见的斗争中展开的。

习惯是一条"心灵路径"，我们的行动已经在这条路上旅行多时，每经过它一次，就会使这条路径更深一点儿，如果你曾经经过一处田野或一处森林，你就会知道，你一定会很自然地选择一条最干净的小径，而不会去走一条荒芜小径，更不会横越田野，或从林中直接穿过，让自己走出一条新路来。心灵行动的路线则是完全不同的，它会选择最没有阻碍的路线来进行。

当然，在众多习惯中，你也许会养成一些恶习，因此要培养良好的习惯，你还得摒弃这些恶习，开辟新的心灵道路，并在上面走动以及旅行，旧的道路很快就会遗忘，而且，时候一久，将因长期未使用而被荒草淹没。每一次你走出良好的心理习惯的道路，都会使这条道路变得更深更宽，也会使它在以后更容易走。这种心灵的筑路工作是十分重要的。

下面提供五项帮助你建立良好习惯的基本原则。

第一，在培养一个好习惯之初，把力量和热忱注入你的感情之中。对于你所想的，要有深刻的感受。万事开头难，你开始建造新的心灵道路的最初几步至关重要。一开始，就要尽可能地使这条道路既干净又够宽，下一次你想要寻找及走上这条小径时，就可以很轻易地看出这条道路来。

第二，把你的注意力集中在新建道路的修建工作上，使你的意识不再

去注意旧的道路，以免使你又走上旧的道路。不要再去想旧路上的事情，把它们全部忘掉。

第三，要尽量多在你新建的道路上行走，自己要多制造机会走上这条新路，不要等机会自动在你眼前出现。你在新路上走的次数越多，它们就能越快被踏平，更有利于行走。

第四，拒绝"旧路"的诱惑。过去走过的道路往往比较好走，人很难有披荆斩棘的勇气。你每抵抗一次这种诱惑，你就会变得更坚强，下一次你就更容易抗拒这种诱惑。相反，你如果向这种诱惑屈服一次，你下次就会更容易屈服。拒绝诱惑是很重要的，你必须在一开始就证明你的决心、毅力和意志力。

第五，确信你已找出正确的途径，把它作为明确的目标，毫不畏惧地前进，不要犹豫不决，"着手进行你的工作，不要往回走"。

记住：养成好习惯对于你的成功非常重要。心理学巨匠威廉·詹姆士说："播下一个行动，收获一种习惯；播下一种习惯，收获一种性格；播下一种性格，收获一种命运。"

行动，行动，再行动

【原文】 道虽近，不行不至；事虽小，不为不成。

【大意】 路程即使很近，但不走就不能到达；事情即使很小，但不去做就不能成功。

荀子说，半步半步的走不停，瘸了腿的甲鱼也能走千里；一会儿前进，一会儿后退，一会儿向左，一会儿向右，即使是六匹千里马拉的车也不能到达目的地。那些人的才能，质性即使相距悬殊，难道会像瘸了腿的甲鱼和六匹千里马那样相距悬殊吗？然而瘸了腿的甲鱼能够到达目的地，六匹千里马拉的车却不能到达，这没有其他的原因，只是有的去做，有的不去做罢了！

行动与思想同等重要。如果你每天都在想着做什么，而不付诸于实际行动，那只能是空想，永远也不会成功。

德谟斯特斯是古希腊的雄辩家，有人问他雄辩之术的要领是什么？

他说："行动。"

第二点呢？"行动。"

第三点呢？"仍然是行动。"

人有两种能力，思维能力和行动能力，没有达到自己的目标，往往不是因为思维能力，而是因为行动能力。

在四川的偏远地区有两个和尚，其中一个贫穷，一个富有，两人都想到南海去。

一天，穷和尚对富和尚说："我想到南海去，您看怎么样？"

富和尚说："你凭借什么去呢？"穷和尚说："我有一个水瓶、一个饭

钵就足够了。"富和尚说:"我多年来就想买船沿着长江而下,现在还没做到呢,你凭什么去?"

第二年,穷和尚从南海归来,把去南海的事告诉富和尚,富和尚深感惭愧。

穷和尚与富和尚的故事说明一个简单的道理:光说不动是达不到目的的。

克雷洛夫说:"现实是此岸,理想是彼岸,中间隔着湍急的河流,行动则是架在河上的桥梁。"行动才会产生结果。行动是成功的保证。任何伟大的目标,伟大的计划,最终必然落实到行动上。

拿破仑说:"想得好是聪明,计划得好更聪明,做得好是最聪明又最好。"

成功开始于心态,成功要有明确的目标,这都没有错,但这只相当于给你的赛车加满了油,弄清了前进的方向和线路,要抵达目的地,还得把车开动起来,并保持足够的动力。

永远是你采取了多少行动才让你更成功,而不是你知道多少才让你成功。所有的知识必须化为行动。不管你现在决定做什么事,不管你设定了多少目标,你一定要立刻行动。惟有行动才能使你成功。

现在做,马上就做,是一切成功人士必备的品格。

有一篇仅几百字的短文,几乎世界上主要的语言都把它翻译出来过。仅纽约中央车站就将它印了150万份,分送给路人。

日俄战争的时候,每个俄国士兵都带着这篇短文。日军从俄军俘虏身上发现了它,相信这是一件法宝,就把它译成日文。于是在天皇的命令下,日本政府的每位公务员、军人和老百姓,都拥有这篇短文。

目前,这篇《把信带给加西亚》已被印了亿万份,在全世界广泛流传,这对有史以来的任何作者来说,都是无法打破的纪录。

"在一切有关古巴的事情中,有一个人最让我忘不了。当美西战争爆发后,美国必须立即跟西班牙反抗军首领加西亚取得联系。加西亚在古巴丛林的山里——没有人知道确切的地点,所以无法写信或打电话给他。但美国总统必须尽快与他合作。"

"怎么办呢？"

"有人对总统说：'有一个名叫罗文的人，有办法找到加西亚，也只有他才找得到。'"

"他们把罗文找来，交给他一封写给加西亚的信。关于那个叫罗文的人如何拿了信，把它装进一个油质袋子里，封好，吊在胸口，划着一艘小船，四天以后的一个夜里，在古巴上岸，消失于丛林中，接着在三个星期之后，从古巴岛的那一边出来，徒步走过一个危机四伏的国家，把那封信交给加西亚。"

"麦金利总统把一封写给加西亚的信交给罗文，而罗文接过信之后，没有问题，没有条件，更没有抱怨，只有行动，积极、坚决的行动！"

"只有行动赋予生命以力量。"罗文为德谟斯特斯、克雷洛夫、拿破仑的话做了最好的注脚。人是自己行为的总和，是行动最终体现了人的价值。

又据说，在美国一个小城的广场上，塑着一个老人的铜像。他既不是什么名人，也没有任何辉煌的业绩和惊人的举动。他只是该城一个餐馆端菜送水的普通服务员。但他对客人无微不至的服务，令人们永生难忘——他是一个聋子！

他一生从没有说过一句表白的话，也没有听过一句赞美之辞，他只能凭"行动"二字，使平凡的人生永垂不朽！

"只有你的行动，决定你的价值。"这就是成功的秘诀！

第四章 有心人，天不怕——荀子的做事方式

巧借他人成事

【原文】 君子生非异也，善假于物也。

【大意】 君子的生性并不是与别人有所不同，只不过是善于借助外物罢了。

人的力量是有限的，快不过马，飞不过鸟，眼锐不及鹰，嗅灵不过犬，但聪明的人善于利用外物，借助外物，从而使自己的力量，百倍千倍的延伸。

世界上有三借：借人、借势和借钱。这都是成事之道。借人、借势是聪明人常用的一种成事之道，它可以利用对方的优势来弥补自己的不足，至少可以弥补自己的才智、人力之不足。

俗语说，"一个好汉三个帮"，"多个朋友多条路"。"朋友"在中国传统中是两弯相映的明月，讲究一个肝胆相照，义字当先。朋友在竞争激烈的现代社会里显得日益重要，善于利用朋友关系往往使你的生活自在快乐，而且会有更多机遇。因此，培养一种利用朋友关系的习惯，实际上就等于成功有了希望。

在古代一些成大事的政治人物中，他们会对矛盾相互利用，在中国古代封建政治格局中就经常出现，原属于腐朽封建官僚之间相互利用、尔虞我诈的一种政治权术。

三国赤壁大战之时，不习水战的曹操大军，由于重用了熟悉水战的荆州降将蔡瑁、张允，使曹军的水战能力有了很大提高；当周瑜乘船察看时，发现曹军设置水寨，竟然"深得水军之妙"。于是，周瑜暗暗下决心，"吾必计先除此二人，然后可以破曹"。

真是无巧不成书，正在周瑜绞尽脑汁谋定策略之时，曹操手下的谋士、周瑜的故友蒋干来访，周瑜一眼就看出蒋干的来意，一是说降，二是刺探军情。于是，他就想出了一条利用"朋友"的妙计。

周瑜当晚大摆筵席，盛情款待蒋干。席间，周瑜大笑畅饮。夜间，周瑜佯作大醉之状，挽住蒋干的手说："久不与子翼（蒋干的字）同榻，今宵抵足而眠。"当军中打过二更，蒋干起身，见残灯尚明，周瑜却鼻鼾如雷。在桌上堆着的一叠来往书信的公文中，蒋干发现了"蔡瑁，张允谨封"等信，蒋干大吃一惊，急忙取出偷看。其中写道："某等降曹，非图仕禄，迫于势耳。今已赚北军困于寨中，但得其便，即将操贼之首，献于麾下，早晚人到；便有关报。"蒋干寻思，原来蔡瑁、张允竟然暗结东吴，于是将书信藏在衣内，到床上假装睡觉。

大约在四更时分，有人入帐低声呼唤周瑜，周瑜故作"忽觉之状"。那人说："江北有人到此。"周瑜喝道："低声！"又转过头来冲着蒋干喊了两声，蒋干佯装熟睡没有作声。于是，周瑜偷偷走出营帐，蒋干赶紧爬起来偷听，只听得外面有人说："张、蔡二都督道，'急切间不得下手'……"后面的话声音更低，什么也听不清楚，不一会，周瑜回到帐内又睡了起来。

蒋干在五更时分，趁着周瑜熟睡未醒，悄悄离开，溜回江北，向曹操报告了所见，并交上那封伪造的书信。曹操勃然大怒，立即下令斩了蔡瑁和张允，当两颗血淋淋的人头献上之时，曹操方才恍然大悟说："吾中计矣！"

周瑜利用蒋干这个老朋友，巧妙地借曹操之手，一举除掉了两个最大的隐患。这样，才有了流传至今的赤壁大战火烧曹营的壮举。

在现代商战中，内忧外患始终存在，运用"借力除忧患"的谋略，利用别人的力量达到战胜对手或占领市场的目的，保存或少消耗自己的实力，不失为高明之举。

干式复印机在今天已经是很平常的办公用品。然而，美国塞洛克斯公司当年将干式复式机推向和占领市场，却费了一番心思。

20世纪40年代前，市面上使用的复印机都是湿式的，这种复印机在使用前必须用专门的涂过感光材料的复印纸，印出的也是湿漉漉的文件，

要等晾干后才能取走，极为麻烦。塞洛克公司经过反复研制，终于生产出干式复印机——塞914型。与湿式复印机相比，干式复印机有诸多优越性。塞洛克斯公司老板威尔逊决定把此产品隆重推出。

起先，威尔逊打算把首批产品以成本价推销出去，借以开拓市场。但是，律师提醒他：这是倾销，是法律不允许的。于是威尔逊走向另一个极端，给复印机定了一个高于成本10多倍的高价：2.95万美元。这种高价暴利出售商品，也是为法律所禁止的。然而，威尔逊却漫不经心地说："不让我出售成品，我就出售品质和服务吧。"

果然不出所料，新型复印机因定价过高被禁止销售。可是，由于展销中人们已经了解到干式复印机的独特性能，消费者都渴望能用上这一奇特的机器。干式复印机早已获得专利，只此一家，别无分店。威尔逊这时便以出租服务的形式重新推出新型复印机，顾客蜂拥而至。尽管出租服务的租金定得并不低，但由于前面整机出售定价定得高，人们计算了一下，仍认为租用值得。

到1960年，干式复印机流行开来，由于产品为独家垄断，再加上已有的高额租金，所以塞洛克斯914型复印机以较高价格出售，仍供不应求，利润滚滚而来。1960年公司营业额达3.3亿美元；5年以后，上升到近4亿美元，到1966年，公司年营业额达5.3亿美元。塞祫克斯公司成为美国10年内发展最快的公司之一，迈入巨型企业的行业。

威尔逊的成功在于善于借"力"，推销产品，占领市场。先是借法律禁止高价销售之"力"，封死消费者购买之门，逼其走上租借之路；接着用高定价之"力"，逼消费者付出高租金；后来又用高租金力"力"促使消费者购买整机，从而为高价出售新型复印机铺平了道路。

第五章 人情练达皆学问
——荀子的为人处世

世事洞明,方能人情练达。为人处世是行走人世的一门必修课,从古至今皆是如此。一个练达人情的人,必是一个受人喜欢的人;一个练达人情的人,必能在纷繁复杂的尘世中游忍有余。但是,何为练达人情的人呢?荀子智慧如是说。

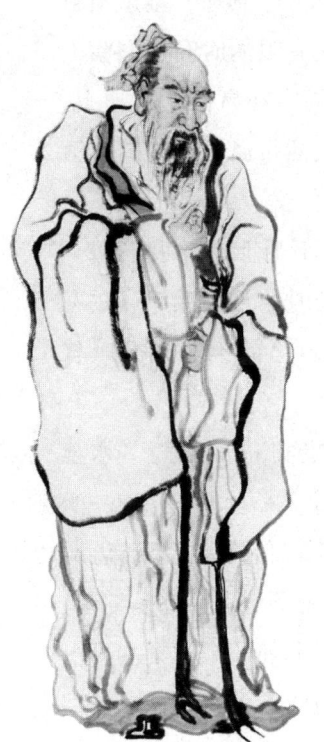

斤斤计较认死理，失利是自己

【原文】君子之求利也略。

【大意】君子求利不斤斤计较。

怎样处世是一门学问，是一门甚至用毕生精力也未必能勘破个中因果的大学问，多少不甘寂寞的人究其原委，试图领悟到人生真谛，塑造出自己辉煌的人生。然而，人生的复杂性使人们不可能在有限的时间里洞察人生的全部内涵，但人们对人生的理解和感悟又总是局限在事件的启迪上，比如：处世不能斤斤计较便是其中一理，这正是有人活得潇洒，而有人活得累的原因之所在。

荀子说，君子求利不斤斤计较。不仅君子求利不斤斤计较，我们每个人，在对任何事上都不应该斤斤计较。人与人的相处时，凡事斤斤计较不仅得不到人心，失去朋友，失去生活的趣味，就连自己的事业也会跟着倒霉。

处世固然不能玩世不恭，游戏人生，但也不能太老实，认死理。"水至清则无鱼，人至察则无徒"，太斤斤计较了，就会对什么都看不惯，连一个朋友都容不下，把自己同社会隔绝开。镜子很平，但在高倍放大镜下，就成凹凸不平的山峦；肉眼看似很干净的东西，拿到显微镜下，满目都是细菌。试想，如果我们"戴"着放大镜、显微镜生活，恐怕连饭都不敢吃了。再用放大镜去看别人的毛病，恐怕那家伙罪不容赦、无可救药了。

人非圣贤，孰能无过。与人相处就要互相谅解，经常以"难得糊涂"自勉，求大同存小异，有肚量，能容人，你就会有许多朋友，且左右逢源，诸事遂愿；相反，斤斤计较，认死理，过分挑剔，容不得人，人家也会躲你远远的，最后，你只能关起门来"称孤道寡"，成为使人避之唯恐不及的异己之徒。古今中外，凡是能成大事的人都具有一种优秀的品质，就是能容人所不能容，忍人所不能忍，善于求大同存小异，团结大多数人。他们极有胸怀，豁达而不拘小节，大处着眼而不会目光短浅，从不斤斤计较，纠缠于非原则的琐事，所以他们才能成大事、立大业，使自己成为不平凡的伟人。

陈明为人老实，又爱斤斤计较，他总抱怨他们家附近副食店卖酱油的售货员态度不好，像谁欠了她二百元钱似的，后来同事的妻子打听到了女售货员的身世：丈夫有外遇离了婚，老母瘫痪在床，上小学的女儿患哮喘病，每月只有两三百元工资，一间12平方米的平房。难怪她一天到晚愁眉不展。这样一来，显得陈明太苛求别人了。

其实，一个人不可避免会犯错误。首先，我们要分析他犯错误的原因，我们应抱着与人为善的态度，对别人犯的错误，诚恳而委婉地开导规劝，安慰他们，鼓励他们改正。由于别人的错误使你吃了亏，以后记住教训就可以了，要给别人留有悔改的余地，不用和对方结下仇恨。

倘若你原谅了一个犯错误的人，他以后肯定会对你心存感激。如果你以后犯了什么错误，他也多半会原谅你。假如你周围有这么一位朋友，见不得别人有什么缺点和错误，看见别人一点缺点，他就批评、指责；同时他又不能容忍别人对他有什么不恭敬之处，如果他从别人那儿吃一点亏，他就把对方当作罪大恶极的仇敌，加以攻击、耻笑，可以想一下，这样的人是多么可怕，我们如果变成这样的人，也会让人害怕的。

人生如此短暂和宝贵，要做的事情太多，何必为这种令人不愉快的事情浪费时间呢？斤斤计较的应该知道自己该干什么和不应该干什么，知道什么事情应该认真，什么事情可以不屑一顾。但要真正做到这一点是很不容易的，需要经过长期的磨炼。如果一个人明确了哪些事情可以不认真，可以敷衍了事，他们就能腾出时间和精力，全力以赴认真地去做该做的事，他们成功的机会和希望就会大大增加；与此同时，由于他们变得宽宏大量，人们就会乐于同他们交往，他们的朋友就会越来越多。事业的成功伴随着社交的成功，应该是人生的一大幸事。

嫉妒是人生大忌

【原文】 察察而残者，忮也。

【大意】 有分析明辨的能力却受伤害，是由于被忌恨。

嫉妒使我们的思想狭隘起来。没有一个宽广的胸怀作为心理的沃土，就不能吸收到足够的养分，除了怨恨，我们变得一无所有。荀子说，有分析明辨的能力而受伤害，是由于被忌恨。

你的一位朋友获得了哈佛大学的奖学金，即将出国，你是禁不住赞道："真棒！"还是心里酸酸的，说："咳，傻小子有傻福呗……"

你的一位女性朋友，嫁了一位老美，就要随夫到国外定居。你是衷心祝福她，还是在背后撇嘴："就她那长相，也就傻老外能看上……"

某天，你听人谈起某位过去在单位不得志的同事下海几年发了，现在有自己的公司，你的第一反应是高兴，还是来一句："没准儿是发的不义之财吧……"

和你同时参加工作的某君，现在已是处长了。每次他见了你，都会热情地打招呼。你是同样大方自然呢，还是在心里暗自说道："不就是当了个破官儿嘛，看那假惺惺的样子……"

如果你的表现是后者，那你就是嫉妒了。而嫉妒，用著名诗人艾青的话来说，是"心灵上的肿瘤"。你要不警惕，不痛下决心把它"割掉"，它就会"像锈蚀铁那样，以自身的气质腐蚀自己"。

嫉妒，作为人性的弱点，几乎谁都会有那么一点。这是人性中残存的动物的一面。据研究者说，许多动物都有嫉妒的本性，一只狼会把比它多抢了猎物的同类咬死。据中国杂技团驯兽员夏世华讲，一只叫"红红"的小狗看到驯兽员接触一只叫"丽丽"的小狗较多，它竟然嫉妒地把"丽丽"咬死了。我们虽早已进化成了人，但这个"动物本性"却还未进化完全。当我们还是孩子时，就会对父母表现出的对其他弟妹的"偏心"而心生不快，我们会因他们比自己多吃了一口蛋糕或新穿了一件衣服而生气甚至哭闹。

日本学者诧摩武俊在《嫉妒心理学》一书中说："所谓嫉妒，就是自己以外的人占了比自己优越的地位，或者是自己所宝贵的东西被别人夺取或将被夺取的时候所产生的感情。"

他说："这种感情是一种极欲排除别人优越的地位或想破坏别人优越的状态，含有憎恨的非常激烈的感情。有了这样激烈的感情，而不一定立刻显现于表面，这就是嫉妒。在引发事端的场合，反而是冰山一角，许多嫉妒都是深藏在人们的心中的，使乌漆黑的功能发酵，以歪曲的形态爆炸出来。"

嫉妒使我们放弃对自身利益的关注，别人的优势恰好映照出我们的不足。嫉妒有推动力，但是它不能给我们正确的导航。它给我们指明一条道路，但是却让我们去妨碍和伤害别人。

嫉妒是发生在自己最熟悉的圈子里的，我们普通老百姓不会去嫉妒国家首脑所拥有的特权、亿万富翁取得的财富，但我们却不能容忍周围的人超越我们半步，故而这种心理会对我们造成切实的伤害。你只要发现别人进步比你快，运气比你好，你心中便酸溜溜地不舒服，说话也不自觉地尖刻起来，甚至还会做出一些小动作来，这样的行为方式谁还会同你在一起互帮互助？到头来只能伤害到自己。

每个人多少难免都会有些嫉妒心在作祟，因此，每当看到别人发生不幸的时候，有时候幸灾乐祸的感觉就会油然而生。这种情况，最常发生在

那些与我们有利害关系的人身上,如此一来,我们就会觉得似乎又少了一个竞争的对手了。

虽然嫉妒是人普遍的也可以说是天生的缺点,但我们决不可因此而忽视它的危害性。趁着它还只是我们心灵里的小小"肿瘤",我们就要赶快诊治它,以免它发展下去,成恶性"癌变"。

俗话说:"苟富贵,勿相忘。"梅兰芳与齐白石是一对挚友,当时齐白石还没出名,但当梅兰芳见到齐白石时,却是那么恭敬地与之交谈,使在场宾客大为惊讶。齐白石十分感动,特意画了一幅《雪中送炭图》,并题诗赠给梅兰芳:"记得前朝享太平,布衣尊贵动公卿,如今沦落长安市,幸有梅君识姓名。"这是画家以其特有的语言表达他的感激之情。

宽厚待人，与人为善

【原文】其于人也，寡然宽裕而无阿。

【大意】对于别人，少有怨恨，宽厚待人，而又不阿谀逢迎别人。

人与人之间平等相处，共同生活在这个世界，本无大的利害冲突。"不饶人"可以把小事变成大事，这样会增添许多不必要的麻烦，对谁都没有好处。所以处世要学会宽容厚道。

处世有宽容之心是品质高尚的表现。

所以，荀子说：大丈夫贤明而能容纳软弱无能的人。

知识丰富而能容纳愚昧无知的人。

博大精深而能容纳浅薄的人。

德操纯粹而能容纳品行驳杂的人。

海洋深广，因为它不拒江河的大小清浊。一个人能欣赏他人的优点，是大度的人；一个人能容纳他人的弱点，才是真正大度的人。

这是处世的一种大智慧，古人曾多次运用。

古代南宋有一个叫沈道虔的人，家有菜园，菜园里种着萝卜。这天，沈道虔从外面回家，发现有一个人正在偷他家的萝卜，他赶紧回避开，等那人偷够了走后他才出来。又有一次，有人拔他屋后的竹笋，沈道虔便让人去对拔竹笋的人说："这笋留着，可以长成竹林。你不用拔它，我会送你更好的。"他让人买了大笋去送给那人，那人羞惭地没有接受。沈道虔就让人把大笋直接送到了那人家里。沈道虔家贫，常带着家中小孩去田里拾麦穗。偶尔遇上其他拾麦穗的人相互争抢麦穗，他就把自己拾到的全部给争抢的人，争抢的人非常惭愧。

曹操的曾祖父曹节素以仁厚著称乡里。一次，邻居家的猪跑丢了，而此猪与曹节家里的猪长得一样。邻居就找到曹家，说那是他家的猪。曹节也不与他争，就把猪给了邻居。后来邻居家的猪找到了，知道搞错了，就把曹节家的猪送回来了，连连道歉，曹节也只笑笑，并不责怪邻居。

这两则故事里的古人，都为"别人不好处"掩藏了几分。沈道虔和曹节表面看来，无是无非，甚至显得窝囊懦弱。但实际上，却显出了他们宽容厚道的为人。偷萝卜拔竹笋争麦穗，是不好的行为，但也是人穷家贫的无奈，何必深责？替他掩藏几分，反倒能使他自惭改过。邻居错认猪，尽管有自私一面，但失猪对一般人家也毕竟是大损失，情急之下错认，也可以理解。一心为他人着想，宁可自己吃亏，正是胸襟宽阔、与人为善的体现。

宽容不但是做人的美德，也是一种明智的处世原则，是人与人交往的"润滑剂"。常有一些所谓厄运，只是因为对他人一时的狭隘和刻薄，而在自己的前进路上自设的一块绊脚石罢了；而一些所谓的幸运，也是因为无意中对他人一时的恩惠和帮助而拓宽了自己的道路，明白这个道理，也就能向方圆做人更迈进了一步。

宽容犹如冬日正午的阳光，融化别人心田的冰雪变成潺潺细流。一个不懂得宽容别人的人，会显得愚蠢，大概也会苍老得快；一个不懂得对自己宽容的人，会为把生命的弦绷得太紧而伤痕累累，抑或断裂。

我们生活在一个越来越不忽视功利的环境里，但倘若太吝惜自己的私利而不肯为别人让一步路，这样的人最终会无路可走；倘若一味地逞强好胜而不肯接受别人的一丝见解，这样的人最终会陷入世俗的河流中而无以向前；倘若一再地求全责备而不肯宽容别人的一点瑕疵，这样的人最终宛如凌空于高高的山顶，因缺氧而窒息。

曾有人把人比喻为"会思想的芦苇"，弱小易变，因而情绪的波动随时都在改变对事物的正确了解。人非圣贤，就是圣贤也有一失之时，我们何以不能宽容自己和别人的失误？

宽容并不意味对恶人横行的迁就和退让，也非对自私自利的鼓励和纵容。谁都可能遇到情势所迫的无奈，无可避免的失误，考虑欠妥的差错。所谓宽容就是以善意去宽待有着各种缺点的人们。因其宽广而容纳了狭隘，因其宽广显得大度而感人。

在日常生活中，当自己的利益和别人利益发生冲突，友谊和利益不可兼得时，首先要考虑舍利取义，宁愿自己吃一点亏。郑板桥曾说过："吃亏是福。"这绝不是阿Q式的精神自慰，而是圆满做事，方圆做人的高度概括和总结。清朝时有两家邻居因一道墙的归属问题发生争执，欲打官司。其中一家想求助于在京为大官的亲属张英帮忙。张英没有出面干涉这件事，只是给家里写了一封信，力劝家人放弃争执，信中有这样几句话："千里求书为道墙，让他三尺又何妨？万里长城今犹在，谁见当年秦始皇。"家人听从了他的话，邻居也觉得很不好意思，两家终于握手言欢，反而由你死我活的争执变成了真心实意的谦让。

《菜根谭》中讲："路径窄处留一步，与人行；滋味浓的减三分，让人嗜。此是涉世一极乐法。"可谓深得处世的奥妙。有这样一个女人，总在喋喋不休地向人们说邻家的污秽不堪。有一回她故意将一位朋友领到家里，指着窗外说："您看那家绳上晾的衣服多脏！"可那位朋友却悄悄地对她说："如果你看仔细点儿，我想你能弄明白，脏的不是人家的衣服，而是你自家的窗子。"

是啊，我们在同一蓝天下生活，为什么不学着去宽厚地待人，而是去轻易地指责呢？即使脏的真是邻家的衣服，我们为什么不能表示理解和容忍呢？要知道，这样做不会给我们造成任何损失，只会令我们在方圆做人的道路上获得更大的成绩。

下面就是帮你做到宽厚待人的几点方法：

（1）正视你的怨恨

没有人愿意承认他恨别人，所以我们就把怨恨藏在心底。但怨恨却在平静的表面上奔流，损伤了我们的感情。承认怨恨，就等于强迫我们对灵魂施行手术以求早日痊愈，即做出宽恕的决定。我们必须承认所发生的一切事情，面对另外一个人直接地说："你伤害了我。"

丽兹是加利福尼亚大学的一名副教授。她是一个很称职的老师。她的系主任答应替她向教务长请求提升她。然而，在他向教务长提交的报告中却严厉地批评了丽兹的工作，以至于教务长对她说："走吧，你最好另谋

职业。"

丽兹恨透了系主任对她的诋毁。但她还要从他那里得到一纸推荐书,以便另找工作。当系主任对她说:"真抱歉,尽管我在教务长面前为你说了许多好话,但仍然不能使教务长提升你。"她假装相信他的话,但她难以忍受这口怨气。一天她将这口气直接向这位系主任吐露了,而他却断然否认了这件事。这使她看出他是多么可怜、多么卑鄙的人。于是她感到不值得和他生气,并最后决定把这桩事情抛在一边。

(2) 将错事与做错事的人区分开

这就是说,对错事本身感到愤怒,而不是对做错事的人感到愤怒。要做到这一点,首先应该重新估价这个人的优点、缺点,以及他做错事时所处的环境。凯西是一个16岁的头脑爱发热的少女,她小时候就被她的生身父母遗弃了,对此她十分愤恨。她不明白为什么她就不值得她的父母自己来抚养。后来她才发现她的生身父母很穷,并且生她时还未结婚。

后来,凯西的一位朋友怀孕了,在担惊受怕的情况下,把她的婴儿送给了别人抚养。凯西分担了她朋友的忧虑,并且意识到在这种环境下这样做是最好的办法。这使她逐渐认识到她自己的父母那样做也是对的——他们自己没有能力抚养孩子,他们把自己的孩子给别人抚养,是因为他们太爱孩子了。凯西对自己父母的新看法促使她的怨恨逐渐降低,并最终谅解了生身父母。从此她更看重自己的富有生命力的、有价值的人生了。

(3) 过去的事情就让它过去吧

一位漂亮的女演员几年前在一次车祸中成了残废。她的丈夫陪伴着她,直到她几乎完全康复。然而,他却冷酷迅速地离开了她。

她只好沉湎在美好往事的回忆之中。而于未来,她只有愤恨。但最终她还是宽恕了他。她说:"如果我只是终日地沉湎于对他旧日的情爱的回忆之中,整天只是怨恨他的冷酷,那么,我只有终日流泪的份,于我的身体有害无益。让过去的事情过去吧,我需要的是获得未来的幸福。"

人生不过短短数十年,每个人都是握着手而来,撒手而去,何必让那些怨恨和愤怒再纠缠心间,妨碍我们今天的幸福呢?当你明白了这个道理,你就可以把握方圆做人的真谛之所在了。

满招损,谦受益

【原文】忨泄者,人之殃也;恭俭者,偋五兵也,虽有戈矛之刺,不如恭俭之利也。

【大意】骄傲和轻慢能使人受害;恭敬谦逊能摒除刀、剑、矛、戟、矢的伤害,即使有戈矛的尖刺,也不如恭敬谦逊锋利。

满招损,谦受益。弓满则折,月满则亏。

传说,缯国旧地疆界的执掌官,看见了楚相孙叔敖,说:"我听说,做官久了的人,士人嫉妒他,俸禄多了的人,百姓怨恨他,官位高的人,君主憎恨他。如今你孙相国居官久,俸禄厚,职位尊三者都具备,却没有得罪楚国的士人和民众,这是什么原因呢?"孙叔敖说:"我三次做楚国的相国,思想上更加谦卑,每当俸禄增加,施舍就更加广泛,地位越高,礼貌就越恭敬。因此,才不得罪楚国士人和民众。"

一个人有一点能力,取得一些成绩和进步,产生一种满意和喜悦感是无可厚非的。但是一旦"满意"变"满足","喜悦"变"狂妄"那此时的成绩和进步将成为继续前进的包袱和绊脚石,更有甚者还可能酿出悲剧。

一位成功的大企业家曾经说过:"当你经过千辛万苦使你的产品打开市场的时候,你最多只能高兴五分钟,因为你若不努力,第六分钟就会有人赶上你,甚至超过你。"一个人的成绩都是在他谦虚好学,伏下身子扎实肯干的时候取得的,一旦骄气上升自满自足了,那么他必然会停止前进的脚步。

荀子还讲过一个故事。

孔子在鲁桓公的庙里参观,看见了一种倾斜而不易放平的容器。孔子向守庙人询问道:"这是什么器具?"

守庙的人说:"这大概是人君放在座位左边的一种器具。"

孔子说:"我听说这种器具,空着的时候就倾斜,灌进一半水就正立着,灌满了就翻倒了。"

孔子回头对学生说:"灌水吧!"

学生就舀水进容器里面,水灌到一半,容器就正立着,注满水变翻倒了,空着的时候就倾斜。孔子喟然长叹:"唉!哪有满了不翻倒的呢!"

子路问道:"请问保持富贵的地位,如同保持水满而不翻一样,有什么办法呢?"

孔子说:"自己聪明智慧,要保持愚笨的样子;功劳覆盖天下,要保持谦让的样子,既勇敢而又盖世,要保持怯弱的样子;财富拥有全天下,要保持谦逊的样子,这就是所谓谦让了再谦让的方法。"

后来,子贡又问孔子道:"我想做到对人谦虚,但不知如何做才好?"

孔子说:"对人谦虚吗?那就要像土地一样,深深地挖掘,就可以得到甘泉;种植,就可以五谷繁茂;草木繁殖了,禽鸟和野兽就在这里繁育,草木禽兽生长时就立在地上,死了就埋进土地中;土地的功劳很大,但它不自认为有德行。对人谦虚就该像土地一样。"

当你被上司提升或嘉奖的时候,常常会自鸣得意吗?如果是,那你就要好好学一番涵养的功夫,把你那因升迁而引起的过度兴奋压下去才好。你所拟的一生计划,当然是非常伟大的,但在你没有达到这个伟大目标之前,中途的一些小成功,可以说只是微乎其微的小事。也许在你实行一个计划时,一着手就大受他人夸奖,但你必须对他们的夸奖一笑置之,仍旧埋头去干,直到隐藏在心中的大目标完成。那时人家对你的惊叹,将远非起初的夸奖所能及。

有人会说,大凡骄傲者都有点本事,有点资本。你看,《三国演义》中"失荆州"和"失街亭"的关羽和马谡不是都熟读兵书,立过大功吗?这种说法其实只看到了事情的表面,而没看到事情的本质。关羽之所以"大意失荆州",马谡之所以"失街亭",不正是因为他们自以为"有资本"而铸成的大错吗?

美国汽车大王福特曾说:"一个人如果自以为已经有了许多成就而止

步不前，那么他的失败就在眼前了。许多人一开始奋斗得十分起劲，但前途稍露光明后，便自鸣得意起来，于是失败立刻接踵而来。"

石油大王洛克菲勒也说："当我的石油事业蒸蒸日上时，每晚睡觉前总是拍拍自己的额头说：别让自满的意念，搅乱了你的脑袋。我觉得我的一生受这种自我教训的益处很多，因为经过这样的自省后，我那沾沾自喜、自鸣得意的情绪，便可平静下来了。"

一个人的伟大与否，是可以从他对于自己的成就所持的态度上看出来的。累积你的成就，作为你更上一层楼的阶梯吧。

人生处在顺境和得意时，最容易得意忘形，终致滋生败象，乐极生悲。

看过特洛伊战争"木马屠城记"故事的人，都会记得特洛伊是怎样被毁灭的。

特洛伊人与入侵的希腊联军作战，双方互有胜负，后来联军中有人献计，假装全部撤退，留下一匹大木马，并将勇士藏在马腹内，其他的主力部队亦躲在附近。特洛伊人望见远去的舰队，以为敌人真的撤退了，自己真的成功了，于是在毫无防备下，将木马拖入城内，歌舞狂欢，饮酒作乐。就在他们渐入梦乡时，木马中的敌人纷纷跳出，打开城门，里应外合，于是特洛伊灭亡了。

从这个故事中，可得到一个宝贵的教训：成功时不要高兴太早，否则失意马上就到。

真正有本事，胸怀大志的人是不容易骄傲的，这是一个人的修养达到较高境界的表现。倒是那些胸无大志的人，一知半解的人，很容易骄傲。至于骄傲的本钱，有大有小，有的甚至根本没有，也会凭空骤生骄气。如一个有趣的寓言所说的，长颈鹿因为能吃到几米高的树叶而骄傲，而小山羊则因从篱笆缝隙里钻进去吃草而骄傲。这说明，骄傲的程度与愚蠢的程度成正比，与成功的概率成反比！要想在成功的路上走得即坚定又稳健，必须戒骄戒躁，永不自满。千万不要做半瓶子醋，要以一种空杯为零的态度虚心学习，养成求取上进的良好学习习惯，这样，你才会在有所成绩的基础上更进一步，才会有成功路上坚定的步履。

时时要有危机意识

【原文】挂于患而欲谨，则无益矣。

【大意】困在灾祸之中再想谨慎就毫无裨益了。

荀子说，白鲦，鲂鱼是喜欢浮在水面上趋就阴光的鱼，它要是搁浅在沙滩上再想得到水，就来不及了。不论是鱼，还是为人处世，荀子的话与"生于忧患，死于安乐"不谋而合。人都要有忧患意识，用现代的流行语言来说，就是要有"危机意识"！

一个国家如果没有危机意识，这个国家迟早会出问题，一个企业如果没有危机意识，迟早会垮掉，个人如果没有危机意识，必会遭到不可测的横逆。

未来是不可预测的，而人也不是天天走好运的，就是因为这样，我们才要有危机意识，在心理上及实际作为上有所准备，好应付突如其来的变化！如果没有准备，不要谈应变，光是心理受到的冲击就会让你手足无措！有危机意识，或许不能把问题消除，但却可把损害降低，为自己打条生路！

伊索寓言里有一则这样的故事：有一只野猪对着树干磨它的獠牙，一只狐狸见了，问它为什么不躺下来休息享乐，而且现在没看到猎人！野猪回答说："等到猎人和猎狗出现时再来磨牙就来不及啦！"

这只野猪有"危机意识"！

那么，个人应如何把"危机意识"落实在日常生活中呢？这可分成两方面来谈：

首先，应落实在心理上，也就是心理要随时有接受、应付突发状况的准备，这是心理建设、心理准备，到时便不会慌了手脚。

其次是生活中、工作上和人际关系方面要有以下的认识和准备：

——人有旦夕祸福，如果有意外的变化，我的日子将怎么过？要如何解决困难？

——世上没有"永久"的事，万一失业了，怎么办？

——人心会变，万一最信赖的人，包括朋友、伙伴变心了，怎么办？

——万一健康有了问题，怎么办？

其实你要想的"万一"并不只我说的这几样，所有事你都要有"万一……怎么办"的危机意识，预作准备。尤其关于前程与一家人生活的事业，更应该有危险意识，随时把"万一"摆在心里。人最怕的就是过安逸的日子！

不知你现在的状况如何，是忧患？还是安乐？忧患不足畏，担心的应是安乐呀！

在很多书里，人们都描述过日本八佰伴公司负责人和田一夫，对他那传奇创业经历深深佩服。那时，他踌躇满志。经过半个世纪的奋力拼搏，他将一家乡下蔬菜店建设成为在世界各地拥有400家百货店和超市，员工总数达28000人，鼎盛期年销售额突破5000亿日元的国际流通集团，旗下多家公司的股票在日本、新加坡、中国香港、马来西亚上市，引起全世界的关注，被称为"世界的和田"。

1990年，和田一夫将八佰伴集团总部移到香港，后又移到上海。不料，企业的高速发展，使他盲目地骄傲和自信，做出不谨慎的判断，盲目扩张，危机悄然来临。1997年，八佰伴集团的核心公司——日本八佰伴公司出现经营危机，负债1600亿日元，公司不得不宣布破产，和田一夫承担

起全部责任，将所有私财抵债，自己一贫如洗，租屋而居。

1998年，年已70岁的和田一夫设立经营顾问公司，并开办国际经营塾，决心将自己的经营经验和教训传授给年轻的经营者们。他谈得最深刻的一个教训就是："我在经营企业最困难时，往往会做各种各样的努力去克服困难，在事业成功时却会骄傲自满，造成判断失误。因此看来，事业取得最大成功时风险最大。失败是人生财富，成功是最大危机。"

由此可见，不论是一般的老百姓，还是曾经成功的风云人士，都避免不了遭遇厄运和失败。生存本身就是充满风险和陷阱的事，不小心甚至会招来杀身之祸。

如何保护自己，让自己的生命、事业等都得到保证，这就是每个人都需要有危机意识。

于是，让我们掌握这样一些为人处世理念：

一是害人之心不可有，防人之心不可无。这句中国人的"古训"，充分说明了对待他人的辩证关系：一方面，对待别人，不应该存有伤害之心；另一方面，当对别人没有足够了解时，需对他人有所防备，防备他人存有坑害自己的心，也说明必须采用适当必要的防卫手段，让人无法加害自己。

二是"君子不立于危墙之下"。要远离危险的地方。这包括两方面：一方面是防患于未然，预先觉察潜在的危险，并采取防范措施；另一方面是一旦发现自己处于危险境地，要及时离开。在商品经济时代，经济危机随时都可能出现，只有及早作出预防措施，才能够避免灭顶之灾。

三是不要炫耀自己的才华和钱财。大量事实证明：毫无顾忌地卖弄聪明、恃才自傲，或者炫耀自己的财富，必然招致祸害。与之相对应的是，有时候，大智若愚倒的确值得称道。《三十六计》中有一计"假痴不颠"。假痴，表面痴疯；不颠，心底还是清楚，并不颠倒。

四是得意，莫忘形；顺境，不忘忧。孔子曰："三人行，必有我师。"但在实际生活中，很多人不但不能虚心接受别人的有益教诲，反而会对给予自己教诲的人怀恨在心。因此，在为人处事上，即使自己再有才再能干，也要看对象展示，不要得意忘形，以免招致不必要的怨恨。

五是有色做人。不少人信奉简单的真实，理论根据是"身正不怕影子斜"，要"本色做人"。什么叫作"本色做人"呢？就是"我是这样一个人，我就这样活着，让大家看到的我，就是真实的我。"在大多数情况下，这是一种美德。

但是，因为人是一种社会动物，任何行为产生的社会效果，不仅在于你怎么样，而在于你给人造成怎样一种印象，以及此一印象是否与他人的利益、心理等冲突。你不能只考虑自己的"本色"，还必须考虑你这显示本色的行为，在别人那里会有什么样的反应。假如你片面理解"本色做人"，就可能给生活惹来麻烦，小则招忌失友，大则招来杀身之祸。

西汉大臣杨恽，廉洁奉法，大公无私。后来，因被人诬陷而被削官为民。杨恽回家便大肆置办产业，用治理财产来消磨时光。他的朋友给他写信说："大臣被罢免，应当关起门来表示心怀惶恐，做出可怜的样子，不应当置办产业，和宾客来往，在社会上获得声誉。否则，你又会惹祸。"他很不服气，照做不改。他没料到，又有人给皇帝上书告发，说他生活奢侈，毫无悔过之意。最近天上出现日食这种灾难景象，也是这个人造成的。于是，皇帝下令以大逆不道之罪将他腰斩。

杨恽是个十足的好人，他自信"身正不怕影子斜"，可是却引来这样的结局。为什么这样呢？

社会心理学有一个概念叫作"传忌"，即传播的忌讳。"传忌"关心的正是所谓"影子"——即你的行为在别人那里造成的印象。假如你片面理解"本色做人"，不顾及自己的做法在别人那里造成的印象，小则招忌失友，大则招来杀身之祸。

六是谨防"祸从口出"。中国传统文化中，经常教导人要"慎言"，最担心"祸从口出"。于是，智者常常告诫："群居防口，独坐防心。"——和别人在一起时，要谨防说话的错误；单独在一起时，要防止心念的

错误。

七是永远不要盲目冲动。几乎所有主动酿造的生存危机,都与盲目冲动有关。因此,应特别记住的准则是:永远不要盲目冲动,尤其牵涉到性命相关的大事时,更当如此。从大体上讲,凡是只凭勇气不用谋略的人,做事难以成功,不小心谨慎而粗心大意的人必定坏事。

八是小不忍则乱大谋。忍,是避免风险与烦恼的重要手段。中国有个词——坚忍,包含了双重含义:一是"坚"——坚持目标与信念;二是"忍"——忍受一切不公正、伤害、压力与屈辱等。

中国还有个成语"忍辱负重",说的也是这个意思。金庸的小说名篇《倚天屠龙记》中,武当派掌门人张三丰对此作出了妙解:"不忍辱焉能负重?"——不忍受侮辱,怎么能够担负重任呢?

九是越甜蜜,越需警惕,最危险的瞬间,在成功的瞬间。

我们有时会遇到别人对你甜言蜜语,给你种种好处的情况。甜言蜜语使人十分舒适,而种种好处更使人陶醉。但请务必警惕——最甜蜜的举止,也许是最毒的药物。最大的好处,也许是最深的陷阱。

因此请记住:最危险的瞬间,也许就在成功的瞬间!

诚实守信是人生的重要品格

【原文】 信立而霸也。

【大意】 确立信用就能称霸于诸侯。

信,就是诚实不欺。

取信于人,为立身之根;取信于民,为治之本。失去了这个根本,人将不人,国将不国。

一个人可以第一次欺骗,但难于第二次欺骗,绝不会第三次欺骗。

一个统治者,可以欺骗全体人民于一时,也可以欺骗一部分人于永久,但绝不可能欺骗全体人民于永久。

那么,诚实吧!为自己而诚实,为别人而诚实。

荀子说,相信是应该相信的,是诚实;怀疑应该怀疑的,也是诚实。

荀子还说,人可以做到被信任,但不能要求别人必定信任自己;人以不守信用为耻,不以别人不信任自己为耻。

人生无论做什么都要抱着一种求真的态度。我们往往愿意去追求代表真实的人和事物,因为它表现着最崇高的美德——诚实与正直。诚实与知识、经验结合在一起是一种智慧。一个人不具备诚实的品格就无法真正拥有成功。

乔治是美国一名成功的房地产经营家,其成功秘诀就在于诚实。

乔治在伊利诺州刚开始从事房地产交易时,有一次带一位买主去看森林湖区的一座房屋。房产主曾私下告诉他说这栋房子大部分结构都不错,只是屋顶过于陈旧,当年就得翻修。买主是一对年轻夫妇,他们说准备买房的钱很有限,极怕超支,所以想买一处无须修葺的房子。他们看过房子

后,很喜欢,马上决定购买,并想立即搬进去住。但乔治对他们讲,这座房子需要8万美元重修屋顶。

乔治知道,说出房子屋顶的真相,会冒风险,有可能毁掉这笔交易。果然,这对夫妇一听说要花这么多钱来修屋顶,就不肯购买了。一星期后,乔治得知他们从另一家房地产交易所花较少的钱买了一栋类似的房子。

乔治的老板听说这笔生意被人抢走,十分生气。他把乔治叫到办公室,问他是如何把这笔生意搞吹的。

老板对乔治的解释很不满意,他咆哮着说:"他们并没有问你屋顶的情况!你没有责任要告诉他们。你主动告诉他们屋顶要修是愚蠢的,真是多管闲事,现在你把一切都失掉了。"

老板解雇了乔治。

如果乔治是个失败者,他可能会想:"我把实情告诉那对夫妇,真是愚不可及。我何苦要为别人操心呢?那关我什么事?以后可不要再多嘴了,白白丢掉一份委托费。我可真笨!"

但是,乔治所希望的是做一个诚实的人。他一直受的教育是要说实话。他的父亲总是对他说:"你同别人一握手,就等于签订了一项合同,你说的话要算数。如果你想在生意上站稳脚跟,就必须对人公平交易。"所以,乔治总是把信用、人品放在第一位,而不是把赚钱看得高于一切。尽管当时他也想把那座房子卖掉,但不能为此而有损自己的人格价值。即使丢掉了工作,他仍然坚信自己唯一的做人准则就是在一切事情上都讲真话。

乔治从他帮助过的一位亲戚那里借了些钱,搬到了加利福尼亚,开了一家小型房地产交易所。数年之后,他以做生意公道和为人诚实建立了信誉。虽然他也为此丢过不少生意,但他却渐渐赢得了人们的信任。最后,他名声远扬,事业发展,生意兴隆,客户遍及全国。乔治靠他的诚实和信用发达了起来。

在个人生活或事业上,你可能由于说老实话而一时失去某些东西。但是,在漫长的人生旅途中失掉一两次应有的报偿算什么?你只要建立起信誉,树立起正直诚实的声誉,当别人知道你是一个靠得住、值得信赖的人时,你的收获将是无穷的,令人羡慕的。

高标处世，低调做人

【原文】 行而供翼，非渍淖也；行而俯项，非击戾也；偶视而先俯，非恐惧也。

【大意】 走路时恭敬谨慎，不是因为怕陷入泥沼；走路时低着头，不是因为怕碰撞着什么东西；与别人对视而先屈身，不是因为惧怕对方。

这是为人低调的表现，低调不是对世事的消极和畏缩，而是一种为人处世的谦逊品德。

有人说，谦逊是一切美德中最基本也是最高尚的品质。一个谦逊的人，总能意识到自己的弱点和不足，也能清楚地感知到世间还有无数更高明的人，正所谓"山外有山，人上有人"。因此，谦逊之人大都是低调做人的典范。

从一定意义上说，所谓"低调做人"就是不把自己看得太重要、太能耐、太高明。倘若认为自己处处胜人一筹，高人一等，就会在欲望的奢求上多贪多占，并视为理所当然。而在别人看来却有失谦逊之德、平易之美。所以，不管是什么人，也不管在什么情况下，都要放下自己的身价，严格要求自己，在做事上向高标准看齐，在欲望上则低调处理，前者表现精明些，后者表现糊涂点，方为大智之人。

社会的门楣有高有低，只有以谦卑的姿态行走其间，才能顺利通过所有的门庭。

羊祜出生于官宦世家，是东汉蔡邕的外孙，晋景帝司马师的献皇后的同母弟。但他为人清廉谦恭，毫无官宦人家奢侈骄横的恶习。

他年轻时曾被荐举为上计吏，州官四次征辟他为从事、秀才，五府也请他做官，他都谢绝。有人把他比做孔子最喜欢的学生、谦恭好学的颜回。曹爽专权时，曾辟用他和王沈。王沈兴高采烈地劝他一起应命就职。羊祜却淡淡地回答："委身侍奉别人，谈何容易！"后来曹爽被诛，王沈因为是他的属官而免职。王沈对羊祜说："我应该常常记住你以前说的话。"羊祜听了，并不夸耀自己有先见之明，说："这不是预先能想到的。"

晋武帝司马炎称帝后，因为羊祜有辅助之功，被进号中军将军，加官散骑常侍，封为郡公，食邑三千户。但他坚持辞让，于是由原爵晋升为侯，其间设置郎中令，备设九官之职。他对于王佑、贾充、裴秀等前朝有名望的大臣，总是十分谦让，不敢居其上。

后来因为他都督荆州诸军事等功劳，加官到车骑将军，地位与三公相同。他上表坚决推辞，说："我入仕才十几年，就占据显要的位置，因此日日夜夜为自己的高位战战兢兢，把荣华当作忧患。我身为外戚，事事都碰到好运，应该警诫受到过分的宠爱，而不怕被遗弃。但陛下屡屡降下诏书，给我太多的荣耀，使我怎么能承受？怎么能心安？现在有不少才德之士，如光禄大夫李熹高风亮节，鲁艺洁身寡欲，李胤清正朴素，都没有幸运获得高位，而我无能无德，地位却超过他们，这怎么能平息天下人的怨望呢？因此乞望皇上收回成命！"但是皇帝没有同意。

晋武帝咸宁三年，皇帝又封羊祜为南城侯，羊祜坚辞不受。羊祜每次晋升，常常辞让，态度恳切，反因此名声远播，朝野人士都对他推崇备至，以至认为应居宰相的高位。晋武帝当时正想兼并东吴，要倚仗羊祜承担平定江南的大任，所以此事被搁置下来。羊祜历职二朝，掌握机要大权，政治上的大事都要向他咨询；而他本人对于权势却从不钻营。他筹划的良计妙策和议论的稿子，过后都焚毁，所以世上人不知道其中的内容。凡是他所推荐而晋升的人，他从不张扬，被推荐者不知道是羊祜荐举的。

有人认为羊祜过于缜密了,他说:"这是什么话啊!古人的训诫:入朝与君王促膝谈心,出朝则佯称不知——这我还恐怕做不到呢!不能举贤任能,哪会不有愧于知人之难啊!况且在朝廷签署任命,官员到私门拜谢,这是我所不取的。"

羊祜平时清廉俭朴,衣被都用素布,得到的俸禄全拿来周济族人,或者赏赐给军士,家无余财。临终留下遗言,不让把南城侯印放进棺柩。他的外甥齐王司马攸上表陈述羊祜妻不愿按侯爵级别殓羊祜的想法,晋武帝便下诏说:"羊祜一向谦让,志不可夺。身虽死,谦让的美德却仍然存在,遗操更加感人。这就是古代的伯夷、叔齐之所以被称为贤人,廷陵季子之所以保全名节的原因啊!现在我允许恢复原来的封爵,用以表彰他的高尚美德。"

羊祜是成功的,上至一国之主,下至黎民百姓,都对他表示敬佩。羊祜的参佐们赞扬他德高而卑谦,位尊而端恭。

时常发怒是痛苦的引爆线

【原文】愉快而亡者，怒也。

【大意】逞一时快意而招致死亡，是由于愤怒。

我们每个人都避免不了动怒，动怒是一种心理病毒；它同其他病毒一样，可以使你重病缠身，一蹶不振而后悔叠起。愤怒者不仅仅表现出厌烦或生气，如果这仅是一种外在表情倒也罢了，但很多情况下，时常发怒往往是滋生痛苦的引爆线，让你身陷痛苦而无可自拔。

留心四周，到处都可以找到正在生气发怒的人们。商店里，也许顾客正在和营业员吵架；出租车上，司机也许正因交通堵塞而满脸怒色；公共汽车上，也许两人正在为抢占座位而大打出手……此种情形，举不胜举。那么你呢？是否动辄勃然大怒？是否让发怒成为你生活中的一部分，而且你是否知道：这种情绪根本无济于事？也许，你会为自己的暴躁脾气大加辩护："人嘛，总都有生气发火的时候""我要不把肚子里的火发出来，非得憋死不可"。在这种借口之下，你不时地自我生气，也冲着他人生气，你似乎成了一个愤怒之人。

其实，并非人人都会不时地表露出自己的愤怒情绪，时常发生这种习惯可能连你自己也不喜欢，更不用说他人感觉如何了。因此，你大可不必对它留恋不舍，它不能帮助你解决任何问题。任何一个精神愉快、有所作为的人都不会让它跟随自己。

首先，让我们来看看心理学家们是如何看待"愤怒"的。这里我们所提的愤怒是指当某人在事与愿违时做出的一种情绪反应。它的形式有勃然大怒、敌意情绪、乱摔东西甚至怒目而视、沉默不语。它不仅仅是厌烦或生气，它的核心是惰性。愤怒使人陷入痛苦，其起因往往是不切实际地期望大千世界要与自己的意愿相吻合。当事与愿违时，便会怒不可遏。

愤怒既是你做出的选择，又是一种习惯。它是你经历挫折的一种后天性反应。你以自己所不欣赏的方式消极地对待与你的愿望不相一致的现实。事实上，极端愤怒是一种精神错乱——每当你不能控制自己的行为时，你便有些精神错乱。因此，每当你气得失去自制时，你便暂时处于精神错乱状态。

愤怒情绪对人的心理没有任何好处，它也是后悔的根源所在之一。从病理学角度来看，愤怒可导致高血压、溃疡、皮诊、心悸、失眠、困乏甚至心脏病；从心理学角度来看，愤怒可能会破坏情感关系、阻碍情感交流、导致内疚与沮丧情绪。总之，它使你后悔而不愉快。你可能不相信这种观点，因为你或许听说过发火要比生闷气更有助于身心健康。是的，生气时把气发出去比把气憋在心里要好得多，但是，还有一种比发火更好的办法——根本不动怒，为什么不采用这种方法呢？这样，你便不会为决定是发火还是生闷气而自寻烦恼了。

同其他所有情感一样，愤怒是大脑思维后产生的一种结果。它不会无缘无故地产生。当你遇到不合意愿的事情时，就告诉自己：事情不应该这样或那样，于是你感到沮丧、灰心；然后，你便会作出自己所熟悉的愤怒的反应，因为你认为这样会解决问题。只要你认为愤怒是人的本性之一部分，就总有理由接受愤怒情绪而不去改正。

如果你仍然决定保留自己心中愤怒的火种，你就可以通过不造成重大损害的方式来发泄愤怒。然而，不妨想想，你是否可以在沮丧时以新的思维支配自己，用一种更为健康的情感来取代使你产生惰性的愤怒。世界绝不会像你所期望的那样，你很可能会继续厌烦、生气或失望，但无论如何，你却完全可以消除那种不利于精神健康的有害情感——愤怒。

你或许认为，愤怒可以使你达到自己的目的，因而发怒是有道理的。关于这一说法，我们可以先看看下面这一情形：

假设你有一个两岁的女儿，她正在街上玩耍，而且很可能会被车子撞上，你板起脸大声叫她回来。如果你觉得这样高声说话的目的是为了让孩

子别在危险的地方玩耍，那么这倒不失为一个很好的方法。然而，如果你因此而真的生气，气得脸发红、心跳加快、乱摔东西——总之，在一段时间内陷入痛苦，那你便是处于愤怒状态了。你完全可以通过其他方法教育孩子，根本犯不上自寻愤怒。你可以这样想："女儿在街上玩很危险，我要让她懂得在街上玩耍是不能允许的，我要高声叫她回来，以表明我的坚决态度，但我无论如何也不会为此勃然大怒的。"

有这样一位妈妈，她根本不能控制自己的愤怒。每当孩子淘气时，她总是大发脾气。可是，她越是发脾气，孩子们就越淘气。她惩罚他们，把他们关在屋里，大声叫骂，激怒不已。与其说她在当妈妈，带孩子，倒不如说她在带兵打仗。她光知道大声叫骂，一天下来，犹如从战场归来，累得筋疲力尽。

你看，孩子们知道他们淘气会惹妈妈生气，可他们仍然不听话。这是为什么呢？因为愤怒就是这样捉弄人：它根本不能改变别人，只能使别人更想控制动怒的人。如果要上面提到的孩子们说出他们淘气的理由，他们或许会这样告诉你：

"知道怎样让妈妈动怒吗？只要说这样一句话，做那样一件事，就可以控制她，让她气得发晕。你会在屋里给关一会儿，那是无所谓的；可是你得到的却很多：以这么低的代价就在感情上完全控制了她！既然我们能对妈妈施加这么大的影响，我们应多这样逗逗她，看看她会气成什么样。"

从这个例子可以看出：在生活中，不管对什么人动怒，它只能使别人继续自行其是。尽管惹人生气的人有时会后怕，但他同时也知道他可随意叫对方动怒，从而在感情上控制对方。可怜的是，发怒的人往往认为可以通过愤怒来控制对方。

每当你以愤怒来对他人的行为作出反馈时，你会在心里说，"你为什么不跟我一样呢？这样我就不会动怒，而且会喜欢你。"然而，别人不会永远像你希望的那样说话、办事。实际上，他们在大多数情况下都不会按照你的意愿行事。世界就是如此，我们不可能期望别人永远按照自己的意愿行事，这一现实永远不会改变。所以，每当你因为自己不喜欢的人或事动怒，你其实是不敢正视现实，而让自己经受感情的折磨。为根本不可能改变的事物自寻烦恼真是太愚蠢了。其实，你大可不必动怒，只要你想想，别人有权以不同于你所希望的方式说话、行事，你就会对世事采取更为宽容的态度。对于别人的言行，你或许不喜欢，但决不应动怒。动怒只会使别人继续气你，并会导致上述种种生理与心理病症。真的，你完全可以做出选择——要么动怒，要么以新的态度对待世事，从而最终消除愤怒这一误区。

也许你认为自己属于其中一类人，即对某人某事有许多愤愤不平之处，但从不敢有所表示。你积怨在胸，敢怒不敢言，成天忧心忡忡，最后积怨成疾。但是，这并不是那些咆哮大怒的人的反面。在你心里，同样有这样一句话："要是你跟我一样就好了。"你以为，别人要是和你一样，你就不会动怒了。这是一个错误的推理，只有消除这一推理，你才能消除心中的怨忿。虽然有怒便发比积怨在胸好得多，但你会慢慢懂得，以新的思维方式看待世事，以致根本不动怒，这才是最为可取的。你可以这样安慰自己：

"他要是想捣乱，就随他去。我可不会为此自寻烦恼。对他这种愚蠢行为负责的，是他不是我。"

你也可以这样想：

"我尽管真不喜欢这件事，却不会因此陷入痛苦。"

总之，你只要自尊自重，拒绝受别人控制，便不会再用愤怒折磨自己，没有了愤怒，当然你也会少了后悔。

如何消除你心中的怒气？

发怒，完全是一种可以消除与避免的行为，只要好好地把握自己，你就可以让自己走出这种坏习惯。当然，你需要选择很多新的思维方式，并且需要逐步实现。每当你遇到使你愤怒的人或事时，要意识到你对自己说的话，然后努力以新的思维控制自己，从而使自己对这些人或事有新的看法，并做出积极的反应。下面是消除愤怒情绪的若干具体方法。

1. 在打算愤怒的时候，在心中默数1、2、3……先使自己冷静下来，只有在冷静的状态下，才能正确思考，才能每一次提醒自己：不能因为过去一直消极地看待事物，现在也必须如此，自我意识是至关重要的。

2. 试试推迟动怒的时间。如果你以前总是一遇事就开始发火，那么下一次你不妨先推迟15秒，然后再照常发火；再下一次推迟30秒，然后不断延长间隔时间。一旦你意识到可以推迟动怒，你便学会了自我控制。推迟愤怒也就是控制愤怒，经过多次练习之后，你会最终完全消除愤怒。

3. 当你确实想动怒时，不妨通过一些外在形式的转化，比如提高嗓门或板起面孔，但千万不要真的动怒，不要以愤怒所带来的生理与心理痛苦来折磨自己。

4. 你可以讨厌某件事，但你仍不必因此而生气。要知道，为自己不喜欢的东西而生气是完全不值得的。

5. 当你发怒时，提醒自己，人人都有权根据自己的选择来行事，如果一味禁止别人这样做，只会延长你的愤怒。你要学会允许别人选择其言行，就像你坚持自己选择言行一样。

6. 请你身边的朋友帮助你。让他们每当看见你动怒时，便提醒你。你接到信号之后，可以想想看你在干什么，然后努力推迟动怒。

7. 写"动怒日记"，记下你动怒的确切时间、地点和事件。强制自己诚实地记录所有动怒行为。只要持之以恒，你很快会发现，记录动怒的行为本身将促使你少动怒。

8. 在大发脾气之后，勇于承认自己的错误，并大声宣布，现在你决心采取新的思维方式，今后不再动怒。这一声明会使你对自己的言行负责，并表明你是真心实意地改正这一错误。

9. 当你要动怒时，尽量靠近你所爱的人。一个人是不会对自己真正所爱的人发火的，当你靠近他并试图握着他的手，那么你会感到有股力量注入你的体内。即使你不情愿也要握住他的手，一直到你向他表明了自己的感情并平息了愤怒情绪之后，再松开手。

10. 当你不生气时，同那些经常受你气的人谈谈心，互相指出对方最容易使人动怒的那些言行，然后商量一种办法，平心静气地交流看法。比如可以写信、由中间人传话或一起去散散步等，这样你们便不会以愤怒相待。其实，只要在一起多散几次步，你便会懂得发怒的荒谬了。

第六章 赢在口才
——荀子智慧与言谈技巧

荀子说,君子一定要善于言谈。一句话,退三军;一句话,抵九鼎;一句话,救人命。语言的力量就是思想的力量,语言的力量就是情感的力量,语言的力量就是智慧的力量。人每天总是要说很多话,而且越是能办事,越是办事多的人,越是会说的人。因此,一味奉行『沉默是金』,乃是一种消极的人生状态,善于说话才是一种积极的人生态度。

良言一句三冬暖，恶语伤人六月寒

【原文】 与人善言，暖于布帛；伤人以言，深于矛戟。

【大意】 和人说善意的话，比送衣服给他穿还要温暖；用恶语伤人比矛戟刺得还要深。

荀子说，和人说善意的话，比送衣服给他穿还要温暖；用恶语伤人比矛戟刺得还要深。用现代的话来说就是"良言一句三冬暖，恶语伤人六月寒"。

一种语言，比冬日的阳光还要温暖；一种语言，比锋利的刀剑还刻薄。同样一种语言，在不同的口中或用不同的形式表达出来，会产生截然相反的效果。它可能把人更紧密地联系在一起，也可能掘出彼此心中深不可测的鸿沟。

其中就有这样一个例子：国际商贸城的一位经营户李女士，她说：我有个朋友，说话时特别爱用"我""我认为""我觉得""我是这样的"，让人听着不是很舒服，好像在他心中只有自己。一本书上有这样一句话："我"是一个最微不足道的词，不要在谈话中无限制地使用它，一个很有礼貌的人，一定不会把"我认为"总是挂在嘴边，而应该问"你认为如何？"

在某家公司里的王先生，他与人交往有一个原则，就是"逢人减岁，逢物添钱"，比如说一个四十多岁的人，他说他看上去只有三十多岁，一个六十多岁的人，他说他看上去只有五十岁，把对方的年龄尽量往小处说，从而使对方觉得自己显得更加年轻，保养有方。走到朋友家中，看见一张茶几，问他花了多少钱买的，他答道："花了60元。"你不妨说："这张茶几一般价值100元，再买得好，也要80元，你真会买。"他听了一定喜欢。对方不会认为你缺乏眼力，对你反感，刚好这样说的话会让对方产生一种满足感，另外还会给对方留下很好的印象。

当然，人们在日常交往中，即使是一个智慧的人，一个深邃的人，一个比秋天的穗子更沉着的人，他也不能像回避不幸一样回避伤人之言。用语言伤人，在伤害者那里，可以得到发泄的片刻快感，但在被伤害者那里，却受到永久的伤害。

伤人之言有两种：一是当面指责人之所短，二是背后议论人之所短。而背后的议论比当面指责更阴险，更恶毒，更难防范，因而就更深刻地伤害一个人。

不要以为背后议论人之所短是安全的，因为你是在对人说话而不是对一堵墙说话，而人是不断变化的，今天是敌人，明天却是朋友，何况一般的人既不是敌人又不是朋友，他会讨好他人而出卖你。

这就告诉你，当你对耳朵说的时候，嘴巴是同时在场的，你的言论即将通过这个嘴巴传播出去，最后到达你所伤害的那个人的耳朵之中。善于说话的人，怎能不谨慎呢？

唐代有一个检校刑部郎中，名叫程皓，为人周慎，人情练达，从不谈人之短长。每当同辈之中有人非议别人，他都缄默不语。直到那人议论完后，他才慢慢地替被伤害的人辩解："这都是众人妄传，其实不然。"甚至，还列举出这个人的某些长处。有时，他自己在大庭广众中被人辱骂，连在座的人都惊愕不已。程皓却不动声色，起身避开，说："彼人醉耳，何可与言？"

事实上人与人之间的关系大半都是如此复杂，你若不知内幕，就不要信口开河。现实生活中有一种人，专好推波助澜，把别人的是非编得有声有色，夸大其词地逢人就说。不知道世间有多少悲剧由此而生。虽然你不是这种人，而一旦谈论别人的短处时，也许你在无意之中就种下祸患的幼苗，而它要滋长到怎样的位置，并不是你所能想象的那样。

想要有一个好的口才，最好是自己定下一条戒律：除了颂扬别人的美德，永远不要把议论别人的短处来污辱你的口、污辱你的人格，否则的话

你将永远找不到一个愿意和你接触的朋友。

如果是别人向你说某人的短处时，你唯一的办法是听了就算，像保守你自己的秘密一样，谨缄金口，不可做传声筒，并且不要深信这些片面之词，更不必记在心上。

和谈论别人的短处一样，不可就表面的观察便在背后批评人家，除非这是好的批评。说一个坏人的好处，旁人听了最多认为你是无知。把一个好人说坏了，人们就会觉得你存心不良了。

人们好说女人最爱谈论别人是非，其实男人当中也不乏这种人。如果你茶余饭后找谈话的资料，则天上的星河，地上的花草，无一不是谈话的好题目，倒不必一定要说东家长、西家短，才能消遣时间。

孰不知，说别人的短处，说不定就是自己的短处。

言简意赅才达意

【原文】彼正其名,当其辞,以务自其志义者也。彼名辞也者,志义之使也,足以相通则舍之矣。

【大意】君子选择正确的名称,运用恰当的言辞,是为了尽力表达思想的,那些说法,均为思想所使,能够相互沟通就可以了。

荀子认为君子选择正确的名称,运用恰当的言辞,是为了尽力表达思想。另一位哲人也说过:"话说得太多,总会说出蠢话来。"的确,说话的目的是用来沟通,如果一味地卖弄语言技巧,修辞太多,将适得其反。尤其是领导与员工之间,因为领导与员工的沟通大多数是建立在口头基础上的。要想每一条命令、每一项建议能被正确执行,就要注意语言的简洁性,要谨记"话不在多,达意则行"。

有许多的朋友可能都会有这样的感受,当那些领导在会上长篇大论的时候,通常下面都不知道他在说什么。尽管领导是多么准确地表达,多么精心地措辞,员工还是会在一些时候误解领导的本意。员工的教育背景、生长地域、智力与培训等因素,都可能对他们的理解产生一定的影响。这就是为什么得到口头反馈十分重要。不要太信任从员工那里得到的简短的"是"或点头这类回答。他是否完全理解了指示?指示的内容是什么?如果员工在领悟指示时"不够准确",尔后会出现什么问题?你会十分震惊地发现,有多少次信息是被"曲解"了。

1910年,美军部队在一次传递命令中情况是这样的:

营长对值班军官:明晚大约8点钟,哈雷彗星将可能在这一地区看到,这种彗星每隔76年才能看见一次。命令所有士兵着野战服在操场上集合,

我将向他们解释这一罕见的现象。如果下雨的话,就在礼堂里集合,我将为他们放映一部有关彗星的影片。

值班军官对连长:根据营长命令,明晚8点哈雷彗星将在操场上空出现。如果下雨的话,就让士兵们穿着野战服前往礼堂,这个罕见的现象将在那里出现。

连长对排长:根据营长的命令,明晚8点,非凡的哈雷彗星将身穿野战服在礼堂中出现,如果操场上下雨的话,营长将下达另一个命令,这种命令每隔76年才会出现一次。

排长对班长:明晚8点,营长将带着哈雷彗星在礼堂中出现,这是每隔76年才会有的事。如果下雨的话,营长将命令哈雷彗星穿上野战服到操场上去。

班长对士兵:在明晚8点下雨的时候,著名的76岁的哈雷将军将在营长的陪同下身穿野战服开着那辆"彗星"牌汽车经过操场前往礼堂。

当然,这只是一个笑话,但问题在于很多时候以口头方式发出的简单指示、请求或意见,被听者彻底地误解了。

领导对这种不良的结果感到非常失望,而员工却认为自己在忠实地遵循领导的指示行事,也因此而十分不愉快。

如何减少这种误解呢?对领导来说,首先要认识到同基层员工和高层管理者对话时要经过周密思考,最后尽可能用简单而精确的话把它表达出来。

别人的秘密知道得越少越好

【原文】告楛者，勿问也；说楛者，勿听也。

【大意】告诉你不正当事情的人，不要去追问他；谈论不正当事情的人，不要去听他。

与人谈话，重在掌握方式和把握分寸。"哪个背后不说人"，一言可以兴邦，一言也可以乱邦，所以老于世故的人，对人总是唯唯诺诺，可以不开口的，就情愿三缄其口，实行其"庸人之谨"，而不要傻乎乎地去"打破砂锅问到底"。

比如有一个人，生怕他的隐私唯恐人知，你说话时偏在无意中说着他的隐私，基于言者无心，听者有意的道理，他会认为你是有意揭破他的隐私，恨你入骨。

他做的事，别有用心，他对自己的用心，极力掩饰不让人知，如果被你知道了，必然对你非常不利。你如与他向来熟悉，对他的用心知之甚深，他虽不能断定你一定明白，然而终究会对你感到十分疑惑与妒忌。你处于这种困难境地，绝不可对他表明绝不泄密，那你将如何自处呢？你唯一的办法，只有假装耳聋，若无其事。

他有阴谋诡计，你却参与其事，代为决策，帮他执行，从乐观方面说，你是他的心腹，从悲观方面说，你是他的心腹之患。你虽谨慎地保守秘密，从来不提及这件事，不料另外有智者猜中此事，对外宣告，那么你无法逃掉泄露的嫌疑。你只有经常接近他，表示自己绝无二心，同时设法侦察泄露这个秘密的人。

万一对方对你尚无深刻的认识，没有十分信任，你却极力讨好他，对

他说极深切的话，假使他采用你的话，然而试行的结果并不好，一定疑心你有意捉弄他，使他上当。即使试行结果很好，他对你也未必会增加好感，认为你只是偶然看到，实行又不是你的力量，怎可以算你的功劳，所以你这个时候还是不说话为好。

他犯有错误被你知道，你便不惜声援正义，直言进谏。他本来就已觉得愧疚，唯恐旁人知情，你去揭破，他自然更觉惭愧，由惭愧而愤恨，由愤恨进而与你发生冲突，你不是凭空多了一个冤家？所以，即使告之，也应以婉转为宜。

对方成功乃计出于你，而他是你的上司，他则必会深恐好名声被你抢去，内心惴惴不安。你知道了这种情形，就应该到处宣扬，逢人便说，极力表示这是上司的善谋，这是上司的远见，一点也不要透露你曾经出了什么力。

对方不能做的事，而你认为应该做，就算强迫也要让他必须做到；对于某事，对方是箭在弦上不能不发，或者已骑虎难下，无法中止，但你认为这事不应该做，就算勉强也必须中止，像这种情形，都是强人所难。你勉强他一定要做，勉强他一定要中止，原本是善意，尽一分挚友之责，心地光明，无可非议。但事实已经如此，虽然勉强也不会有效。如果你在道义上，认为不该熟视无睹，不妨进言婉劝，使他自己觉悟，由他自己来发动，自己去中止，这才是上策。万一他不愿接受你的劝告，你也只好见机行事，适可而止，否则过于强求，只是徒伤感情罢了。

逢人只说三分,还有七分自己赏

【原文】 未可与言而言谓之傲。

【大意】 对那些不可以与之交谈的人,你和他谈了,这叫作浮躁。

俗话说"逢人只说三分话",还有七分话不必对人说出,也许你会以为大丈夫光明磊落,无事不可对人言,何必只说三分话呢?

荀子认为,对那些不可以与之交谈的人,你和他谈了,这叫作浮躁。每个人说话,都应先看对方是个什么样的人,如果对方不是一个以尽其所谈的人,你说出三分话,就不少了。

孔子曾经说过这样的一句话:"不得其人而言,谓之失言。"如果对方不是你深交相知的人,而你却畅谈所有的欲言,虽然你说出了自己的所有话,而对方会有什么样的反应呢?你所说的话,都是属于你自己的事情,对方是否愿意听你讲呢?

如果你们之间关系浅薄,而你与他深谈,会显得你没有一点修养;如果你说的话是关于对方的,而你又不是他的诤友,所以他会觉得你不配与他深谈,虽然忠言逆耳,但是却显出你的冒失;如果你说的话是关于社会的,可是你并不能明白对方的立场究竟如何,你也不会明白对方的主张究竟如何,可你偏高谈阔论、畅自己所言,那样会很容易招祸的!

所以,逢人只需说出三分话,也不是不可说,而是不需要说,不必说,不应该说,那么与事无不可对人言也就没有什么冲突了。

所谓的"事无不可对人言",就是指你所做的每件事,并不是必须向别人尽情地宣布,只说三分就可以了。那些有经验的人,是不是每件事都对人言,那只是另一问题,而他的只说三分话,那是不需要说,不必说,也是不该说的关系,那绝不是不诚实、狡猾的表现。

原本说话就有三个限制:人、时、地。如果不是其人就不必说;虽然得其人而没有得其时,这时也是不必说的;即使是得其人,也得其时,但却没有得其地,那也是不必说的。没有得其人,而你说出了三分真话,其实那已是很多了;如果你得其人,但是却没有得其时,你说出了三分真话,其实那是在给他暗示,你要看看他听到这些真话之后有什么样的反应;如果你得其时,没有得其地,而你说了三分真话,其实那就可以引起他的注意力了,如果有必要的话,你可以与他长谈下去,这样的人才能称做是善于说话的人。

忠言不逆耳人爱听

【原文】 曲得所谓焉，然而不折伤。

【大意】 委婉地把所要说的话讲给对方听，但又不挫伤他。

荀子说："曲得所谓焉，然而不折伤。"即委婉地把所要说的话讲给对方听，但又不挫伤他。人都有听恭维话的天性，没有谁愿意听逆耳之言，"闻过则喜"恐怕只有子路那样的圣人才能做到。因此，荀子告诫我们，说话要注意方式，有时把反对意见用一种委婉的方式表达出来，反而更容易让人接受，还不易得罪人。

战国时候，秦国攻赵，于是赵国向齐国求援。齐国要赵国送太后的小儿子长安君为人质，方肯发兵。但赵太后执意不肯，虽然满朝文武都极力劝谏，仍无济于事。最后赵太后干脆宣布说："谁要是再来劝我，我就用口水吐他的脸。"

后来左师触龙求见，太后知道他也是来规劝的，于是满脸怒气地等他来。触龙慢慢地走到太后面前，请罪说："我的脚有点毛病不能走快，因而好久没有来看太后，却心中惦念，故今特来拜望。"太后见此便说自己现在也得靠车行走。触龙又问了太后饭量等其他一些情况，这段家常话使太后的怒气消去了一些。

之后，触龙又求太后允许他的小儿子在王宫卫队里当一名卫士。太后满口答应，并问触龙儿子多大岁数了。触龙回答说，15岁，并说要在死之前为儿子安排好立身之处。太后见此便问男人是否也疼爱孩子。触龙说：比起女人有过之而无不及。此时，触龙顺便问太后疼爱燕后（赵太后之女）是否甚于长安君。太后答道："比不上长安君。"由此，触龙强调说父

母疼爱孩子应为他们的前程着想,并举例说赵太后自己当年与燕后分别,难舍难分,依依惜别,但每次祭祖的时候,却祷告让燕后留在燕国,不要回来,以使其子女世世代代为燕王。讲完这番话,触龙反问太后:您这样做,不正是为燕后的长远着想吗?太后点头称是。

此时,触龙话锋一转,向太后道:"自此三代之前,自赵国内大夫升诸侯以来,每一代国王的子孙凡是封侯的,其后期还有吗?"太后摇摇头,触龙又问:"不光是赵国如此,其他子孙受封的后代还存在吗?"太后又摇摇头,触龙评论道:"这是因为他们的地位显贵却没有功勋,待遇优厚却没有功绩所致。如今您给长安君以显贵地位,膏腴之土,却没有给他为国立功的机会,这样一旦太后不讳,长安君又何以使赵国自立呢?因此老臣认为你爱长安君却没有替他的长远考虑,爱长安君不及爱燕后深。"

至此,太后完全接受了触龙的批评与劝说,便回答道:"好吧,就按你的意思。"之后便为长安君准备了100辆车子到了齐国,齐国随即发兵救赵,从而退了秦国之军。

在这一事例中,触龙之所以能够使赵太后改变初衷,同意将长安君送往齐国做人质,就在于他巧妙地运用了父母疼爱儿女的人之常情为契机,批评赵太后不为长安君的长远着想,会因疼爱一时误了一世。由于触龙深刻地体会到赵太后爱子心切,于是从聊家常开始,请示太后将自己的小儿子安排在宫中当卫士,到评论太后爱燕后与长安君的差别,到最后建议爱长安君应给他为国立功的机会,始终未探讨送长安君到齐做人质与退秦军的利害关系,恰到好处地既顺了太后的心意,又使太后接受了批评意见。同理,对劝谏别人,有时绕个弯来说效果也许会更好。

爱说风凉话使人敬而远之

【原文】 廉而不见贵者,刿也。

【大意】 品行方正而不受人尊重,是由于言语尖刻刺伤别人所致。

一座卓然而立的塔,不会因为暴风雨而倾斜;对别人说长道短的人,却往往在一吐胸中之快的同时,被自己的所言砸伤自己的脚。

有一个蜜蜂和天神的故事很有意思。一只蜂房里的蜂后从海米德斯山飞上夏林比斯山,把刚刚从蜂房里取出来的蜂蜜敬献给天神。天神对蜂后的敬献非常满意,就答应给她所要求的任何东西。蜂后于是请求天神说:"请你给我一根刺,如果有人要取我的蜜,我便可以刺他。"天神很不高兴,因为他很爱人类,但是因为已经答应,不便拒绝它的请求,于是天神回答蜂后说:"你可以得到刺,但是那刺留在对方的创口里,你将因为失去刺而死亡!"这个故事的道理再简单不过:每个人都有保护自己利益的权利,但是如果用有毒的"刺"去伤害别人,那么就像俗语说的,自己也会有报应。

在人类社会中,类似蜂后的人也不少,言语中的"毒刺"更是司空见惯的现象。古人早有明训:"言语伤人,胜于刀枪。"许多人常以"嘲弄"他人为乐子,有部分综艺节目的主持人,戏称未能在比赛中过关的来宾"笨"或嘲笑比赛者的长相"丑"。有的虽然纯属说笑性质,但总让人觉得不妥,毕竟"尖酸刻薄""有失厚道"的言辞批评,会使听者产生不悦。试想有哪一个人愿意与爱讲风凉话、语言刻薄者为友呢?更为可怕的是,爱讲风凉话从一个侧面反映出了一个令人难堪的事实:这不是一个嫉妒心强的人就是一个没脑子、好冲动、不计后果的人。严重的,还可能遭到杀

身之祸，后悔莫及，真叫人不得不谨慎。其实，因言辞起冲突而萌生杀机的情况，在国外亦有所闻。泰国曼谷有一名"美食专栏作家"，经常在文章中特别赞誉某家餐厅，或严辞批评某些餐厅的菜肴。有一次，此专栏作家在专栏中对一餐厅的菜色做"像猪食"的评语，以致激怒了餐厅老板。该老板事后特别再请此美食专栏作家去试吃"精致美味的佳肴"，不料美食专家吃完后脸色大变，晕倒在地，送到医院时气绝死去。餐厅老板被警方逮捕收押后，坦承"设宴"下毒，他说："批评我们的美食像猪食的人都该死！"

这真是叫人瞠目结舌，"专栏作家"们下笔时可得小心点，就像你说话一样，若言辞过于尖酸刻薄，批评太过分，可能也会"惹祸上身"。

总之，恶意的嘲讽与恶言相向的"口角与怒骂"是任何人都会的游戏，但却也是一种双方都无法获胜的游戏。

曾经担任美国陆军部训练军官的艾伦谈到从前的训练，讲到了下面这个故事：

在上课的军官当中，有一位上校对于激励技巧的使用颇不以为然。在训练课程结束的大约一个星期里，那位上校被命令负责一份重要的演示文稿，由于他做得非常出色，他的上司——一位将军想要赞美他。将军找了一张黄色的图画纸，把它折成一张精美的卡片，外边写上"太棒了！"里边则写了一些奖励的话，然后召见他，当面称赞他，并把那张卡片交给他。上校把卡片拿在手中读了一遍，读完之后僵直地站在那里愣了一会儿，然后头也不抬地走出了办公室。将军有点莫名其妙，心想："是不是我做错了什么。"心中不安的将军尾随上校出来看看，结果让他感到美妙的是，上校到每个办公室都去转了一圈，向人炫耀他那张卡片。

故事还没有结束，那位上校此后把这一招运用得比将军还好，他为自己专门设计印刷了一批用来赞美别人的专用卡片。学会赞美别人，其实也是在为自己的前进铺路。没有不喜欢赞美的人，更何况是由衷的赞美呢？在学校的时候，每一门成绩揭晓的时候，最紧张的只有两种人，一类是成绩不好的学生，他（她）害怕自己的分数又低得让人羞愧欲死；还有一类是成绩太好的学生，因为他们的成绩优秀得足以参评奖学金，但是烦恼也会随之而来。不信吗？那些和自己关系不远不近的朋友往往说："请客吧！拿到奖学金不会那么小气吧！"（隐含意义：反正花你的钱，不花白不花；得不到奖学金，那就"宰"你一顿好了）口气不阴不阳，讲话不软不硬。小丽那时就常常为这样的烦恼所困，因为她是一个成绩非常好却又不怎么懂得适当拒绝的人，加之有点"老好人"脾气，因此每次都是"必宰"对象。这是一种十分奇怪的逻辑，真的，因为高中时候连续几年的班级第一一直都是她，而那些每次因为别人的好成绩愤愤不平的人们总是原地踏步，是否可以这样讲，他们赶超优秀者的信心与勇气都在无意义的风凉话和嫉妒心里消失殆尽了呢？

但是，人无完人。可是，这也不是没有办法的事。正因为大多数人都不具有人类最大的智能——认识自己，因此我们一生之中就要花相当多的时间去不断碰壁和反省。有一位成功人士说过："最重要的一点是每天都要赞美别人！我发现我的周围世界的确变了一个样子，然而很遗憾，是在犯了那么多错误、消磨了那么多努力的机会、失去了那么多本应成为朋友的人之后。"

争辩不能消除错误，只能加深怨恨

【原文】辩而不能说者，争也。

【大意】善辩而不能说服人，是由于好与人争论。

荀子认为，凡是好争斗的人，一定总是以为自己是对的，别人是错的。这其实是肤浅的表现。

懦弱愚蠢的人才好激动和大吵大嚷，聪明强干的人什么时候都保持自己的尊严。事实也是如此，聪明的人绝不参与争辩。

第二次世界大战刚结束的一天晚上，美国人戴尔·卡耐基在伦敦得到了一个极有价值的教训。当时他是罗斯·史密斯爵士的私人经纪。大战期间，史密斯爵士曾任澳大利亚空军战斗机飞行员，被派往巴勒斯坦工作。在此之前，欧战胜利缔结和约后不久，他以30天旅行半个地球的壮举震惊了全世界。没有人完成过这种壮举，因此引起了很大的轰动。澳大利亚政府颁发给他5000美元奖金，英国国王授予了他爵位。有一天晚上，戴尔·卡耐基参加一次为推崇他而举行的宴会。宴席中，坐在戴尔·卡耐基右边的一位先生讲了一段幽默，并引出了一句话，意思是"谋事在人，成事在天"。

他说那句话出自《圣经》，但他错了。戴尔·卡耐基知道，且很肯定地知道出处，一点疑问也没有。为了表现出优越感，戴尔·卡耐基很讨嫌地纠正他。他立刻反唇相讥："什么？出自莎士比亚？不可能，绝对不可能！那句话出自《圣经》。"他自信确定如此！

那位先生坐在右首，戴尔·卡耐基的老朋友弗兰克·格蒙坐在卡耐基左首，他研究莎士比亚的著作已有多年。于是，戴尔·卡耐基和那位先生都同意向他请教。格蒙听了，在桌下踢了戴尔·卡耐基一下，然后说："戴尔，这位先生没说错，《圣经》里有这句话。"

那晚回家路上，戴尔·卡耐基对格蒙说："弗兰克，你明明知道那句话出自莎士比亚。"

"是的，当然，"他回答，"哈姆雷特第五幕第二场。可是亲爱的戴尔，我们是宴会上的客人，为什么要证明他错了？那样会使他喜欢你吗？为什么不给他留点面子？他并没问你的意见啊！他不需要你的意见，为什么要跟他抬杠？应该永远避免跟人家正面冲突。"

天底下只有一种能在争论中获胜的方式，那就是避免争论。十之八九，争论的结果会使双方比以前更相信自己绝对正确。你赢不了争论。要是输了，当然你就输了；即使赢了，但实际上你还是输了。为什么？如果你的胜利，使对方的论点被攻击得千疮百孔，证明他一无是处，那又怎么样？你会觉得扬扬自得，但他呢？他会自惭形秽，你伤了他的自尊，他会怨恨你的胜利。而且——"一个人即使口服，但心里并不服。"

正如明智的本杰明·富兰克林所说的："如果你老是抬杠、反驳，也许偶尔能获胜，但那只是空洞的胜利，因为你永远得不到对方的好感。"

因此，你自己要衡量一下，你宁愿要一种字面上的、表面上的胜利，还是要别人对你的好感？

威尔逊总统任内的财政部长威廉·肯罗以多年政治生涯获得的经验，说了一句话："靠辩论不可能使无知的人服气。"

拿破仑的家务总管康斯坦在《拿破仑私生活拾遗》中写到，他常和约瑟芬打台球："虽然我的技术不错，我总是让她赢，这样她就非常高兴。"

我们可从中得到一个启示：让我们的同事、朋友、丈夫、妻子，在琐碎的争论上赢过我们。

争辩不可能消除误会，而只能靠技巧、协调、宽容，以及同情的眼光去看别人的观点。

林肯有一次斥责一位和同事发生激烈争吵的青年军官，他说："任何决心有所成就的人，绝不会在私人争执上耗时间，争执的后果，不是他所能承担得起的。而后果包括发脾气、失去自制。要在跟别人拥有相等权利的事物上，多让步一点；而那些显然是你对的事情，就让得少一点。与其跟狗争道，被它咬一口，不如让它先走。因为，就算宰了它，也治不好你的咬伤。"

嘴边留下个把门的

【原文】利而不流，贵公正而贱鄙争，是士君子之辩说也。

【大意】口才流利但不会没有节制地乱说，注重公正的言论而鄙视无聊的争论，这是士君子的辩说。

善于说话的人不会口不择言，胡乱说话。

"你会说话吗？"这样问你，你一定觉得可笑，只要是正常人，说话谁不会？实际上，问题并没有那么简单。谁都会说话，但有人说话总是没有分寸，口不择言，像机关枪扫人，一阵狂扫，只顾自己快活，不顾别人死活。

我们还是先看几个笑话：

一剃头师傅家被劫。第二天，剃头师傅到主顾家剃头，愁容满面。主顾问他为何发愁，师傅答道："昨夜强盗将我一年的积蓄劫去，仔细想来，只当替强盗剃了一年的头。"主人怒而逐之，另换一剃头师傅。这师傅问："先前有一师傅服侍您，为何另换小人？"主人就把前面发生的事细说了一遍。这师傅听了，点头道："像这样不会说话的剃头人，真是砸自己的饭碗。"

在寿宴上，客人同说"寿"字酒令。一人说"寿高彭祖"，一人说"寿比南山"，一人说"受福如受罪"。众客道："这话不但不吉利，且'受'字也不是'寿'字，该罚酒三怀，另说好的。"这人喝了酒，又说道："寿夭莫非命。"众人生气地说："生日寿诞，岂可说此不吉利话。"这人自悔道："该死了，该死了。"

有一人请客，四位客人有三位先到。这人等得焦急，自言自语道："咳，该来的还没来。"一客人听了，心中不快："这么说，我就是不该来的来了？"

告辞走了。主人着急,说:"不该走的又走了。"另一客人也不高兴了:"难道我就是那该走又赖着不走的?"一生气,站起身也走了。主人苦笑着对剩下的一位客人说:"他们误会了,其实我不是说他们……"最后一位客人想:"不说他们就是我了。"主人的话未完,最后一位客人也走了。

由此看来,如果我们说话时不加检点,就可能伤人败兴,引起误解,惹怨招尤。因此,说话时尤要注意说话的场合、对象、气氛,不要口不择言,想说就说。像有些人去菜市场,问卖肉的:"师傅,你的肉多少钱一斤?"或饭馆服务员上一盘香肠,说:"先生,这是你的肠子。"这类生活中的笑话,我们要注意避免。

生活中见人说人话,见鬼说鬼话的实在太多了。明明是这么回事,有人偏偏说成那么回事。刚才还这样讲,一转脸又那样讲了。这样随风转舵,看人下菜,言不由衷,自欺欺人,活得多累,又多没意思。俄国作家契诃夫笔下的"变色龙",就是这样很"累"地不断自打嘴巴地说话的。我们做人可不能这样。

说话难,但也不能就此闭口不言,学会怎样说话就是很重要的事了。

技巧是要学习,但这并不意味着我们可以放弃原则,指鹿为马,曲意逢迎。如果违心地说话,那技巧就变成了恶行。崔永元说得好:"也许有一天我们会讨论技巧,我们用酒精泡出了经验,我们得意地欣赏属于自己的一份娴熟时,发现我们丢了许多东西,那东西对我们很重要。"

说话不坚持原则,丢掉的就是人格。

说话这事,孩子们的词典里还没有这许多词汇。怎么想就怎么说。只有大人们觉得是道难题。大人们知道左顾右盼、思前想后,知道掂量和玩味。那么,如果我们实在想说,如鲠在喉,不吐不快,又不知道该怎么说时,怎么办?那就像来自德国的教练施拉普纳对中国足球运动员说的:"当你不知道该把球往哪儿踢时,就往对方球门里踢!"

这是解决说话难的最终办法,曲意逢迎只能避开一时的麻烦,得到的是良心上的永久不安。但是切忌口不择言,讲究一下分寸,实在不能说,宁可保持沉默。

出其不意，以"巧"服人

【原文】矜庄以莅之，端诚以处之，坚强以持之，譬称以喻之，分别以明之。

【大意】以慎重严肃的态度面对被劝说的人，以端正真诚的心对待他，用坚定刚强的意志扶持他，用比喻称引的方式开导他，用分析辨别的方法使他明了。

说服别人最基本的要点之一，就是巧妙地诱导对方的心理或感情，以使他人就范。如果说服的一方特别强调自己的优点，企图使自己占上风，对方反而会加强防范心，所以应该注意先点破自己的缺点或错误，暂时使对方产生优越感，而且注意不要以一本正经的态度表达，才不会让对方乘虚而入。

在沟通交流时，要说服对方，也要坚持自己的原则，让对方理解你的行为，来达到说服的目的。要说服他人，首先要让他知道他的观点是错的，一定要使他的思路回到正确的方向，不然，他永远都是错的，你也不会说服他。

有一患者的姐姐来到办公室，想请求护士长特许妹妹使用自备的微波炉："护士长，我妹妹病得好可怜，她想吃点热饭热菜，我把微波炉带来了，请您允许我使用！"

护士长说："我也很同情你妹妹，但病房是不允许使用电器的！很容易发生事故。你看，我办公室用的微波炉也需用电许可证才能使用，这样吧，你妹妹的饭菜拿到我办公室来热，这样也可以吧？"

患者的姐姐："我已经把微波炉带来了，你就允许吧！"

护士长："不好意思，我真的不能违反原则！"

患者的姐姐："那就麻烦你了！"

护士长："没关系！应该的！"

护士长在说服患者家属时，通过与其交流，既说服对方遵守规章制度，坚持了自己的原则，又解决了患者的实际困难。

举例来说：有某个住户到管理处，要求在自己家里装防盗网，作为管理处负责人，你首先要礼貌地接待住户，其次要认真倾听他的意见、申请的内容，再次，虽然他的做法是不对的，但在回复住户时，不要直截了当地说："不行，这是我们公司的规定。"难免引起住户的反感，你这时应该平静、温和地说："先生（小姐）实在很抱歉，对于这个问题，我们以前已认真地讨论过。目前政府已明确规定不允许在外墙安装防盗网。"然后再让他从外观上考虑如果每家每户都安装防盗网，会造成整个大厦外面不好看，另外要让他相信，你们会把这个大厦的治安做好，请他放心。这样不但从道理上让他理解，同时也给他一个信心上的保证，这样多数人都不会再坚持原来的想法了。

从以上事例来看：在说服人时，除了技巧外，还需要以理服人，以事喻理，用事实说话，用事例佐证，避免说大话、空话。讲理要注意层次的高低和深浅，不可跨越别人的思想范畴，不着边际地大话连篇。

讲道理时，要善于用商量的语气来引发听者思考，使别人感到不是强迫他接受你的意见，只是在共同探讨、解决问题而已。

用道理说服人，不要反反复复，唠叨不停。否则，一定会让人听了厌烦，甚至听不进去，也不会达到说服的效果，点到即可。

美国著名政治家富兰克林有一段经验之谈，他说："我立下一条规矩，我在说服他人时，绝不正面反对别人的意见，也不准太武断，我甚至不允许自己在文字和语言上措辞太肯定。我将'当然''一定''无疑'改用

'我想、假设说',一件事该这样或那样,或者'目前我认为如果……'当别人陈述我不以为然的事时,我不会打断他,也不会立即驳斥他,或立即指正他的错误。我在回答的时候,先表达他的意见在某些条件下没有错,再说出目前稍有不同,等等。这样,谈话的气氛就会很融洽。以谦虚的态度来表达自己的意见,不但容易被接受,更减少一些冲突,这样即使我有错也不会有难堪的场面。而如果我是对的,别人也较容易赞同我。"

在说服、劝导别人时,要注意环境和气氛,以加强说服的效果。

例如,1890年,美国著名的幽默作家马克·吐温等一行20来人参加道奇夫人的家宴。不一会儿,就出了大宴会经常发生的情况:人人都在跟旁边的人谈话,而且同一时间讲话,慢慢地,大家便把嗓音越提越高,拼命想叫对方听见。

马克·吐温觉得有伤大雅,太不文明了。而如果这一时间大叫一声,让人们都安静下来,其结果肯定会惹人生气,甚至闹得不欢而散。怎么办呢?

马克·吐温心生一计。便对领座的一位太太说:"我要把这场骚乱镇下去。我要让这场吵闹静下来,法子只有一个,可是我懂得其中奥妙。您把头歪到我这边来,仿佛对我讲的话非常好奇。我就这样低声说话。这样,旁边的人因为听不到我说的话,就会想听我的话。"

"我只要叽叽咕咕一阵子,你就会看到,谈话会一个个停下来,便会一片寂静,除了我叽叽咕咕的声音外,其他什么声音也没有。"

接着,他就低声讲了起来:"11年前,我到芝加哥去参加欢迎格兰特的庆祝活动时,第一个晚上设了盛大的宴会,到场的退伍军人有600多人。坐在我旁边的是某某先生,他耳朵很不灵便,有着聋子通常有的习惯,不是好好地说话,而是大声地吼叫。他有时候手拿刀叉沉思五六分钟,然后突然一声吼叫,会吓你一跳。"

说到这里,道奇夫人那边桌子上闹哄哄的声音小下来了,然后寂静沿着长桌,一对对一双双蔓延开来,马克·吐温用更轻的声音一本正经地讲下去：

"在某某先生不作声时，坐在我对面的一个人对他领座讲的事快讲完了……说时迟，那时快，他一把揪住她的长头发，她尖声地叫唤，哀求着，他把她的脖子按在他的膝盖上，然后用刺刀可怕的猛然一划……"

到这时候，马克·吐温的叽叽咕咕声已经达到了目的，餐厅里一片寂静。马克·吐温见时机已到，便开口说明为什么他要玩这个游戏，是请他们讲些礼貌，顾念大家，不要一大伙人同声尖叫，让一个人好好地讲话，其余的人好生听着。

他们同意了马克·吐温的意见，晚上其余时间里，大家都过得高高兴兴的。

第六章 赢在口才——荀子智慧与言谈技巧

看天吃饭,察脸说话

【原文】不观气色而言谓之瞽。

【大意】不观察对方的表情而与他交谈,这叫作眼瞎。

在现实生活中有的人在领导面前很吃得开,就在于其能够轻易察觉领导的情绪反应。而有的人却老是得罪领导,就因为其不会看领导脸色说话。"知己知彼,百战不殆",说话也要认这个理。

在生活中,经常听到这样的抱怨:晚辈怪长辈偏心;下属怪领导只心疼心腹;业务员怪老板只看重主管……一味地认定是对方不能一碗水端平,似乎很少有人会检讨一下,为什么那些人会讨人喜欢,让人疼。其实道理很简单,就是因为那些人拥有别人所没有的优势,才会受到不一样的对待,没优势的!又何必愤愤不平地嚷嚷呢?

与其让不平衡的心态跟着自己走一生,何不尝试改变一下,看看是否也像别人一样找着了春天!

说话不仅是言语的交流,更是上到神情,下至肢体语言的交流,因此,说话的时候就不仅要注意自己的措辞,还得看看对方脸色,尤其是在跟领导说话的当儿,细心地观察其脸色,再适当地表达,才不会出错。当别人烦躁的时候,却凑上去嘀嘀咕咕;或是人家正兴高采烈,却一不小心浇他一头冷水,都是太不知趣了。当然,如果要让对方同意自己的想法,更是要看看对方的脸色,再选择合适的表达方法。所以,看人脸色过日子没什么不对，反而是那些从来不去管别人感觉的人，才需要好好反省一下。

乾隆时期，腰杆子一向颇直的宰相刘墉就是一个例子，他的能力强、有原则，可是沟通起来机灵得很，让乾隆皇帝不宠爱他都不行。

有一回刘墉陪乾隆皇帝聊天，乾隆很感慨地说："唉！时光过得真快，就快成了老人家喽！"

刘墉看看皇帝一脸的感伤，于是说："皇上您还年轻哩！"

"我今年45岁，属马的，不年轻啦！"乾隆摇摇头，接着看了一眼刘墉问："你今年多大岁数啦？"

刘墉毕恭毕敬地回答："回皇上，我今年45岁，是属驴的。"

乾隆听了觉得很奇怪，于是就问："我45岁属马，你45岁怎么会属驴呢？"

"回皇上，皇上属了马，为臣怎敢也属马呢？只好属驴喽！"刘墉似笑非笑地回答。

"好个伶牙俐齿的刘罗锅！"皇上抚掌大笑，一脸的阴霾尽失。

通过观察，可以洞察先机，知道对方的想法，就算觉察对方有不同的意见，心里也有数，可以在心里有所准备，事先化解；也可以针对别人的反应，妥善安排自己的进退应对；依照对方的反应，适时给予鼓励赞美，把话说在适当时机，刚好说进对方的心坎里；发现对方不悦，临时刹车，避免沟通恶化，见风转舵随机应变，事情就不会搞砸了；随时留心对方的脸色，适可而止地指责，让对方有个台阶下。这样子的沟通，一切都掌控在自己的手中，还能不顺畅吗？

那么，如何根据对方的情绪来说顺耳话呢？

和对方说话的时候，要慢半拍，仔细看看对方的表情，判断一下自己的这句话会引起什么反应。

传递坏消息时："我们似乎碰到一些状况……"你刚刚才得知一件非常重要的工作出了问题，此时，你应该以不带情绪起伏的声调，从容不迫

地说，千万别慌慌张张，也别使用"问题"或"麻烦"等字眼，要让对方觉得事情并非无法解决。

领导传唤时说："我马上处理。"冷静、迅速地做出这样的回答，会令领导直觉地认为你是有效率听话的好下属。

表现出团队精神时说："莎拉的主意真不错！"莎拉想出了一个连领导都赞赏的绝妙点子，趁着领导听到的时刻说上一句，做一个不嫉妒同事的下属，会让领导觉得你本性善良、富有团队精神，因而另眼看待。

闪避你不知道的事时说："让我再认真地想一想，三点以前给你答复好吗？"当领导问了你某个与业务有关的问题，而你不知该如何作答时，千万不可以说"不知道"，可利用本句型暂时解危，不过事后可得做足功课，按时交出你的答复。

啰唆唠叨招人烦

【原文】不问而告谓之傲，问一而告二谓之囋，傲、非也；囋，非也。

【大意】别人不问，自己却去告诉别人，这叫作急躁；别人只问一件事而却回答两件事，这叫啰唆。急躁不对，啰唆也不对。

啰唆、唠叨是每个人都会犯的毛病，尤其是女人，也许是天生语言神经比较发达，逮着一件事就喋喋不休，搞疲劳轰炸。尽管唠叨不会产生什么实质性的祸害，但过多，也会让别人烦不胜烦，唯恐避之不及。

哼哼叽叽叽叽歪歪，嗡嗡嗡……每当女人的唠叨交响曲响起在男人的耳边，男人痛苦地知道，这回又惨了，这一劫是躲不过了，罢罢罢，"任它狂轰滥炸，我自岿然不动"，由它去吧。

女人的啰唆，几乎是每个男人心中的痛！啰唆的女人是许多男人难以忍受的。女人为什么这样啰唆？过嘴瘾？不是，女人有语言天赋，是能说会道，女人多的地方事也多，三个女人一台戏，无不形象地说明了这一点。女人的那一张利嘴一旦打开，"喀嚓喀嚓……"保准让每个男人心惊胆战。

如果女人啰唆是为倾诉为发泄，比如对外界的人与事看不惯，这好理解，对男人来说，那就硬着头皮坐下来当回听众也无妨，牺牲一把，换得她欢笑，值。

问题是，大多时候女人啰唆、唠叨是因为对他人不满意，为什么不满意？实在是因为女人的期望值太高或按自己的标准约束他人。如今的女人虽然同男性一样接受教育，也有自己美好的理想与追求，但在实现理想这一点上比男人要难，原因很多，于是她们把自己在现实中难以实现的内心

的愿望投射到他人的身上，以此获得一种心理的满足。很多女人习惯责骂自己的男人无用，正是源于自己心中无法抑制的失败感。她们不能容忍自己的愿望就此泡汤，她们转而在他人身上寻求补偿，就必然对他人提出更高的要求。

现在且不说女人这种心理是否恰当，就算出于好心提出这般那般要求，也用不着这样啰唆呀。

啰唆要适量。啰唆既然是女人的天性，一点不让发挥也不合适。如果是倾诉，一次足够了，没必要一而再再而三地絮叨个没完。提出要求，两次足够了吧。说多了，不但让人心烦，弄不好，甚至让人产生逆反心理，你越说我偏不做，那不是适得其反吗，想必这样的结果不是女人所想看到的。你这样说个没完，说重一点是对人的不尊重不信任。

啰唆要聪明。聪明的女人常常把聪明用在了小事上，而在一些最需要聪明的事上，却十分愚蠢，真让人遗憾。女人不就是想让男人实现自己的要求与愿望吗，那也没必要一味地说呀，其实，在这一点上，如果女人真聪明的话，应该明白，少说比多说强，不说比少说好，无声胜有声。

男人的心也不是铁石，都是软的，没有那个男人愿意让自己心爱的女人不快乐，如果你的要求是合理的你不说也会满足，如果女人足够聪明足够温柔足够体贴足够善解人意，你越不说，男人反而觉得对你不起，反而加倍努力满足你的愿望。

所以，女人没必要那样啰唆个没完，省省劲儿吧，这年头大家都不易，拜托，女同胞们，行行好，别再"轰"也别再"炸"了，让自己也清静清静吧。

第七章 交友宁"缺"勿滥
——荀子智慧与交际

荀子特别强调"近朱者赤，近墨者黑"。与良师益友为伴，你的德行会受到他们的感染而提高；与小人为伍，他们只会陷你于不义之地。与什么样的人交往？怎样交往？人际关系实在是一门奥妙深邃的学问。我们不妨从荀子的智慧中揣摩个中滋味吧！

你最深爱的人，伤你也许最深

【原文】 人情甚不美，又问何焉？妻子具而孝衰于情，嗜欲得而信衰于友，爵禄盈而忠衰于居。人之情乎？

【大意】 人情很不好，又何必问呢？有了妻子，对父母的孝敬就差了，嗜好、欲望达到了，对朋友的信赖就差了，高官厚禄的愿望满足了，对君主的忠诚就差了，这就是人性吗？

荀子《性恶》中谈到：尧问于舜曰："人情何如？"舜对曰："人情甚不美，又问何焉？妻子具而孝衰于情，嗜欲得而信衰于友，爵禄盈而忠衰于居。人之情乎？人之情乎！甚不美，又何问焉？"尧向舜问道："人性怎么样？"舜答道："人情很不好，又何必问呢？有了妻子，对父母的孝敬就差了，嗜好、欲望达到了，对朋友的信赖就差了，高官厚禄的愿望满足了，对君主的忠诚就差了，这就是人性呀！这就是人性呀！这很不好，又何必问呢？"只有贤良的人才不这样做。

人情不美，人心叵测，人情如纸。

俗话说，生意场上无父子。之所以这句话流传多年，时至今日仍在教诲我辈，就因为人们很难做到这点。毕竟，中国人的血管里流淌着东方人的亲情之血，在"义"与"利"的冲突中，往往是理智的"利"让位给感情的"义"。但在实际的商战中，以"义"代"利"不仅违背追求最大利润这一商界最高原则，也常常带来事与愿违的隐患。

1997年7月的一天，小张的一个熟人跑来他这儿订一批办公用品。声言他的公司刚成立，贷款没下来，但新开张时费用超支，故先把货拉走，等开张后立即把货款送来。完了，还补上一句："信不信得过这我朋友？"

话到这份上，小张不答应显然不合适了，但还是让他打了欠条，写明还款日期。

可是时间过去四年，小张熟人的公司早开张了，自行车变成了摩托车又变成了长安面包车。他也没有上门，更别说还款之事了。其间小张也打电话或直接上门找过他。一提欠款，他不是推说贷款没下来，就是大诉苦经。煞有介事的悲痛状，仿佛他刚从旧社会过来，你不拍屁股走人，再说下去，他就难免追到你家讨口饭吃似的。尽有充分的理由，小张还不想拉他去对簿公堂。因为是"朋友"，不管你在法律上是否能取胜，在舆论上恐怕已经"出师未捷身先死"了。

小张的遭遇就是典型的被熟人宰了。

因为彼此都是熟人，以为对方信得过。就像在两军对垒之时，指挥官是绝对不会相信自己的战友会从背后捅刀子的，而原因可能仅仅是为了一点利益，就残忍地置战友于死地，起到了敌人所起不到的作用。而这样之所以会成功，完全依赖于战友之间的熟悉、信任。

由此可见，宰熟是宰放心。因为彼此都很熟悉，对方毫无戒心，才会顺利得手。熟悉本来更应互相信任，结果却相反，熟悉充当了罪恶的掩护。信任蒙住了眼睛，等到刀子捅来时，方才清醒，一切都晚了。宰熟这种特有的长久的隐蔽性，是其顺利得手的前提。如果没有这个前提，那瞬间的宰杀断难成功。而瞬间的出手是以被宰杀者来不及反应为前提的。在尚未完全看清死神的真面目的时候，就与死神紧紧拥抱了。这就是被熟识者所宰杀者最大的悲哀了。

宰熟宰得狠，狠到了一刀毙命，来不及反抗，来不及呼救，甚至连呻吟都来不及；就做了无谓的牺牲品。宰熟者是有备而来，可能已等待了几个月、几年、几十年，其刀自然是磨得再锋利不过了，刀尖上可能已蘸上了毒药，只要一刀宰下去，被宰者就会立刻死亡，断无复生的希望。被宰者呢？连想也未想到，连做梦也未梦到，宰杀自己的竟是自己同一个战壕里的战友！那见面的笑是多么真切，那平日里的问候是多么热情，那相逢的拥抱是多么温暖，那别离的思念是多么深情，同吃一锅饭，同睡一床铺，同走一条路，同喝一江水，同练一种武功，同发一个誓……但未能同

生也未能同死!

死在最熟最熟的战友手中,死在最大的信任之中,悲莫如此也!

遗憾的是,与战场上清晰可见的宰熟相比,商场和情场上的宰熟则更隐秘、更狠毒、更惨烈,被宰者也更多。

杨先生开了一家小商店,他经常向邻居的朋友推荐"便宜货",熟人们也觉得他可信。于是,几乎所有的生活用品都从他的小商店买。每次,杨先生都口称他的货是多么优质,价格是多么便宜,熟人们在杨先生的笑容中纷纷掏腰包,杨先生在一片祥和的气氛中发财。

可过了不久,有人发现,杨先生商店的货质次价高,就去找杨先生退货,他不退。于是,双方就吵起来了。等到大家都明白杨先生在宰熟时;他的小商店也只好关门了。

本来杨先生有一群熟人,他完全可以在自己的熟人圈子内做好小本生意,但他失去了熟人的信任。为贪图一时的蝇头小利,而失去了永久的生意。他宰熟,反而被熟所宰。

宰熟之所以屡屡得手,关键在于有熟人的信任。信任程度越深,宰熟越容易,宰得也越狠。

情侣无疑是最熟的人了,任何人,只要一陷入情网,就会情迷意乱,不分寒暑,不辨昼夜,眼里只有情人了。情人的一笑一颦,无不牵魂夺魄;情人的一言一行,无不铭刻于心。为了情人,甘愿流汗,甘愿流血,甘愿献出自己的一切。情人要上天摘星星,绝不能给月亮;情人要下海捞月亮,绝不能给星星。情人是心肝宝贝,情人是心中不落的太阳。对情人的信任超过了任何人……

正因为如此,惯于宰熟者才把利刃指向情侣。在甜言蜜语中挥刀,在卿卿我我中嗜血,情侣之间的宰杀才格外隐蔽,格外触目惊心。

王鹏和刘灵灵谈恋爱已三年了。突然分手了,周围的人都感到惊奇。更惊奇的是,王鹏竟去法院告刘灵灵行骗,要求法院依法索回自己的钱物,法院以证据不足不予立案。人财两空的王鹏,竟在法院门口放声大哭起来了。

原来,刘灵灵自从与王鹏相识后,就一直向他"借"钱。她总以"看病""买衣服""进修""旅游"的名义伸手,面对情人热切期待的眼睛,王鹏怎么忍心让她失望呢?开始,每次只有几百元,王鹏都毫不犹豫地给了,继而每次增加至几千元,只是工薪阶层的王鹏就拿不出来了。而他又是一个极好强的人,他不忍心让情人失望,于是,便开始四处借贷了。每次,当他东凑西借,把一沓厚厚的钞票毫不犹豫地装进刘灵灵的小坤包时,他会得到一个吻的奖赏。

面对情人含情脉脉的眼睛,他虽心疼有去无回的钱,却只是一瞬间的感觉,更多的,在迷恋情人的笑。

就这样,她一次又一次在借,一次又一次有去无回。王鹏虽觉得自己似乎跌进了一个圈套,在填一个永远也填不满的无底洞,但不敢相信自己钟爱的人,山盟海誓要在一起厮守一生的人,竟会骗自己⋯⋯直到有一天,有朋友告诉他刘灵灵要和别人结婚了,王鹏才从好梦中醒来。

屈指一算,刘灵灵三年"借"他的钱已超过了20万元,这不仅是他的全部积蓄,而且还包括了近一半的外债。长期被债务压得喘不过气来的王鹏,不得不向将为他人妇的刘灵灵索要借款。

而刘灵灵杏眼圆睁,大骂王鹏"小气","不像个男人","没有见过谈恋爱还要赔钱的",以互相馈赠为由,一口回绝了。

此时,王鹏方才看清了刘灵灵漂亮的外表下所掩藏的贪婪和无耻。可已经晚了,他只能有泪往肚子里咽,全当花20万元买了一个教训。被温柔的刀子所宰,更疼痛,更悲伤!不仅仅失去了钱,更玷污了心中最美好的无价的情感。

即使是世界上你最爱或是最爱你的人,那又如何呢?他或她是世界上最敢于无情伤害你的人,最敢于撕破面具、向你伸出匕首的人。他或她可以容得下世界上所有的人的伤害,唯独不能忍受你的伤害。难怪,连荀老夫子也要感叹"人情不美"了。

近朱者赤，近墨者黑

【原文】 居必择乡，游必就士，所以防邪僻而近中正也。

【大意】 君子居住时必须要选择乡里，交游必须接近贤士，这是防止自己误入邪途而接近正道的方法。

自古有云："近朱者赤，近墨者黑。"可见与什么样的人结交，对自己是有很大的影响。荀子也认为，君子居住时必须要选择乡里，交游必须接近贤士，这是防止自己误入邪途而接近正道的方法。

与不如自己的人交往或许可寻得一时心理上的满足，然而，对于你的事业却是毫无帮助的。

按中国传统心态来看，社交不应该带有功利之心，而应该"以情会友，别无所求"，应该奉行一种无为哲学。谁要是在交往中注重了交往对象的使用价值，然后想方设法接近他、利用他，这就被认为"太势利"。

根据现代社会的交际观念来看，社交有三个基本目标，即信息共享，情感沟通，相助相求。我们不能只强调信息共享、情感沟通而拒绝相求相助。我们也不能把相求相助都当成"势利"来看待。

接触什么样的人就会成为什么样的人，这里面有一种神秘的交流和影响。

孟子的母亲见识可不浅，为教育孟子，她曾三次搬家。先前，她们住在郊外靠近墓地的山边，孟子整天看到的是奔丧的人。于是，她们搬到街市，孟子整天看到的是杀猪的人。最后，他们搬到一所学校附近，孟子整天听到的是读书声。不能说三次搬家就可以塑造成一个孟子，但孟子所受到的影响是无疑的，尤其是对一个孩子。

一个优秀的人、杰出的人、伟大的人,他们并不是生下来就优秀、杰出或伟大的。孔子说:"我并非生下来就什么都知道,我的知识是我喜好读书,勤奋钻研才得来的。"但一般人只是看到他们学习的结果,并不了解他们的学习过程。其实,理解和掌握一种知识,比了解一种知识的生发和形成更具效果的了。

既然知识是人创造出来的,那么你就可以从人的活动中去理解知识,追踪圣人或伟人对知识的选择、接受、摸索和成功的轨迹。这样,死的知识就成了活的运动形态,你甚至嗅到了知识的芳香;如果你还能探求到圣人的举止、言谈、性格、气质与知识隐秘而又微妙的内在关联,那你就达到了出神入化的境地了。

总而言之,人总是在心里更多地想"关系"有无用处,看看是否能从对方的需要上做些文章,让对方欠自己的人情,以使关系套牢。此乃人之常情,无可厚非。

所以,尽可能地去接近优秀的人或杰出的人,才能更深切地理解他们的成就,才能更透彻地了解自己的贫乏。所以,接近成功者,不能简单地视为一种屈侮和迎奉。

宋代福建有两个人,一个叫游酢,一个叫杨时,他们一同去拜访大学者程颐。刚好程颐正在休息,游酢、杨时不愿打扰先生,就恭立在门外,静心地等候程颐醒来。那时,天正下雪,他们仍然恭立在门外。过了许久,程颐才出来,发现他们恭立在门外,雪已深达一尺。

尽可能地去接近那些杰出的人,去和他们握手、交谈,去倾听他们的声音,去感受他们的目光,你将获得书本中所没有的无形的影响与熏陶。

寻求志同道合之人

【原文】 其交游也，缘类而有义。

【大意】 君子与人交往，寻找志同道合的人并做到有礼义。

荀子说，君子与人交往，寻找志同道合的人并做到有礼义。所谓"志趣相投，相与为谋"。正如古人所言："眼力一样的人才能看见同样的东西，听力一样的人才能听见同样的声音。德性相同的人即使不见面也会感到亲切。声气相同的人，即使在不同的地方也会互相响应。"

韩非子说："志趣相同才会彼此欣赏，志趣不同就会互相排斥。"

只有具有共同追求和目标的人之间才会相互支持和了解，而与自己"志不同，道不合"者永远不会体察彼此的信念和追求。

楚襄王问朱玉说："先生你并非哪些地方做得不够好，为什么大家都不佩服你呢？"宋玉回答说："鸟中有凤凰，鱼中有巨鲸。凤凰一飞冲上九万里云霄，翱翔于晴空之中。那笼中的鸟怎能知道天有多高？鲸鱼早发昆仑，晚宿孟诸，水沟里的小鱼，怎能知道海有多大？所以不单是鸟中有凤，鱼中有鲸，士人中也有与凤和鲸一样的人啊。圣人心志宏伟，超然独处。世俗之人，又怎会了解我的志向和所为呢？"

所以古人才会慨叹："知人不易，人不易知。要真正了解和认识一个人的确非易事。"

朋友是要志同道合的，志不同道不合那也只会南辕北辙越走越远：孟子说过："人之相识，贵在相知。人之相知，贵在知心。"

鲁迅说："人生得一知己足矣。斯世当以同怀视之。"

培根说过："财富非永久之朋友，朋友才是永久的财富。"

真正的朋友不会把友谊挂在口上,他们并不为了友谊而互相要求点什么,而是彼此为对方做一切办得到的事。在我们平时的生活中我们看到的是,为了小事而斤斤计较,各自只会为了自己的利益,而不会想到别人的感受。

生意场上的朋友真的是很虚伪的:一张名片,一句"你好"就成了朋友,为一点利益,商人们如蚁附膻,蝇营狗苟,一旦生意谈崩,即不欢而散,甚至要到法庭见面。还有一种朋友,就是酒桌上的朋友,这是最不可靠的朋友。中国人一贯会做表面文章,在酒席上拍胸脯,推杯换盏,觥筹交错,似乎一个个都成铁哥们、好兄弟,其实呢,人一走,茶就凉。

心与心相交才会有真正的朋友,然而不相信任何人和盲目相信任何人都是错的。德谟克里斯特说过:"不要对一切人都以不信任的眼光看待,但要谨慎而坚定。"

伯夷、叔齐义不食周粟,饿死于首阳山。司马迁感叹说:"道不同,不相为谋。真是各人追随各人的志向啊!"这是政治态度不同不相为谋的典型。

司马迁又说:"世上学老子的人不屑于儒学,学儒学的人也不屑于老子。道不同,不相为谋。是不是说的这种情况呢?"与孔子强调"道不同,不相为谋"相类似,"道不同,不相与谋。"从"道"的本义即"道路"来讲,即意味着人与人之间所取的"方向"或"目的"不同,以及达到"目的"的方式与方法不同,所以,"道不同"者,是不可能在一起共事与谋的。换言之,朋友就是"志同道合"者之谓,也就是朱子所谓"以义合者也"。因为人与人之间所崇之"义"不同,所以,又存在"物以类聚,人以群分"的情况,那么,像"狐朋狗友"之类是否也属于"朋友"范畴呢?

从孔子强调"君子群而不党"和"君子周而不比。小人比而不周"来看,那种以谋取私利为目的的人与人之间的交换以及由此而形成的一种比较固定的关系圈子,表面上看似乎是朋友,但是实际上不是真正意义上的朋友,因为孔子及儒家所讲的朋友是以"道义"为基础的一种人际关系类型。

结交真正的朋友

【原文】得良友而友之,则所见者忠信敬让之行。身日进于仁义而不自知也者。

【大意】能与好的朋友交往,所看到的就是忠诚、信用、恭敬、礼让的行为,自己在不知不觉中逐步懂得仁义。

朋友是我们人生环境的一部分,对我们的一生有莫大的影响,可以说,交上怎样的朋友,就会有怎样的命运。

因此,在选择朋友时,你要努力与那些乐观肯定、富于进取心、品格高尚和有才能的人交往,这样才能保证你拥有一个良好的生存环境,获得好的精神食粮以及朋友的真诚帮助。这正是荀子所说的"隆师而亲友"。

相反,如果你择友不慎,恰恰结交了那些思想消极、品格低下、行为恶劣的人,你会陷入这种恶劣的环境难以自拔,甚至受到"恶友"的连累。

假如你已经交上了坏朋友,就要敬而远之,最好的朋友就是把他抛弃,这命名为"弃友"。要知道:把一只烂苹果留在筐里,会使一筐的苹果都腐烂掉。

要结交懂得自尊自爱的朋友。因为一个人如果不自尊,便无法尊敬别人。

与身心健全的人交往,不仅可以使自己得到别人的尊敬,而且也可以促进自己的身心健康,提高品德修养。有自尊心且身心健康的人,通常都有很强的个人主义意识,不喜欢轻易附和别人的意见。但其具有诚实的本性,不仅能忠实于自己,也能忠实于朋友。

而且，他们为了保护自己，常常会表现出很强的自尊心，但这种自尊并不是我们一般所谓的"傲慢"，而且也丝毫不含一点"轻视"别人的意味，只是事事自己做主，不容他人插足而已。并且，这种人是无法忍受他人欺侮的，一旦有人欺侮他，就一定会遭到激烈的反抗！

身心健康自然心态良好，他们能与人愉快相处，以整体的观点来说，这种人是属于和蔼、意志高昂的类型，因此，很容易成功。他们一般的生活情形如下：

工作很卖力，而且也有经济独立的能力。

过着安定、快乐的家庭生活。

能尽情地享受生活乐趣及休假的闲情。

一般健康情况良好，很少生病。

常受到人们的尊敬及喜爱。

很清楚自己的能力，而且能将自己的感情表达给别人知道。

能控制自己，因此，对自己的缺点并不十分苛求。

能享受过去及现在的生活，对于未来也充满希望。

有自尊心且身心健康的人不仅能在工作岗位上尽忠职守，而且也能在人生的过程中，享受到真正的乐趣。如果我们本身就是一个有自尊心且身心很健康的人，一定能够很轻易地分辨出别人是否和你具有同样的性格。

睁大眼睛辨别君子与小人

【原文】 非我而当者，吾师也；是我而当者，吾友好；谄谀我者，吾贼也。

【大意】 指出我的错点和错误而又中肯的人，就是我的老师；肯定我而又恰当的人，就是我的朋友；巴结奉承我的人，就是害我的寇贼。

朋友是人一生中最宝贵的财富。荀子告诫我们"近朱者赤，近墨者黑"，所以一定要与良师益友为伍，远离小人。那么，我们该如何分辨君子还是小人呢？荀子在这里给我们提出了一个分辨君子和小人的标准。那么在实际运用中，我们该如何分辨呢？

君子本是品格高尚，道德、学问极高之人，且足以为民众之表率。但是若表面伪装成一副道貌岸然、清高的模样，暗地里却做着违反常伦、伤天害理、阴险狡诈的事情，那便是个令人寒心的伪君子，是真小人。

因为有些人之为恶，是明显易知的事，我们可以心存防范之意，而不至于被骗或受到伤害。但是伪君子便不同了。他明里是个君子，使我们信任他，而疏于防范，但背地里所施行之不义恶行，反而使我们所受到的伤害更大了。所以我们只有辨别真君子与真小人才有利我们在社会上与人友好交往、防范小人，达到成功社交的目的。

东汉末年，刘备和许汜闲谈，谈到徐州的陈登时，许汜说："陈登文化教养太低，不可结交。"

"你有根据吗？"刘备感到惊异。

"当然有，"许汜说，"头几年，我去拜访他，谁想他一点诚意也没有，不但不理人，而且天天让我睡在房角的小床上。"

刘备笑着说:"他这样做是对的。你在外边的名气大,人们对你的要求也就高了。当今之世,兵荒马乱,百姓受尽了苦。你不关心这些,只打听谁家卖肥田,谁家卖好屋,尽想捞便宜。陈登最看不起这样的人,他怎么会同你讲心里话?他让你睡小床,还算优待哩。若是我,就让你睡在湿地上,连床板也不给的。"

根据古人总结的经验,了解君子与小人有如下几种方法:

1. 通过搬弄是非、挑拨离间来了解其立场。
2. 告诉危难情况和灾祸来了解其胆量和勇气。
3. 用酒灌醉后来了解其修养。
4. 给予其得到财物的机会以观察其是否廉洁。
5. 嘱托其办事以观察其是否守信用。

交友须谨慎,多交必滥

【原文】 施薪若一,火就燥也;平地若一,水就湿也。

【大意】 在一堆铺平的干柴上点火,火总是先烧干燥的柴;在平地上灌水水总是向低湿的一边流淌。

荀子说,一个普通人不可以不慎重地选择朋友。朋友,是为了互相帮助的,各人奉行道德原则不同,怎么能互相帮助呢?在一堆铺平的干柴上点火,火先烧干燥的柴;在平地上灌水,水先流往湿处。同类的事物互相依从;在平地上灌水,水先流往湿处。同类的事物互相依从,是如此显著,从他的朋友的品德来观察他,有什么可怀疑的呢?选择好人做朋友,不可不慎重,因为这是培养自己品德的基础。

千里难寻是朋友,朋友多了路好走。朋友,是人生交际中的主流,哪个也不能少,哪个也不可丢。上溯千古,下至未来,人生永远还是要有朋友。如何交友,如何选择朋友是一件非常谨慎的事。

1. 多交必滥

交友结友不在多,而在于质量,多交必滥,这是在中国古代人对交朋友的经验总结。人们常说:"朋友遍天下,知心有几人",的确,知音难觅呀。况且,一个人的精力是有限的,如果不加选择,一味地以多结交朋友为荣,则会整日忙于应酬,把大部分精力都放在与朋友的周旋上,必然影响自己的正常工作、学习和生活。再者,结交的人多了,也必然影响到对朋友的观察和鉴别,如果所结交的人中有品行不端或用心不良者,也很可能给你带来危害。在社会上,确实有这么一种人,以广泛结交朋友为荣,可以说三教九流,无所不交。严格地说,这不是在交朋友,只不过是不负责任的一般交际行为。真正的朋友不在于相互利用，而在于共同的志向和思想，在于互相帮助，使生活增加乐趣，让友谊为你的生活再增加一些光彩。

2. 不可轻率

我们应把结交朋友看作一项十分严肃的事情。当你在结交朋友时，一定要认真对待，绝对不可轻率。在与对方交往的过程中，要注意观察其思想、兴趣、爱好、品质和行为，掂量一下是否值得结交。当然，这里并不强求朋友是各方面都比自己强的人。"毋友不如己者"。孔子是说不要和不如自己的人交朋友，这种观点虽然带有很大的片面性，但也说明了交友的道理不可轻率。因为朋友之间本是互有短长的，在这方面你有优点，在其他方面他有特长，朋友相处，长短互补，这也是交朋友的益处之一。请不要误会，孔子的意思是要交思想纯净、品德高尚的人，向这样的人看齐。还要注意，看朋友是否值得结交并不是不允许朋友有缺点。人无完人，朋友也是如此。只要你所结交的朋友品行端正，能够真心帮助你，不至于对你有害，就可以了。

3. 谨慎择友

我们在择友时，首先一定要明确自己的标准，且结交品行端正、心地善良、乐于助人、勤奋上进的人。这样的朋友就是益友，一生中都会对你有很大帮助。有的人以兴趣相投作为唯一标准，而不论对方的思想品行，只讲朋友义气，只要你对我好，我也对你同样好。你敬我一尺，我敬你一丈。你肯为我赴汤蹈火，我也会为你两肋插刀。至于是否有利于自己，有利于他人和社会，则根本不考虑了。在他的朋友中，既有讲吃讲喝者，又有讲玩讲闹者，甚至还有为非作歹、流氓地痞之类的人。"近朱者赤，近墨者黑。"这样一来，难免影响到自己。因此，我们一定要慎重选择朋友，切不可滥交，一定要避免和那些道德品行不端的人结交，免得沾染恶习。

一些人因交友不慎走上违法犯罪的道路，从而使自己的前程、理想事业全部化为乌有。某建筑安装工程有限责任公司经理赵某，在业务往来中结交了许多朋友。一天，一个朋友和他一起吃喝玩乐后把他带到宾馆的一间豪华房间，神秘地递给他一支香烟。赵某毫不介意地抽了起来，不一会

儿,赵某感到异样,这时,朋友告诉他,香烟中放了毒品。赵某当时十分气愤,转身就离去,但初次吸毒的体验却使赵某产生了这样的想法:再吸一次。于是,他再次找到那位朋友,又要了一些毒品。从此,赵某一发而不可收,一个月过后,他已经成了一个十足的瘾君子。公司业务没心思过问,妻子也不去关心,他只是不断地动用自己的积蓄,花费巨资用来购买毒品,而向他提供毒品的,正是勾引他第一次吸毒的那位"朋友"。短短两年时间,赵某就花掉了几十万元的积蓄,妻子多次规劝,赵某自己也曾多次痛下决心戒毒,两次进戒毒所,但都无济于事,妻子失望之余弃他而去,赵某悔恨不已。在月末的一天,赵某登到公司正在承建的一座十二层楼房的楼顶,然后跳了下去,结束了自己的生命。一个颇有前途的企业领导人,就因为交友不慎,被骗吸毒,最后竟丧失了自己的生命。

交朋友还是有大学问的,尤其是走向社会以后,各种不同的人聚在一起,没有想象的那样单纯。所以一定要慎重,冷眼观看,确定人品后方可深交。

以貌取人是人际交往的大忌

【原文】 相人，古之人无有也，学者不通也。

【大意】 观察人的容貌，以测定其贵贱安危，古代的人不干这种事，有学识的人不说这种事。

荀子在几千年前就告诫人们不要以貌取人，但是，现代社会仍有不少人爱以外表判断他人，特别是在选择朋友时更易受这一情绪影响。然而这却很容易误入歧途。实践证明以貌取人是人际交往的大忌。

俗话说"人不可貌相"，只是，整洁的人的确比肮脏的人看起来舒服得多了。外表如果让人不舒服，多多少少一定会影响到内心的喜恶。我们平常也会用这样的话来形容别人的长相："那个人一脸胡子，长得像土匪！"，"那个人一脸奸诈，看起来是很坏的男人！"这些完全都是由外观所下的判断。

人的长相或体型是与生俱来的，并非是自己希望的。你如果只是从远处看对方就表示："我总觉得那个人看起来很讨厌！"那只表示了你是个气量狭小的人。

在拓展人际关系的行动中，千万不可以貌取人。尤其是对于女性，长相甜美的女子，并不一定是聪明或善良的人。尤其是有些外貌丑陋的人，更会因为内心的自卑，更加的努力充实内在，反而成为一个有内在美的人。

在拓展人际关系上，这些内心善良、学识丰富的人，才真是值得交往的人。如果你不能开阔胸襟来接受这些有智慧的朋友，只知结交俊男美女，那就称不上是交际手腕高明的人。

事实证明了，这些外貌不扬人当中，不乏有成功的学者、经营者、政治家。

给人好处不求报答

【原文】 行乎冥冥而施乎无报。

【大意】 做了好事不张扬，施惠不要求人家报答。

一个人做点好事并不难，一个人做了点好事不求人报答，也不难，难的是一个人做了点好事，谁也不知道，他也不想告诉任何人。

鲁穆公问子思："听说你做好事，不要别人称赞你，真是这样吗？"

子思回答："并非如此。我做好事总希望有人知道，这样便会有人称赞我，我也可以从中得到勉励。只是我的希望，并非都能实现。雄鸡报晓是一件好事，若说雄鸡不倦地报晓不想让人知道，以免别人夸奖自己，说这话的人，不是虚妄便是愚蠢。"

子思做好事是希望得到别人报答的，没有报答的勉励，子思做好事的劲头就会受到影响。可见，子思的境界并不高。

子思以为他做好事是为了别人，但他不知道他为别人做好事的同时也是为自己。他为别人做好事，当然方便了别人，但同时，他为自己积累了善行，修炼了德操，为了自己的事唯恐天下不知，这不是涵养太浅薄了吗？

比如，下雨了，一个人帮邻居收了晒在院外的衣服，邻居回来了，他急忙告诉邻居，以求邻居感谢他做了一件好事。邻居果然也感谢了他。然而遗憾也在这里，他为邻居做了一件好事是对的，但他的德行并没有因此而得到积累。他做好事是为了领人情，求报答，这就不对头了。

还有一种人，虽然没有告诉邻居这衣服是他帮忙收的，但他总是在心里一遍又一遍地对自己说，我为他做了一件好事，可他居然一点也不知道,太遗憾了!这样,他的德行也得不到积累。

还有一种人,他也没有告诉邻居,但他希望他的善举在无意中不露痕迹地被邻居知道。这样,他就会一举两得,既没有告诉邻居是谁,又让邻居知道了是谁,这种人的小算盘打得太精了,他也达不到修身养性的目的。

所以,一个人做点好事,从他的立场而言,都是一件与人无关的事,他人知道或不知道,报答或不报答,都不是自己的事。如果他做了好事而无宠无惊,不争中鸣,时间久了,一件又一件地积累,那他的修养就深厚广大了。

朋友相处也应如此,不仅要互相帮助,而且要不求报答。当对方有困难时,主动地伸出援助之手,会使对方备感温暖。而有时候恰如其分地请求对方帮助,还会加深朋友之间的友情。人的性格虽然不同,有宽容的,有吝啬的,有豪爽的,有狭隘的,但是,对于给别人施小惠,却人人都很乐意;而对于那些自称不愿求人的朋友,却是人人都不喜爱的。

为朋友做了事,送了人情,等到大功告成,他便不知道自己姓什么了。简单地说成复杂的,小事说成大事,生怕人家忘了。

没有朋友会因为你不说,就会忘记你送的人情,多说反倒无益。人家可能尽快地还你一个人情,之后会敬而远之,即使你再有能耐,朋友亦会另请高明。所以,做足了人情,给足了面子,你不要夸大其词,最好不夸功,甚至不认账,不认账,只是你不认,并不等于朋友不清楚。

但愿意帮助别人的良好初衷,有时并不能带来良好的结果。人情世故的微妙有时候很耐人寻味。有这样一则故事,具有很好的启发作用。

在一个大雪天,一个贫穷的农夫去向村里的首富借钱。恰好那天首富兴致很高,便爽快地答应借给他银子,末了还大方地说:拿去花吧,不用还了!农夫接过钱,小心翼翼地包好,就匆匆往等着急用的家里赶。首富冲他的背影又喊了一遍:不用还了!

第二天大清早,首富打开院门,发现自家院内的积雪已被人扫过,连屋瓦也扫得干干净净。他让人在村里打听后,得知这事是农夫干的。这使首富明白了:给别人一份施舍,只能将别人变成乞丐。于是他前去让农夫

写了一份借契。

农夫用扫雪的行动来维护自己的尊严,而首富向他讨债极大地成全了他的尊严。在首富眼里,世上无乞丐;在农夫心中,自己何曾是乞丐?把"施恩"变成了"施舍",一字之差,高低立见,效果大大地不同。

生活中经常有这样的人,帮了别人的忙,就觉得有恩于人,于是心怀一种优越感,高高在上,不可一世。这种态度是很危险的,常常会引发反面的后果,也就是:帮了别人的忙,却没有增加自己人情账户的收入,正是因为这种骄傲的态度,把这笔账抵消了。

帮忙时应该注意下列事项:

第一,不要使对方觉得接受你的帮助是一种负担。

第二,要做得自自然然,也就是说在当时对方或许无法强烈地感受到,但是日子越久越体会出你对他的关心,能够做到这一步是最理想的。

第三,帮忙时要高高兴兴,不可以心不甘、情不愿的。

如果对方也是一个能为别人考虑的人,你为他帮忙的种种好处,绝不会像射出去的子弹似的一去不回,他一定会用别的方式来回报你。对于这种知恩图报的人,应该经常给他些帮助。

总之,人际往来,帮忙是互相的,切不可像做生意一样赤裸裸地,一口一个"有事吗""你帮了我的忙,下次我一定帮你"。忽视了感情的交流,会让人兴味索然,彼此的交情也维持不了多长时间。

多交些良师益友

【原文】 方其人之习君子之说，则尊以遍矣，周于世矣。故曰，学莫便乎近其人。

【大意】 只有仿效良师而学习君子的学说，才能培养崇高的品德并获得广博的知识，也就周知世事了。所以说学习没有比接近良师更便利的了。

良师益友在你的生命中会发挥很大的作用。他愿意向你传授毕生所学的知识和智慧，可以锻造你的人格，可以帮你指点错误，改正缺点，使你进步得更快，走更少的弯路。

中国古代有"恩师如父"之说，师徒情结是非常重要的。好的师父不仅是一位教练，更是一位好朋友。每个人的智慧和知识结构都是不一样的，每个人身上都有你可以学习的地方。

你可能会认识到许多各行各业的精英人物。如果与他们交流成功经验，你会发现那些真正非常成功的人，都会将他们的成功归功于某位良师或益友。

良师益友犹如你前进路上的灯塔，为你的前进指引方向。

如果你肯吃苦上进、有积极的上进心，你努力了半天，还是不能够达到你所想达到的成就，那你真的应该去找一位现在仍然活跃在你这一行的资深前辈，设法与他建立长期的关系，并且向他寻求协助。

当那些具有高度事业心、认真工作、渴望获得事业成就的人，向自己心仪的对象寻求协助时，绝大多数成功的人，会很愿意帮忙，也很喜欢提携后进。而那些事业取得成就的人也80%以上得到过良师益友的提拔。

找一位能够和你一起工作的前辈,即使你要跟对方分摊一些佣金也是十分值得的。而这位担任良师益友的前辈,本身也会因为指导这种好学上进的晚辈,而从中享受到很多乐趣甚至鼓舞。

这种良师高徒的关系,你要如何维系呢?你可以借由每隔一周跟对方吃早餐,顺便从中请教,或是安排定期的训练课程,或是其他的任何一种方式。关键就是,彼此一定要有互动,能够触及彼此的内心,相互激励。

这是一种双赢的模式,前辈本身也会因这种师徒关系受到启发和激励。帮助年轻人步向成功之路是人生一大乐事,也从未见过有哪个新手,跟一位有爱心、肯分享的前辈一起学习,而无法得到启发,或觉得没有受益的。

两个人会互相吸引、彼此合作,一定是因为双方有吸引彼此的地方。

对品质不良的朋友：敬之不如弃之

【原文】 君子隆师而亲友，以致恶其贼。

【大意】 君子要尊重老师，亲近朋友，远离那些陷害自己的贼人。

成功人士都懂得：人际关系是个人通往财富、成功的门票，说的直观些，人际关系就是我们所认识的朋友，通过一个朋友认识另一些朋友，于是越聚越多，成功的机会也就越来越多。最后渐渐的形成了牢不可破的人际关系网。

所以说成事往往成于好的朋友，败事往往败于坏的朋友。被敌人咬了固然不好受，被"友人"咬了更加疼痛。因此朋友可以帮我们成大事，但有些朋友也可能坏大事，虽然说朋友之间是坦诚相待的，但也有些朋友是那种笑里藏刀、言行不一致的人，我们根本无法分辨出是好的朋友，还是坏的朋友。因此在交朋友和与朋友相处时一定要慎重考虑，时时提高警惕，处处小心为妙。

人生活在这个复杂的社会上一定要善于与人相处。如果一个人不善于与别人相处，走到哪里都不受欢迎，不但不得人缘，甚至还会处处受人排挤，障碍重重，反之，如果一个人善于与别人相处，处处逢源，处处方便，常常就会有贵人相助。

我们在与别人相处时，最重要的是了解别人。正所谓知己知彼。对于别人的性格、习惯、需要，我们都应该了解，才能成为知交。春秋时代的管仲和鲍叔牙，所以能结成管鲍之交，主要就是他们相互知心、相互了解。但是反观现在的社会，有很多夫妻、恋人之间，常常因为不了解而结合，因了解而分开，总是令人感伤的事。所以，我们应该因了解而结合，

因了解而相互帮助、相互体谅,这才是交朋友的重中之重。

人与人能够认识、相处,就说明有缘,既然大家有缘,就应该和睦相处。和睦相处,在于一颗宽容的心。比如说,当别人有不合己意的地方,你要学会包容他;当别人与自己有意见冲突的时候,你就要学会宽容他。所谓的有容乃大就是这个道理,就像大地普载万物,大地才能被人赞美;虚空能包容万物,虚空才能成其大。所以我们要让自己成为伟大者,就应该学会对别人宽容,宽容之心人皆有之,但真正做到处处宽容的却少之又少。

在现实生活中,有些人完全不懂得体谅和包容,一天到晚怪这个人做事慢吞吞的,嫌那个人说话不好听,甚至觉得这个人不好、那个人也不好。对别人完全没有一点体谅之心的人,自然会心生排斥。我们应该学会做到对于他人的不足和缺点去接纳,用一颗平常心去体谅他。

每个人都希望获得他人的关怀和帮助,尤其是当人失意、困难的时候,适时表达一句关怀的慰问、提供一个关怀的协助,可以激发人的信心、重燃希望。关怀别人,就是表达善意,如果我们能不吝啬的去关怀一个人,一定能获得对方的友谊。

一个人要有未来、要有前途,人际关系一定要融洽,我们一定要主动去关怀他人,能感受他人的存在,自己才能存在。人生之路才会越走越宽,成功离我们也越来越近。

但对于那些以假话哄人,以谎话骗人,以伪善诓人,以阴谋算计人,以鄙劣手段出卖人,以添油加醋伎俩给他人造谣的人,千万不要与他接近。那些笑面如虎,你说什么他也点头,你做什么他也叫好,却在背后胡乱说你是非的人;那些当着你的面骂别人,转过脸便说那是你骂的,故意给你栽赃的人,那些无中生有的在别人面前编造你的谎言,回头又在你的面前买好的人,应当倍加警惕。

现实生活中,虽然我们无害人之心,但却不能无防人之念。实际上,需要提防的人并非远在天边的陌生人,而是近在眼底我们最熟悉的人。我们要和有正义和良心的人为友,与他们坦诚相见;当面批评者,我们诚恳聆受,或宽容以待,对于无第三者在场的告诫者,我们更感激不尽。而对那些背后造谣生事者,却又装作朋友与之搭讪者,我们嗤之以鼻;对那些缺乏是非观念，在恶势力面前冷眼旁观甚至不惜出卖他人的人，我们不要与他往来。

朋友之间重在一个道义上的支援，特别是当一个人身陷逆境、含冤受气之时，作为朋友是仗义执言还是袖手旁观，便是检验朋友人格和骨气的时候。只想得到朋友的支援却不愿意支援朋友的人是不合格的。

在人际关系网这个错综复杂的大圈子中，我们遇到的人各不相同，都有好坏之分。

在人际交往过程中，讲求的是实实在在的公平往来，你敬我一尺，我敬你一丈。至于滴水之恩当涌泉相报，这种看起来似乎是"不等价的交换"，其间也有无形的感情作为砝码充斥其间，来平衡天平两端的重量。

小人之交，只会博得一时之快，只会在酒足饭饱的时候畅谈庸俗的话题。而酒足饭饱之后，需要朋友帮忙的时候，又一个都靠不住！如果在人际关系网中有这样的小人，最好谨言慎行。交朋友就应该平平淡淡，似如一杯清水这样的朋友才能长久！

做人就要做一个行得正、走得直的人，一个人有一身正气，走到哪儿都问心无愧！要想取得事业上的成功，就要学会如何构建良好的人际关系，因为复杂的人际关系是事业成功的关键因素。

一只狐狸被一个猎人追赶，走投无路时，它看到农夫，赶紧向他求救。农夫让它躲在自己的小茅草屋里。不久，猎人追到，问农夫有没有看到一只狐狸经过？农夫虽然说没有看到，手却指向狐狸躲藏的地方。可是猎人没有看到农夫的手势，就离开了。狐狸看到猎人走了，立刻跑出来，没有向农夫道谢就要离开。农夫责问它不知感恩，狐狸回答说："如果你心口如一，我就会向你道谢了。"

故事中的农夫嘴里想讨好甲，又想讨好乙，想两边都得到好处，结果两边都没能得逞。其实在社会中也有许多这样的人，在大家面前假装很讲义气、够朋友，但在私底下却揭人隐私，到处告状。

这种人就是想使别人充分相信他，并安然不动，在暗中却谋划制胜的方案，经过充分准备后，突然行动，不让别人察觉而采取措施，这就是外表友善、内藏杀机、阴险狠毒，这就是笑里藏刀者的所作所为。

　　这种人的脾气秉性让人摸不清楚，分不清哪一句是真话，哪一句是假话。在这纷扰的大千世界里，处处隐藏着这种人。别看他有一副美丽的外表和令人为之激动的言语，但是在他的背后尽是一些"不可告人的秘密"。他的阴谋尽在不言中。

　　这种人属于笑里藏刀、口蜜腹剑的人，是真正的"小人"，在一定的情势之下，可能被利用，自以为得志——便猖狂。人们呢，也是抱着"近君子，远小人"的态度，"宁可得罪君子，也不得罪小人"，如果你不懂得做人做事的"精明"之道，那么你就会四处碰壁，达不到应有的效果，这不仅影响你人际关系的和谐程度，还影响自身事业的发展。

　　在如今越来越复杂的社会里，要想更好地生存和发展，必须首先学会做人做事之道。成功的机会对每个人来说都是均等的，你不可能从这上面寻找差距，你唯一能胜过别人的就是你高人一等的做人做事的方式了。

第八章 人不可貌相
——荀子的智慧与识人术

俗话说：『画虎画皮难画骨，知人知面不知心。』可见，在『鱼目混杂』的茫茫人海中，练就一套高超的识人技巧就显得十分的必要了。但要想真真正正地看透一个人，也是一项值得揣摩的技巧，荀子给我们提供了一些切实有效的途径。

人不可貌相，识别庐山真面目

【原文】长短、大小、善恶形相，非吉凶也。

【大意】人的高矮、大小、美丑等形态相貌的特点，并不是吉凶的征兆。

"识人"就不能被对方的外表所迷惑，而应由表及里，抓住他的实质，看准对方的"庐山真面目"。

看人是一门很高深的学问，据说有的人从走路方式和表情，即可判定一个人的性情。但如何择友用人这里头还真是有门道的。

如果你也有这种功夫，那么就不怕碰上心术不正的"坏人"了，不过那种看人的功夫不是谁都能学得到的，也不是几天就能学得到的，而且，你还不一定会有耐心去学。可是我们每天都要和许多不同性情的人共事、交往、合作，对"看人"没有一点能力还真是不可以的。

那么我们要如何来看人呢？

有位专家和我谈到这个问题时，向我提出这样的建议：用"时间"来看人。

所谓用"时间"来看人，就是指通过长期观察，而不是在见面之初就对一个人的好坏下结论，因为太快下结论，会因你个人的好恶而发生偏差，从而影响你们的交往。另外，人为了生存和利益，大部分都会戴着假面具，你所见到的是戴着假面具的"他"，而并不是真正的"他"。这是一种有意识的行为，这些假面具有可能只为你而戴，而扮演的正是你喜欢的角色，如果你据此判断一个人的好坏，并进而决定和他交往的程度，那就有可能吃亏上当或气个半死。用"时间"来看人，就是在初次见面后，不管你和他是"一见如故"还是"话不投机"，都要保留一些空间，而且不掺杂主观好恶的感情因素，然后冷静地观察对方的行为。

一般来说，人再怎么隐藏本性，终究要露出真面目的，因为戴面具是有意识的行为，时间久了自己也会觉得累，于是在不知不觉中会将假面具拿下来，就像前台演员一样，一到后台便把面具拿下来。假面具一拿下来，真性情就出现了，可是他绝对不会想到你会在一旁观察他。

用"时间"来看人，你的同事、伙伴、朋友，一个个都会"现出原形"。你不必去揭下他的假面具，他自己自然会揭下来向你呈现真面目，展现真实自我的。

所谓"路遥知马力，日久见人心"，用"时间"来看人，对方真是无所遁逃。

用"时间"特别容易看出以下几种人：

不诚恳的人。因为他不诚恳，所以对人、对事会先热后冷，先密后疏，用"时间"来看，可以看出这种变化。

说谎的人。这种人常常要用更大的谎言去圆前面所说的谎话，而谎话一说多说久了，就会露出首尾不能兼顾的破绽，而"时间"正是检验这些谎言的利器。

言行不一的人。这种人说的和做的是两回事，但通过"时间"，便可发现他的言行不一。

事实上，用"时间"可以看出任何类型的人，包括小人和君子，因为这是让对方不自觉的"检验师"，最为有效。

至于多久的时间才能看出一个人的真性情真本质，如果是许多年，这似乎是长了些，但如果说就一个月又短了些。那么到底多长的时间才算"标准"？这并不能做出规定，完全因情况而异，也就是说，有人可能第二天就被你识破，而有人二三年了却还"云深不知处"，让你摸不清楚。因此与人交往，千万别一头热，先要后退几步，并给自己一些时间来观察，这是最起码的保护自己的方法。

在识人的实际过程中，有些管理者往往被下属的外表和漂亮的言辞所欺骗，委以重任，结果是"一块烂肉惹得满锅腥"。因此，不以外表取人，而以才用人是每个管理者必须掌握的识人原则，否则你自己也是庸人一个。

不能以貌识人，难道就没别的方式可循了吗？因此，下面提供几条正确的识人的方式。

（1）听其言识其心志

潜在的人才大多尚未得志，他们在公开场合说官话、假话的机会极少，他们的话，绝大多数是在自由场合下直抒胸臆的肺腑之言，是不带"颜色"的本质之言，因而就更能真实地反映和表达他们内心真实的思想感情。

（2）观其行看其追求

一个人的行为，体现着一个人的追求。任何一个人，一旦进入了自己希望进入的角色，就会为了扮演这个角色而多多少少地带点"装扮相"，只有那些尚未得志的人才，他们既无失去角色的担心，又不刻意寻觅表现自己的机会，所以，他们一切言行都比较质朴自然。管理者若能在一个人才毫无装扮的情况下透视出他的"真迹"，而且这种"真迹"又包含和表现出某种可贵之处，那么大胆启用这种人才，十有八九是可靠的。

（3）析其能辨其才华

潜在的人才虽处于成长发展阶段，有的甚至处在成才的初始阶段期，但并不因此而掩盖人才的真实才华。他们或有初生牛犊不怕虎的胆略，或有出淤泥而不染的可贵品格，总之，既是人才，就必然有不同常人之处，否则就称不上人才。一位善识人才的"伯乐"，正是要在"千里马"无处施展腿脚之时识别出它与一般马匹的不同，若是"千里马"早已在驰骋腾越之中显出英姿，又何须"伯乐"识别。

（4）闻其誉察其品行

善识人才者，应时刻保持头脑清醒，有自己的独立见解，不受"语浪言潮"所左右。对于已成名的人才，不要一味地跟在吹捧赞扬声的后面唱赞歌，反而应多听一听负面意见；对于未成名的潜在的人才所受到的赞誉，则应留心在意。这是因为，人们大多有"马太效应"心理，人云亦云者居多，大家说好，说好的人越发多起来，大家说孬，说孬的人也会随波逐流。所以，人们对潜在的人才的称赞是发自内心的，所以用人者如果听到大家对一位普通人进行赞扬时，一定要引起注意。

会识人才能用对人

【原文】身不能，知恐惧而求能者，如是者强。身不能，不知恐惧而求能者，安唯便僻左右亲比己者之用，如是者危削。

【大意】（君主）本身没有能力，于是很恐惧，寻求有能力的人，希望自己强大。如果（君主）本身没有能力，又没有认识到这样很可怕而寻求有能力的人来辅佐，只知道任用阿谀逢迎的人和左右亲信，像这样的国家就会危险、被削弱。

用人就像用马，如果得到千里马却不认识，或者即使认识了，却不能充分发挥它的能力，那就会产生误区。

"办事不外用人，用人必先知人"，"收之欲其广，用之欲其慎"。凡是具一技之长的人都要广为延揽，而在使用时则小心谨慎，尽可能使人尽其才，才尽其用，量才录用，扬长避短。

慎用人才的一个基本内容是量才器使，才尽其用。要真正做到量材器使，首先就得去认识人。"窃疑古人论将，神明变幻，不可方物，几于百长并集，一短难容，恐亦史册追崇之辞，初非当日预定之品。"在这里，把有一定能力或有一定成就的人誉为"百长并集，一短难容"，甚至神化，无疑是认识人才上的一种片面性。因此，衡量人才要不拘一格，判断事情要不苟求，不因木材腐朽就弃置不用，不频繁撒网不会有捕抓大鱼的机会。重要的是善于去认识。金无足赤，人无完人，不可苟求全才，"不可因微瑕而弃有用之才。"有材不用，是浪费；大材小用，也有损于事业；小材大用，则危害事业。古人说："虽有良药，苟不当于病，不逮下品；虽有贤才，苟不适于用，不逮庸流。梁丽可以冲城而不可以窒穴，嫠牛不

可以捕鼠；骐骥不可以守阁；千金之剑，以之斩薪，则不如斧；三代之鼎，以之垦田，则不如耜。故世不患无才，患有才者不能器使而适用也。"以良药不适于病，梁丽之材用于窒穴，嫠牛捕鼠、良马守门等比喻，批评用人不当，指出对于人才必须"器使而适用"，使其特长得到充分发挥。而造成这些情况最根本的原因就是识人不够透彻。

据说，每有赴军营投效者，曾国藩先发给少量薪资以安其心，然后亲自接见，一一观察：有胆气血性者令其领兵打仗，胆小谨慎者令其筹办粮饷，文学优长者办理文案，讲习性理者采访忠义，学问渊博者校勘书籍。在幕中经过较长时间的观察使用，感到了解较深，确有把握时，再根据具体情况，保以官职，委以重任。为了使贤才学用一致，他十分重视幕僚的工作安排。对长于治军者，便安置到营务处，使其历练军务以为他日将才之备；对精于综核者，便安置到粮台、转运局、筹饷局等机关，使其学习筹饷理财、运输的工作；对善于创造者，便安置到制造局，做造舰制炮工作，务使人人能尽其用，用尽其才。

识人、知人是对人才实施科学管理的重要环节，识人是做到人尽其才，才尽其用的必不可少的环节，同时也是激励人才奋发进取的有效措施。

《史记·陈丞相世家》记载：陈平，阳武（今河南省阳武县）人。家境清贫，好读书，初事魏咎，继事项羽后归汉。他通过魏无知推荐得见刘邦。刘邦跟他谈话，见他有才智很高兴，问："子之居楚何官？"陈平答："为都尉。"当天，刘邦就任陈平为都尉，使为参乘，典护军。诸将知道了都为之哗然，说："大王一旦得楚之亡卒，未知其高下，而即与同载，反使监护军长者。"刘邦听了，更加厚待陈平。

过了一段时间，周勃、灌婴等大将也对陈平有意见，认为刘邦如此信任陈平不当，都谗毁陈平说："平虽美丈夫，如冠玉耳，其中未必有也。臣闻平居家时，盗其嫂，事魏不容，亡归楚；归楚不中，又亡归汉。今日大王等官之令护军。臣闻平受诸将金，金多者得善处，金少者得恶处。平，反覆乱臣也，愿王察之。"刘邦听了也起疑，便叫魏无知来，责备他为何推荐陈平这样的人，无知说："臣所言者，能也；陛下所问者行也。

今有尾生、孝己之行而无益处于胜负之数,陛下何暇用之乎?楚汉相拒,臣进奇谋之士,顾其计诚足以利国家不耳。且盗嫂受金又何足疑乎?"刘邦也叫陈平责备他说:"先生事魏不中,遂事楚而去,今又从吾游,信固多心乎?"平答道:"臣事魏王,魏王不能用臣说,故去事项王。项王不能信人,其所任爱,非诸项即妻之昆弟,虽有奇士不能用,平乃去楚。闻汉王之能用人,故归大王。巨禄身来,不受金无以为资,诚巨画有可中者,愿大王用之,使无可用者,金具在,请封输官,得请骸骨。"刘邦见他说得有道理,便向他道歉,厚加赏赐,擢升为护军中尉,监察全体官兵。从此,诸将不敢再谗毁陈平。

刘邦能取得天下最关键的因素是善于知人用人,敢于从基层中提拔人。在楚汉相争中,刘邦为何能用人之长,而项羽则不能?这是因为刘邦没有满足于自己的长处,也不认为自己的计谋超过人,更不以为自己有军事天才,正因他有自知之明,故能虚心听取张良、陈平等的奇谋深策,放手让韩信、英布、彭越等猛将去独当一面各自作战,也就是说他能用谋臣武将之所长,为他打天下。项羽则自恃深懂兵法,又有力可拔山举鼎之勇力,认为比谋臣武将都高一等,也就不能用他们的长处,既不听谋主范增的计谋,对于韩信、陈平的献策也不屑一顾;有猛将也视而不见,有也不信任,致使范增气得辞职,韩信、陈平等天下奇才和猛将英布离楚归汉。结果是:刘邦能用众人之长成己之长,项羽不能用人之长而致成己之短,谁胜谁败,大局则定。

"不知人之短,不知人之长,不知人长中之短,不知人短中之长,则不可以用人,不可以教人。用人者,取人之长,避人之短;教人者,成人之长,去人之短也。惟尽知己之所短而能去人之短,惟不恃己之所长而后能收人之长。"

在这里,魏源辩证地论述了用人的长短关系,把能否识人之长短作为能否用人的决定性因素,尤其是他强调:"惟不恃己之所长而后能收人之长",是很有见地的,他揭示了能否识人和善于用人的关系。

在汉朝开国不久,刘邦和韩信等群臣曾经议论过各位将领的才能。刘邦问韩信说:"你看我能不能统率百万大军呢?"韩信说:"不能。"刘邦又

问:"那能否统率十万大军呢?"韩信说:"不能。"刘邦生气地问道:"依你说,我能带多少兵呢?"韩信毫不客气地回答说:"至于我么,带得越多越好(韩信将兵,多多益善)。"刘邦既不解又气愤地问:"那为什么我做皇帝,你只能做将军呢?"韩信又回答说:"陛下虽不善将兵,却善将将。"

的确,"运筹帷幄之中,决胜千里之外",刘邦不如张良;输粮草、保供给,治国安民,刘邦又不如萧何;亲临前线,挥兵杀敌,刘邦又不如韩信。但刘邦的长处就是能把这些人聚拢起来,让他们发挥各自的能力和长处,为自己服务。

刘邦确实是一个善于"将将"的人。韩信明知刘邦是这样一个人,却也逃不出刘邦的手掌。

唐太宗能用别人之长,隋炀帝则不能,其原因也如此。唐太宗是个文武全才的英明之主,但他不满足于己之所长,不认为自己无所不知,故能虚心听谏纳谏,用人之所长以补己之不足。故其身边,有所长的人才济济,能成就大业。而隋炀帝自恃其才高过人,他说的话都是对的,不容许别人反驳;他做的事都是对的,不允许别人违背。而顺之者则可升,违之者则杀头,故不能用人之所长,只能用人之短,即不能用有才能的忠直之臣,只能用一些阿谀奉承的佞臣,结果,众叛亲离,最后被他认为身边的"心腹"之臣所缢死。

毛泽东也是一位识人,知人的能者,在革命战争中识人、知人、用人,在和平年代中也择人善用。

毛泽东十分强调知人,首先在于他相信人民群众的力量,重视人才,因而能够吸引五湖四海的俊才。其次他不要求"完人"和"全人",他善于抓住人的品质个性的优点,根据每个人的专长,安排干部的工作,做到人尽其才。所以,在毛泽东的领导下,许多有用之才总是脱颖而出。

毛泽东在选才用人中,还提倡毛遂自荐,反对唯文凭选才,反对论资排辈,而主张不拘一格,这同他本人自学成才、积极进取、奋斗成功的经历不无关系,但从根本上来说,与他具有战略眼光的领导艺术是分不开的。

识人重其朴实无华

【原文】修饰端正，尊法敬分，而无倾侧之心；守职修业，不敢损益，可传世也，而不可使侵夺，是士大夫官师之材也。

【大意】修养美好，端直正派，尊崇法令，注重等级名分，而且没有不正的思想；忠于职守能做好自己的事业，不敢任意增减，可使这些制度、职务世代相传，而不让它受到损害，这些是士大夫官长的素质。

军队中选用将才，要特别注重那种朴实勇敢的人，同时要看他们的气概，怕的是有些人不全是发自内心的忠义之气，这些人轻浮、骄气，没有真正的气概。

一般说来，轻浮与骄气的人成就不了大事。因此选用人才的时候务必注意朴实无华之人。

古往今来由骄傲而奢侈，而淫逸，而放荡，以至于无恶不作，终致败家的事例数不胜数，其中许多是父兄骄，子弟也骄，也有父兄并不骄，而是疏于管教子弟，致使其因骄横而倒行逆施而丧身灭族。

西汉的上官桀，年轻时只是个小小的羽林侍郎。由于接近皇帝，一次偶然机会使他逐步发了迹。一天，他跟随武帝到甘泉宫，路上恰遇大风雨，辇车无法前进，车盖也被刮得东倒西歪，使武帝的车驾无法避风雨。上官桀把车盖解下来双手擎着以护驾，大风大雨持续了好长时间，他始终尽力用车盖挡住风雨以护驾。

事后，武帝对他的臂力感到很惊奇，升迁他做了未央厩令，负责喂养马匹，仍是个不大的官职。但他善于阿谀逢迎、巧言令色。有一次，武帝生了一场病，病好后见许多马匹都很瘦弱，就对他大发脾气道："你以为

我再也不能来看我的马了吗?"打算把他交付审判。上官桀磕着头说:"我听说圣体不安,日日夜夜都在忧伤着,确实没有心思再去喂马了。"边说边涕泪交流。武帝大为感动,认为他很忠诚,从此便格外亲近、宠幸他,封官赐爵累至太仆,位在霍光之上。武帝临终遗诏命霍光任大将军辅少主,以上官桀为副手。自此之后,上官桀的骄横日甚一日,仗着孙女儿是皇后,开始与霍光争权。此人正是得运乘时、幸致显宦而自骄自满者。

其子上官安由于家庭中的耳濡目染,加上因为是皇后之父而封侯升官,于是骄横淫乱而作恶多端。他在宫殿上受到赏赐,出来后便骄示于人:"刚才和我的女婿一起喝酒呢,好开心哟。"他还常常喝醉了酒,光着身子在内室走进走出,淫乱无度,连他父亲身边的妻妾也不放过。

上官桀、上官安父子由极骄极满终至要杀害霍光,废皇帝而自立,最后被朝廷灭族。

此乃父骄而子傲,终于败家的典型一例。

东汉大恶人梁冀的父亲梁商,虽然是皇后的父亲,又被封为大将军,皇亲兼据高位,但为人较为谦恭和顺,且又能荐举贤才,每逢民间闹饥荒,他总要拿出自己封地的租谷赈济灾民。因此,东汉顺帝很倚重他,旁人也大加称赞。可惜的是,梁商谨慎懦弱有余,而果敢威严不足,虽然对亲属子弟也时有告诫,但终究没有约束教导好自己的儿子梁冀,致使其骄逐渐发展,最后招致灭族的惨祸。

梁冀在他父亲活着的时候,就非常暴戾骄横,干了许多违法事情。洛阳令吕放曾经向梁商检举过梁冀,因而使他受到梁商的责备,梁冀便派人刺杀了吕放。事后还施放烟幕,嫁祸吕放的仇家,以遮蔽其父的耳目。

梁商死后,梁冀任大将军。东汉顺帝去世后,无论冲帝或质帝在位时都由梁太后临朝,太后即梁冀的妹妹,这样实际上是梁冀专权。质帝虽然年仅八岁,但很聪明,眼睛瞧着梁冀,对朝臣们说:"这是一位跋扈将军。"梁冀听后,当天便把他毒死了。桓帝初年,梁冀和他的家族成员一个个都加官晋爵,这就使其更加骄奢淫侈。

那时候,全国各地凡向朝廷进贡,都得先送梁冀,皇帝还在其次。官吏和百姓带着礼物和金钱去向梁冀求官或求情的,一批又一批地接连不断。就连梁冀的监奴秦宫，由于得到他和妻子孙寿的内外兼宠，以致威权大到连刺史和二千石等高官也得去巴结。梁冀由骄而淫乱，竟和自己父亲的美人私通。在人行大路上，谁家的妇女长得漂亮一点，只要被梁家的爪牙们见到了，随时都有被抢掠去的危险。

梁冀夫妻二人，在同一条街道的两旁兴建宅第，互相竞赛，看谁把房子盖得更为豪华，更为宏伟。梁家的林苑西至弘农，东界荥阳，南到鲁阳，北逾黄河，宽广近千里。随着荣宠和权力的增加，梁冀的骄横更变本加厉，穷凶极恶。他掠夺良家妇女充作奴婢，多达数千人，毒杀向他辞行的荆州刺史，暗地笞杀上书朝廷指斥其罪行的郎中。最后，恶贯满盈，祸及三族，终遭来灭顶之灾。

从这些历史人物和历史事件中，可以看出荀子把"朴实无华"，看作是识人的一个依据是十分有道理的。

第八章 人不可貌相——荀子的智慧与识人术

识才先识德

【原文】 故士不揣长,不揳大,不权轻重,亦将志乎尔。

【大意】 对于士人,不能揣度其长短,不能计量其大小,不能称量其轻重,而只能看他有没有志向。一个人志向的远大,关乎其德行的好坏。

无才有德者本质好,虽不能委以重任,但仍有其可用之处,这种人勤恳、诚实,能够知恩必报,尽心尽力,任劳任怨。而多才缺德的人本质坏,犹如传染病,不仅使自己烂掉,而且会使周围的人也烂掉。其实,后一种的才多用在歪路上,在没有驾驭这种人的把握的情况下,还是避而远之为好。

陈先生的公司来了两位女士,一位张某,一位李某。张某性格内向,沉默寡言,给人一种愚蠢的感觉。而李某,美貌出众,活泼可爱,让人看上去就觉得她才华横溢。

通过两个月的工作实践,李某初绽头角,以出色的公关才能,给单位带来不少利润。于是她得到同事的羡慕以及老板的赏识。老板多次在会上表扬她,并在第二季度给她颁发了头等奖。可是慢慢地,她的原来的德性就开始暴露出来。她目空一切,自高自大,说东道西,挑拨离间,无事生非,有些同事在她的挑拨下反目为仇;也有些年轻的男同事在她的挑唆下,争风吃醋,大打出手。好端端的单位变得乱如一团麻,打架的、闹情绪的,还有一位青年因追求李某未遂,并受到李某的严词侮辱而对爱情丧失信心,心灰意冷离家出走。

老板对这些事非常重视,经过详细调查,终于弄明白是李某一手造成的。于是公司开大会,会上点名批评了她。李某不思悔改,两个月后,她煽动老乡合伙贪污公款，公司为此对她进行了严肃的批评教育。

在批评后的第一个月里，她表现还不错。一来闲话已没人听，人们都躲她躲得远远的，二来刚挨批评，她不敢再贸然活动。但到了第二个月，她的恶习又暴露出来，连续贪污三次公款，先后煽动三个同乡潜逃。公司经理对她彻底绝望，断然把她开除。

同来的张某虽没有李某的公关才能，但她勤恳老实，任劳任怨，在同事中享有较高的威信。部门主管把她安排在办公室内做勤杂工，她不但把自己的本职工作干得很好，而且还经常帮助有困难的同事，单位人员提起张某的为人，无不伸出拇指大加赞赏。后来老板认为她大公无私，坦诚可靠，就把她提升为会计，她上任后将工作干得井井有条。

所以，用人时先看其德，后观其才。否则纵有精明头脑，超人才能，也是不能委以重任的，因为任用这样的人，只能得不偿失。

"道德常常能填补智慧的缺陷，而智慧永远填补不了道德的缺陷。"非常有力地揭示出了"才德"两者之间的不可替代性，也可以作为领导选取人才时的一个警示。

识别不当之才

【原文】 善择者制人,不善择者人制之;善择之者王,不善择之者亡。

【大意】 善于选择的人就可以制服别人,不善于选择的人就将被别人制服,善于选择的人可以称王,不善于选择的人就将被灭亡。

荀子说,做人轻率恶劣,做事迟疑不决,用人则选拔花言巧语的人,用巧取豪夺对待臣下和百姓,君主如果这样做,国家将处于危险之中。做人骄横凶暴,做事反复无常,用人选拔阴险奸诈的人,对待臣子及百姓方面,则喜欢他们拼死卖力、却轻视他们的功劳,还喜欢利用他们搜刮民财,却忘了他们从事农业生产的本业,君主如果这样做,国家就会遭到灭亡。这五等,君主不可不好好选择,这些都是王者、霸者、国家安存、危殆、灭亡所具备的条件。可见,如何选拔合适的人才对国家的安危具有举足轻重的作用。

我国历代军事家非常重视对军事人才的考核。在历史上有"考绩""考察""考课""考成"等记载。战国时期的军事家吴起就强调要通过考核来"罢无能""废无用",即罢免无能和不称职的官吏。"捐不急之官"即除掉那些无关紧要的官。管仲更明确地提出:"成器不课不用,不试不藏。"意思是说,即使有才干的人,不经过考核和试用,也不能轻率地录用。我国三国时期比较明确地提出了把考核作为军事人才官职的升降、赏罚的根据。如曹操说的:"明君不官无功之臣,不赏不战之士。"同时他还强调要做到公平合理地进行赏罚,就得进行有效的考核,没有正确的考核。就谈不上正确的赏罚,因而就不利于人们改错立功。这种考核观念发展到魏明帝的时候,逐渐形成了"考课之法七十二条"制度。

"自古贤者在位，能者在职，然后百度修，庶绩凝，方夏安，奸宄消伏，戎狄不敢轻侮中国，百王由之，若出一轨。

贤者任之，奸邪者不任之，则任贤之道尽矣。有能则举之，无能则下之。有功者进，有过者黜，无功无过者职其旧——如是可以劝而惩过。"

千古流传的古训我们当然要记住！对于身处要职的领导们，必定要炼就火眼金睛，及时识出不当之人，否则，就会导致"用人不当天下大乱"的结局。请看下面这个例子：

秦始皇出游到沙丘病死，其幼子胡亥在赵高教唆、李斯支持下，矫诏立胡亥为二世皇帝，杀害秦始皇遗诏要立的长子扶苏。胡亥登上皇位后，想的不是如何治国安民，而是如何才能享尽人间的富贵。他和赵高的一段对话，显示了这位"二世祖"的本色。

胡亥对赵高说："夫人生居世间也，譬犹骋六驻过决隙也。吾既已临天下矣，欲悉耳目之所好，穷心志之所乐，以安宗庙而乐万姓，长有天下，终吾年寿，其可乎广"。意思是说，人生苦短，既为皇帝，如何才能享尽人间富贵？赵高大为赞扬说："此贤主之所能行也。"

赵高是个很阴险而有心计的宦官，他深知胡亥这个"花花公子"所想的是如何能安坐帝位以尽情快活，便一切顺着他，使他沉迷于享乐，以达到孤立而控制之目的。

赵高先是向胡亥提出"高枕肆意宠乐"的办法是："严法而刻刑，令有罪者相坐殊，至收族，灭大臣而远骨肉，贫者富之，贱者危之。尽除去先帝之故臣，更置陛下之所亲信者近之。此则阴德归陛下，害除而奸谋塞，群臣莫不被润泽，陛下则高枕肆志宠乐矣。计莫出于此。"胡亥果听赵高之谋，尽除先帝旧臣，杀其兄弟十二人姊妹十人。

在达到孤立胡亥的目的后，便阴谋将胡亥控制在手里，他对胡亥说："先帝临朝制天下久，朝群臣不敢为非，进邪说。今陛下富春秋，初即位，奈何与卿廷决事？事即有误，示群臣短也。天下称朕，固不闻声。"这是说，胡亥年轻，缺乏理政经验，上朝与君臣一起决事，错了会被群臣轻视。胡亥只想享乐，要他不上朝，当然乐得听从，于是处理朝政，只在禁宫中独与赵高商议决定。而胡亥这个"花花公子"没有理政才能，实际上

第八章 人不可貌相——荀子的智慧与识人术

朝政大权都操纵在赵高手里。赵高利用手中权力诬以谋反罪杀李斯后，被任为丞相。

赵高阴谋为乱，取而代之，恐群臣不听。便先试之：他献鹿给胡亥，说："马也。"胡亥笑说："丞相误邪？谓鹿为马。"问左右，大都默然，有的说是马以顺赵高，有的直说是鹿，赵高则把那些直言说鹿者杀了。从此群臣都害怕赵高，赵高更是在朝中指鹿为马，而群臣大都不敢吭声，说明他的权力已超过了胡亥。

胡亥穷奢极欲，尽情享乐。为满足其私欲听任赵高用严刑峻法，横征暴敛，致激起人民造反，天下大乱。赵高却对胡亥说："关东盗毋能为也。"及秦军主力于巨鹿被项羽军消灭，胡亥知情责备赵高，赵高怕被杀，便先动手杀胡亥。赵高恐被群臣反对，不敢自立，便立子婴为秦王。旋为子婴所杀。不久，刘邦攻入关，子婴投降，秦亡。

完成天下大一统的秦朝，并未完全统治天下，在短短经历两朝后就灭亡了，这都是由于用人不当，误信奸臣而导致的。后世对秦朝的评价是"兴亡一太监"。

评价他人不能感情用事

【原文】 不恤亲疏，不恤贵贱，唯诚能之求。

【大意】 不论亲疏，不顾贵贱，只求真正有能力就任用。

明智的领导重理智和策略，不感情用事。昏庸的领导往往感情用事，丧失理智。如果感情胜过了理智，就会偏私；如果骄气胜过了策略，就会狭隘。

我们都会无缘无故地、莫名其妙地喜欢这个人、讨厌那个人。因为你喜欢这个人，所以当你和这个人在一起的时候就会觉得很高兴，感觉良好，心情舒畅，谈笑风生，喜气洋洋，至于是什么原因你自己也说不上来。谁也说不清，这只能归结于人性。你在评论你所喜欢的人时总会赞誉有加，而对你不大喜欢的人则往往吹毛求疵。因此，上司坐下来写行为评估时，动笔前应先注意自己对下属的感情问题。你在心中应不停地问自己："我对这个人看法如何？我喜欢他吗？我不喜欢她？为什么？"如果你不能找到足够的原因加以证明，那你极可能受到了潜意识的影响，而这些潜意识形成于一些和工作无关的事。

你可能有一个属下独立工作能力很强，善于创造性地开展工作，他不常征求你的意见，甚至也不在意你的赞美。你可能喜欢他，理由充足：他使你免于分心，专注于其他事情。而另一个老板，由于过去他的小弟弟擅自行动，无视兄长和父母的权威，曾使家庭陷入非常尴尬的境地，那么，他就会对属下的过分独立表示不满，认为他应该更多的征求上司的意见，像这样的例子会让你清楚地认识到，好好反思你为什么喜欢某种行为或人员是很重要的。只有当你对这种情况保持警惕时，你才能做到评价的是属

下的工作而非其个人。

在你对某些事情或个人进行评估之前你必须具备翔实可靠的资料，全面回顾过去一段时间的工作情况，并且明确自己的态度，保持警惕不让个人感情而影响评估的公正性。

晋文公问大夫咎犯："可以派谁去镇守西河？"

咎犯答道："虞子羔可以。"

文公说："他不是你的仇人吗？"

咎犯说："君王是问谁可以镇守西河，并不是问谁是我的仇人。"

后来，虞子羔见到咎犯感激地说："谢谢你宽赦了我的过错，将我举荐给君王，让我得以担任西河守。"

咎犯说："举荐你，是公义，怨恨你，是私情。我不以私事而害公义。你可以走了，不然，小心我从背后用箭射你。"

但并不是所有的人都像咎犯深明大义，公私分明，情理有别，宋太祖赵匡胤就不是这样。

宋初，有人立功，按理当提升官职。赵匡胤一向厌恶其人，不肯授予。丞相赵普执言请求，赵匡胤大怒："我就是不给他升官，怎么样？"

赵普说："刑以惩恶，赏以酬功，此乃古今通道。况且刑赏是天下的刑赏，非你一人之刑赏。忌能以你一人的喜怒为转移？"

赵匡胤仍不听，离座而去，赵普尾随其后，赵匡胤入宫，赵普便立于宫门，久久不去。

赵匡胤终于省悟，才同意其奏请。

要有识才之眼和容才之量

【原文】 君子贤而能容罢，知而能容愚，博而能容浅，粹而能容杂，夫是之谓兼求术。

【大意】 君子有才能，德行好而能容纳无能的人，聪明而能容纳愚昧的人，博学多闻而能容纳孤陋寡闻的人，品德纯洁而能容纳品行驳杂的人，这就叫兼容并蓄的方法。

作为领导者，首先就得有识才之眼和容人之量。

战国时，齐国的齐襄公有公子纠和公子小白两个弟弟，他们各有一个很有才能的老师。齐襄公十分荒淫，公子纠便随老师管仲去鲁国避难，公子小白则跟老师鲍叔牙去了莒国。

后来，齐襄公在内乱中被杀，大臣们派人到鲁国去接公子纠回国当国君。鲁庄公亲自带兵护送公子纠回国。公子纠的老师管仲担心公子小白抢先回国夺取君位，因为公子小白所在的莒国离齐国较近，他得到鲁庄公同意，先带了一批人马去拦截公子小白。

管仲带人赶到即墨附近时，果然发现公子小白正往齐国去。管仲上前劝说公子小白别回去，但小白听不进去，管仲便向小白偷射了一箭。小白立刻倒下，管仲以为他死了，于是不慌不忙地回去护送公子纠返齐。

然而，公子小白没有死，鲍叔牙救了他。并赶在公子纠之前回到了齐国，说服大臣立公子小白为国君，即齐桓公。

公子纠在鲁国军队护送下赶到齐国时，齐、鲁两国打了起来，结果鲁军大败。鲁庄公被迫同意齐国的要求，逼死公子纠，把管仲抓起来。但齐国提出，管仲射过齐桓公一箭，要报一箭之仇，将他押送回齐国。由齐桓

公亲自处置：鲁庄公只得同意。

在被押往齐国的路途中，管仲吃了不少苦头。到了绮乌时，管仲去向那里的官员要饭吃。一位官员跪着把饭端给管仲，十分恭敬地等他把饭吃完，然后问道："要是您回到齐国没有被杀而受到重用，将来怎么报答我？"

管仲回答说："如果我真的受到重用，我要任用贤明有才能的人，奖赏有功的人。我能拿什么来报答你呢？"那位官员听了这些话，心里很不满意。

管仲被押到齐国后，没想到受到鲍叔牙的亲自迎接，而齐桓公不仅没有报一箭之仇，反而让管仲当上了相国。鲍叔牙则甘愿做管仲的副手，因为鲍叔牙知道管仲的才能远在自己之上，才说服了齐桓公这样做。

对统治者和领导人来说，用人毫无疑问是个至关重要的大问题。真正的用人之谋，唯一的标准，理所应当是才能和德行。只要是真正想干点事，而不是混日子，就必须遵循这一原则。

要任用贤明有才的人，需要宽阔的胸襟和气度。鼠肚鸡肠，容不得异己的人，成不了大气候，下场也好不了。

任用贤明有才的人，还得要有工夫来进行考察。听其言，观其行，然后再决定取舍。"是骡子是马拉出来遛遛"，话虽不高雅，却包含用人的至深道理。

明其性格任其职

【原文】 人臣之论：有态臣者，有篡臣者，有功臣者，有圣臣者。

【大意】 臣子分为四类：有谄媚的臣子，有想篡夺君权的臣子，有功绩巨大的臣子，有品德高尚的臣子。

在荀子看来，四类臣子，皆由其性格所决定。《人物志》中总结了十二种人的性格特点，以及不同性格的优劣，把这些性格按部就班地套用在自己的下属身上，管理者就可以对号入座，为他安排适合的职位。

1. 刚正、严厉的人

疾恶如仇是他们最大的优点，也是最大的缺点。因为其性格坚强刚毅，凶狠强硬，所以他们大都很偏激，很难与人和睦相处。这种人在为人处事时，总是不能克服自己个性太刚强而冒失莽撞的不足，并且认为温和顺从就是屈从，从而变本加厉地加强他的过火行为。所以这样的人可以不让他处理具体事务，他适合制定法则。

2. 性情柔和温顺的人

这种人大都具有宽容大度的优点，而这种优点走到极端就成了优柔寡断。这种性格的人，在处理事情时总是犹豫不决，遇到该决断的问题时拖泥带水，拿不起放不下。他们认为意气风发、泼辣爽直太伤人，以此当作自己行为拖拉的借口。这种人最适合做循规蹈矩、一成不变的工作，而不

能让他裁决疑难问题。

3. 精力健旺、体格英勇剽悍的人

这种性格的人具备肝胆照人、性情刚烈的优点，但他们往往不太顾忌别人的情面或事情的后果，缺乏前思后想的缜密性。雄健剽悍的人的特点就是意气风发，敢作敢当，从不警惕自己勇往直前的做法可能会使自己遭受挫折甚至灭亡的危险，反而把温顺礼让当作胆小怕事、软弱无能，他们做什么事总要把自己的精力使尽才罢休，这样的人适合处理充满艰难险阻的事，不适合让他完成忍辱负重的任务，尤其是在情况恶劣的环境下，他们很难坚持到底。

4. 精明能干、谨小慎微、胆小懦弱的人

这种性格的人能够做到对人恭敬谨慎，但他们在做事时却总是疑虑重重，患得患失，不够武断。过于谨慎的人，瞻前顾后，疑虑重重，认为敢想敢做是无理取闹，导致他们的心思更加谨慎，性格也更加懦弱。这样的人，可以守业，但却不能开创局面。

5. 坚强遒劲、干劲冲天的人

这种人的优点在于能起骨干作用，缺点是顽固自负，刚愎自用。坚强劲直的人百折不挠，意志坚定，如果他不能克服自己固执己见的缺点，不正确分析事情的是非曲直，他将一叶障目，越来越专断，不利于事业的发展。用这种人去主持正义会比让他去团结群众更出色得多。

6. 善于论证辩驳、推理分析的人

其最明显的长处在于能为他人解惑说理，但却容易流于夸夸其谈、空话连篇的境地。博学善辩的人，大都思维敏捷，条理清楚，但如果他不克服自己浮华不实的缺点，有意识严格要求自己，那么他们会很容易使自己放任自流。因此，跟这种人可以和他进行热烈的讨论，但不能和他有什么约定，因为这种人却少诚意。

7. 好善乐施、博爱之人

这种性格之人能够造福百姓，救人于水火之中，但容易善恶不辨，胡施乱予。心地善良之人，往往交友广泛，由于不戒备所交识的人太混杂，不区分其中的良莠，反而认为耿直率性是脾气倔强，导致交往的人鱼龙混杂。这种人最合适去做群众性工作，不能让他去纠正不良的社会风气。

8. 清高耿直、廉洁奉公的人

这种人具有艰苦节约、朴实无华、不为贫贱所移的优点，但难免被繁文缛节、条条框框所局限。耿直倔强的性格使他们疾恶如仇，对自己要求严格，从不随波逐流。在他们的意识里他们不认为自己遗世孤立是因为性格上偏激狭隘所致，反而认为广交朋友有辱清名，会降低自己的身份，结果变得越来越孤僻。如果有无损人格、气节的工作，他们肯定能够完成的很好，但他们不适合去做灵活变通的工作。

9. 注重行动、才能卓著的人

志在攀登高峰、超越同行是其长处，不足之处是好高骛远，根基不稳。注重行动，因而羡慕那些凡事能打头领先的人，而且要立志超过他们。他不警惕自己做事马马虎虎的毛病，反而认为沉静就是拖泥带水。这种人可以让他开拓进取，不适于从事打基础的工作。

10. 沉着老练、思想缜密的人

这种人的优点在于对细微奥秘的事情很精通，缺点就是遇事迟疑怯懦，不够果断，欠缺勇气。冷静周密的人，做事之前总要反复推敲，深思熟虑，生怕有所疏漏，常因此而耽误了办事的最佳时机。如果他不克服自己因冷静沉着造成的良机贻误，坚持认为迅速采取行动是粗心大意的表现，他很难成就一番事业。这种人可以做深思熟虑的细腻工作，不能交给他执行雷厉风行的任务。

11. 质朴坦率、一览无余的人

这种性格的人具有忠诚老实的品质，缺点是胸无城府，容易泄密。坦率质朴的人，即使心有疑惑也不愿意相信是真的，他不克服自己由于性格朴实而造成的粗犷直露的缺点，反而认为讲究谋略是虚伪之人的做法，为人处事一味无原则的坦诚相见。这种人可以去完成讲求信义的任务，不能

让他做保密工作。

12. 智勇多谋的人

这种人的优点是行事老谋深算,但他们大都老奸巨猾,办事模棱两可,左右逢源。计谋太多的人做任何事都要审时度势,把事情做到让自己心满意足,他们从不考虑所使用的计谋是否正当,所采用的策略是否合理,通常认为坦诚是愚蠢的表现,只推崇自己的神机妙算。面对这种人应当让他去做扬善积德的事情,千万不能委派他做查处违法乱纪的事务,以免适得其反。

以上列举的这十二种人,有以偏概全之处,难免有失偏颇。但也不乏可利用之妙,管理者如果能准确地根据各种人的性格特点委以官职,让适合的人做适合的工作,他们会能够协助管理者建立一番事业。

根据自身经验识人

【原文】 圣人何以不可欺？曰：圣人者，以己度者也。

【大意】 圣人为什么不可被欺骗呢？回答是：圣人能根据自己的切身体验去揣测、考虑事物的人。

知人是最难的。因为你只能看到人的外表，而看不到他的内心。但不知人就不能用人，所以，要学会从人的语言、行为、举止上判断人。荀子认为，圣人为什么不可被欺骗呢？回答是：圣人能根据自己的切身体验去揣测、考虑事物的人。根据自己的切身经验体察人，就能很好的识别人才而不至于被蒙骗。

通常一个人的言谈、举止和行为都能反映出这个人的品质，都能影射出他是否是可用之才。

古人一般用"观诚"的方法来识人："当一个人受到宠爱时，要看他是否专横跋扈、骄奢淫逸；当他不再受宠，被疏远、废置时，要看他是否会背叛原主或采取什么越轨行动；享有荣华富贵，仕途发达的人，要看他是否自傲自大；不善言辞、沉默的人，要看他是否胆小怕事，有所畏惧；年纪小的人要看他是否尊老懂礼、上进好学，能否与兄弟姐妹友好相处；壮年人要看他是否廉洁自律，诚实肯干，斤斤计较；老年人要看他是否能深思熟虑，是否即使做了力不能及的事也不逾越规矩。父子之间，看他们父亲是否慈爱、子女是否孝顺；兄弟之间看他们是否亲善友好；邻里之间要看他们是否讲信守义，互相礼让；君臣之间看君王是否仁爱，大臣是否忠心诚实。"

《人物志》说："骨骼坚硬而柔韧，叫作'弘毅'。弘毅是仁爱的本质；

气质清朗而高洁，叫作'文理'。文理是礼的根本；筋脉强而纯，叫作'勇敢'，勇敢是义的前提；态度平和而爽快，叫作'通微'，通微是智慧的本质。人的五种本性是不变的，所以称之为五常。"

因此可以说："劲直有余缺少柔软就是僵直；强劲有力却不精纯就是徒有蛮力；顽固不化但不端正就是愚钝；血气方刚但不精纯就难免冲动；性格开朗但心浮气躁就是放荡。可见，一个人的精神决定着其性情是坦荡还是猥琐；一个人的内心决定着他是聪明还是愚昧；一个人的筋脉决定着他是懦弱还是勇敢。坚强或懦弱的根源在于骨质；急躁还是宁静取决于气质；一个人的喜怒哀乐通过面部表情就可以看出来；一个人是轻浮还是严肃从其仪表上就能反映出来；一个人脸上的神态可以表现出其态度，言谈可以流露出一个人的情绪是否急躁。如果一个人能够做到心性质朴纯洁，内心聪慧，外表开朗，精力充沛，声音清雅，颜色和悦，仪表高洁，容颜端方，那么他就是一个具有纯粹之品德的人。"

要正确识别一个人，古人还总结了"听气""察色""考志""恻隐""揆德"之法。

人是万物之灵，是有精气的，通过观察一个人表现出来的精气，就可以认识一个人。一个人的精气大都可以通过其言论举止表现出来：心气粗糙不细腻的人，说话的声音大都沉重散漫；心思缜密的人，说话的声音有理有据，平和亲近；心气卑劣，脾气乖戾的人，说话的声音粗犷；心气宽缓，性情柔弱的人，声音温和谦逊，圆润入耳；讲诚信的人心气平易而柔和；重义气的人心气洒脱而从容；安详平和的人心气自然而随和；勇敢无畏的人心气雄壮。这就是"听气"之法，听其心气，就可深知其人。

"察色"之法，顾名思义就是通过观察其脸色来认识。真正聪明的人说话时会表现出一言难尽的神色；真正仁爱宽厚的人神色令人尊敬；勇敢英勇的人面带威慑之色；忠诚老实的人一副令人敬重的神态；真正高洁之人一定会表现出难以玷污的神色；讲求操守的人神色让人信任。质朴的神色自然流露，充满凛然浩气，坚强而稳固；伪饰的神色造作虚假，游移散乱不定，让人烦躁不安。通过"察色"，可对这个人了解个大概。

"考志"之法就是通过与对方谈话来观察他的心志。说话的语气柔和舒缓，有张有弛，神色虔诚但不谄媚，先礼后言，言之有礼，只表露自己的不足之处，不伤及对方的颜面，这样的人可以重用，他可以给你带来利益。反之，说话趾高气扬，高谈阔论，想方设法掩饰自己的不足和无能的人，则不可重用，他只会使你遭受损失。质朴之人，其神情坦率而不轻率；言语中正而不偏袒，既不故意谦虚掩饰自己的美德，也不虚伪隐藏自己的短处，不为自己的过失做防备，也不对他人设防。虚伪之人，神态献媚，总是从言语上想方设法讨好别人，善于阿谀奉承和做表面文章，把自己微不足道的好处夸大其词，还因此而自鸣得意。喜怒而不形于色，悲欢而不乱心志，遇琐事而不乱其性情，厚利不为其所动，强权不被其所欺，始终如一，这样的人心态平静，坚守节操。如果因外在的变化而喜怒无常，因事情繁杂而烦躁不安，不能平静，见了蝇头小利就动心前往，见到强权就趋炎附势，这样的人是心性鄙陋而没有品格的人。无论怎样复杂的环境都能果断地处理事情，面对突如其来的变化也能快速应变，即使学识不深，仍然能表现出智慧，这样的人是有头脑的人。

如果一个人固执己见不知变通，不能适应环境的变化，又不听取别人的劝告，表明其是个愚钝且刚愎自用的人；如果一个人既听不进别人的劝告，还自私自利，明知自己不对，却还强词夺理，不加掩饰，这样的人是好诬陷、嫉妒他人的人。

西晋时期的傅嘏是个很有见地的人，很多人都想与他交好，其中包括何晏、夏侯玄和邓扬等，这些人都学识颇丰，但却遭到了傅嘏的拒绝，令人很是奇怪，于是就问傅嘏为什么不与这三个人交往，傅嘏说："夏侯玄虽然志向远大但才识不足，有其名而无实；何晏说话玄虚邈远，表明他急功近利，善与人辩论说明他争强好胜，况且他并没有诚意与我交好，他是个清谈误国之人；邓扬看上去好像很有作为，其实他做事有始无终，追逐名利，内心不能自我约束。谁与其意见相同就抬高谁，不同就厌恶，整日夸夸其谈，不能容纳贤能之人。言多必失，话多易起争端，嫉贤就会失去亲近的人。在我看来他们都是些道德败坏的人，躲还来不及，何况与之亲近呢！"后来这三个人都没有得到好下场，而傅嘏却能得以善终，这都是得缘于他善于识人啊！

"恻隐"之法，也就是用隐秘的方法来达到自己的目的。这种人都善于伪装自己。

如果一个人总是吃小亏而贪大便宜，让小利而争大利益，为了装成老实的样子故意说话恭敬；为了表现出忠实的样子假装慈爱，用夸大自己的行为以博取好名声，这就是用仁爱来伪装自己。

如果一个人对别人的提问不予回答，当别人进一步细问还含糊其词，装作很有学识的样子，打着传道的幌子四处招摇，这是借学识来伪装自己。

如果一个人总是在嘴上声称自己廉洁，表面上雷厉风行，给人正直勇敢的印象，而内心却充满恐惧，胆怯而懦弱，总是虚张声势，浮夸自大，摆出一副盛气凌人的样子，这是用廉正和英勇来掩饰自己。

某些人在他人面前炫耀自己的忠诚和孝顺，只做表面文章，其实缺少真正的诚心，不管是孝敬父母还是忠于职守，都是为了博取好名声，这是用忠孝来伪装自己。

对于那些言行不一，表里不一，做事有始无终，利用名节来迷惑他人的人，我们称他们为毁志之人。

而对于那些与别人因吃喝而关系亲近，因行贿送礼而互相交识，损人利己，贪于物欲的人，我们称之为贪婪而卑鄙之人。

善耍小聪明而没有真本事，只有些小能耐而办不成大事，只贪图小利而不明白大道理的人，我们把他们叫作浮夸之人。

这些人都善于伪装，不足以亲近。

"揆德"之法，就是通过人的品德来评判这个人。那些说话诚实，行为稳重，无私奉献，内心淳厚而明察，做好事不求回报是仁心之人；当身处困境时能激励自己进取向上，当遇到突发变故能迅速果断处理，当进身立功时能够如愿，是聪明的人；自己富贵了还能帮助他人，自己官达威严但不骄横无理，是仁德之人。清贫简陋时刚强无畏，富足安乐时亦能不奢华无度，与人性情不和也不背弃信义，始终如一，乃是忠孝之人。这是用"揆德"之法识人的真正含义。

识别各色人等

【原文】人论：志不免于曲私，而冀人之以己为公也；行不免于污漫，而冀人之以己为修也；甚愚陋沟瞀，而冀人之己为知也：是众人也。志忍私然后能公，行忍情性然后能修，知而好问然后能才，公、修而才，可谓小儒矣。志安公，行安修，知通统类，如使则可谓大儒矣。

【大意】有关"人"的理论是：思想上没有除掉私心杂念，却希望别人把他看作大公无私；行动上没有去掉肮脏卑鄙，却希望别人把他看作美好善良；十分浅陋无知，却希望别人说他很有智慧，这就是一般的人。思想上抑制私心杂念后才能公正；行动上抑制放纵的性情，然后才能有高尚的品德；有智慧而又虚心好学，然后才能多才多艺，做到这些，可称为小儒了。思想上习惯于公正，行动上习惯于善良、美好，有智慧能通晓各类事务的基本原则，这样，就可以叫作大儒了。

　　人才是辅佐君王成就事业的关键，鉴识人才是使用人才的前提，管理者在用人、管人之前，首先要明确地区分出人才的种类，发掘他们的各自长处和短处，才能真正做到人尽其用。

　　在荀子之前，先贤孔子就把人分成五个层次，分别是庸人、士人、君命子、圣人、贤人。他认为君道就是能清楚地分辨出这五类人。如果君王能辨识出人才的高下，那么治理天下，成就事业也就轻而易举了。

　　所谓庸人，即那些思想上没有除掉私心杂念，却希望别人把他看作大公无私；行动上没有去掉肮脏卑鄙，却希望别人把他看作美好善良；十分浅陋无知，却希望别人说他很有智慧。

　　所谓士人，就是那些能坚守自己的原则，始终有明确信念的人。他们

虽不是万事皆通，万物皆懂，但对任何事都有自己的主张；做事虽不是完美无缺，但其中总有值得赞美之处；言语不多，但只要是他所坚持的，一字一句都强硬有力；做事不多，但力求务扎扎实实。他们思想坚定，信念明确，言辞得当，行事有理有据，始终都是表里如一，犹如人的性命和形体一样和谐统一，他们的坚持是很难被外力改变的。贫贱和富贵都不会对他们造成什么影响，谓之大丈夫也。

所谓君子，即是那些讲究诚信的人，他们心胸坦荡，对人从不心存嫉恨，从不居功自傲，更不向人炫耀，始终秉性仁义；他们通情达理，说话从不专横无理。言行一致，守道不渝，诚实守信，从不食言，性情坚韧，自强不息。

真正的贤者是那些品德合乎法度，行为合乎规范，其言论足以被天下人奉为准则，其德性足以教化百姓而不损伤事物的根本的人。他们竭尽所能造福人民，视财物如粪土；处处行善布施，帮民众摆脱疾病和贫困。

圣人大概就是荀子所说的"大儒"了。他们的品德与天地融为一体，虽千变莫测，但总能通达无阻。他们能容一切可容之物，对宇宙万物的因果彻底参透，与天下的一切生物都融洽无间，并将万事万物之精髓升华为自己的性情，道生如日月，变化如神明，芸芸众生是永远不能明白他们的德行有多么伟大的，即使见识其中的一二，也不能真正透彻了解其性情有多深广，这就是圣人，融于万物之中，又超脱万物之外。

《钤经》中对英杰之人有这样的叙述："品德足以让远方之人慕名而来，信誉足以把各种各样的人凝聚在一起，见识足以借鉴古人，才能足以冠绝当代，这样的人就是人中之英；思想足以成为教育世人的体系，行为足以引为规范，仁爱足以获得众人的拥护，英明足以烛照下属，这样的人就是人中之俊；形象可做别人的仪表，智慧足以决断疑难，操行足以警策卑鄙贪婪，信誉足以团结不同的人们，这样的人就是人中之豪；恪守节操而百折不挠，行义举受到诽谤而不发怒，见到让人唾弃的人和事也敢于挺身而出，见到利益不随便去获取，这样的人就是人中之杰。"

对于人才的任用向来都是仁者见仁，智者见智，没有固定的标准，对于人的等类先贤们还给了我们更多的借鉴，如果管理者能清晰各类人的

"利弊"，事业成功的希望也就不远了。

划分人的等类，不仅可以通过其德行的评判，还可以根据其长短来识别。品行高尚，容貌举止可为人楷模，这种人被叫作"清节"之士，延陵、晏婴就属于这样的人。能行文立法，建立法规制度，使国盛民富的人为"法家"，韩非子、商鞅就是这样的人。思想与天道相通，计策谋略出神入化，变化无穷，是"术家"，其代表人物是范蠡、张良。其德行足以移风易俗，其方法足以匡正邪恶，其权术足以安定天下，改朝换代，这样的人是"国体"，伊尹、吕尚就属此类人。其品德可为一国之表率，其方法能够改变穷乡僻壤，其计策谋略能够权衡政事，这样的人称为"器能"，子产、诸葛亮就是这样的人。著书立说者，又称之为"做文章之人"，司马迁、班固就是这样的人。能够传承圣人的学问，就是儒学，宋代朱熹、程颐就是这样的人。辩论起来不一定有道理，但反应敏捷，对答如流，乐毅、曹丘生就是这样的人。胆略、勇气过人，才能、谋略非凡，这种人叫作"枭雄"，白起、韩信就是这样的人。

清节之士，心胸不够宽广，欠缺容人之量，凡事太认真，好分辨是非，像子夏那样的人就是这样。法家之流，目光短浅，缺乏远大的计划和理想，汉宣帝时的名臣张敞和赵广汉就是这样，但他们在行事时能独当一面，创意新奇，策略巧妙，手段高超。术家之流，虽不能改变旧有体制的限制，垂范后人，但当民众变乱谋反时能运用己身谋略，拨乱反正，陈平和汉武帝时的御史大夫韩安国就是这样的人，谋略和智慧有余，公正平允不足。他们的优点明显，缺点也很显见，管理者要在充分认识他们短处的基础上，更好地让他们发挥自身的长处。

观其行知其心

【原文】 相形不如论心，论心不如择术。形不胜心，心不胜术。

【大意】 观察人的形态面色，不如考察他的思想，考察他的思想不如鉴别他所作所为的方法。相貌不及思想重要，思想不及行为的方法重要。

要了解一个人不能看他说什么，或者别人如何评价他，而要考察他的所作所为，因为任何行为都会留下痕迹，是无法掩饰的。

根据一个人的行为来查验他的为人处世，就会使他的善恶无法隐藏，无论他如何能言善辩，也无法掩饰。《中论》说："水是凉的，火是热的，金石是坚硬的，这几种东西不能说话，可是人们没有不了解它们的。因为它的本质就附在它自身上面。所以假如我们的诚信本质如那几种东西一样，谁还会怀疑我们呢？如今人们不相信我们的行为，我们却又埋怨别人，真是不够明理。要知道，行为有根本，做事有痕迹，只要仔细观察，谁也无法掩饰真相。"对于行为的根本，孔子解释说："立身处世有准则，以孝为本；丧葬有礼仪，以哀为本；战阵有排列方式，以勇为本。"

姜太公说："人民不尽力劳作，不是我的人民；官吏不公平廉洁、爱护百姓，就不是我的官吏；宰相不能富国强兵，调和阴阳四时，使国君安居王位，不能选拔训练群臣，使其名实相符，法令彰明、赏罚得当，就不是我的宰相。"这就是为臣为民的行为根本。

那么如何根据事情的细枝末节的迹象，去察识某个人的行为本质呢？齐威王召见即墨大夫，对他说："自从你到即墨任职以后，每天都有说你坏话的人。可我派人去巡视即墨，看到的又是荒地得到开垦，人民丰衣足食，官府没有积压的事务，东方一带因此很安定。这是因为你没有收买我身边的亲信以求荣誉啊。"因而齐威王将万家封给即墨大夫。又召见东阿大夫,对他说:"自从你做东阿太守后,对你赞扬的人每天都有。但是,当我派人巡视东阿,只见到处荒芜,百姓贫困。赵国攻打甄城,你不能救助;卫国攻取薛陵,你竟然不知道。这是你常用钱收买我身边的亲信,以求得荣誉啊。"当天,便杀了东阿大夫和身边亲信中说东阿大夫好话的人,齐国因此大治。

汉元帝时,石显擅自专权,京房私下进见皇帝,问汉元帝说:"周幽王和周厉王时,国家怎么陷入危机的呢?他们信任的都是些什么人呢?"元帝说:"因为君王不英明,信任的都是些奸佞之人。"京房说:"是明明知道他们是奸佞之人仍然任用他们呢?还是没有察觉他们的奸佞反而认为他们贤德,才用他们呢?"元帝说:"是认为他们是贤德之人。"京房说:"那么如今怎么知道他们不是贤德之人呢?"元帝说:"因为他们当权时,社会混乱,君王的地位受到威胁。"

京房说:"齐桓公、秦二世也明白这样的道理,但他们在一边嘲笑幽王、厉王的糊涂时,一边仍然任用了竖刁、赵高这样的狡诈之徒,结果国家一天比一天昏乱,造反的人满山遍野。为什么他们不能以幽王、厉王作为前车之鉴,从而觉悟到自己用人不当呢?"元帝说:"只有懂得大道的人,才能明鉴过去预知将来啊。"京房说:"前世的齐桓公、秦二世也是这样认为的。我怕将来的人看现在的情形就如同我们看过去一样啊。"

可见,凡事必有迹象。所以立身也好,从政也好,都有根本。政治清明或混乱,人是有正才还是有奸才等,也都有迹象。如果能把持住根本,并以此作为办事的规范准则,那么就像水是凉的、火是热的一样:人的善恶本质就会一目了然了。

识人识其心性

【原文】从者将论志意,比类文学邪?直将善长短,辩美恶,而相欺傲邪?

【大意】相信相面的人是考察他们的志向意志,比较他们的才华学问呢?还是仅仅区别他们的高矮,辨别差异来互相欺骗彼此傲视呢?

对人的鉴别,以心性最难。一个心性浑厚的人,既得自于先天的生成,更得自于后天的培养。一个人心性端正,则一切都端正。领导识人用人,应以正直浑厚、本性质朴为指导原则。遇到大事难事看其能否担当,在顺境逆境中看他们的胸襟,遇到喜事或忧虑的事看涵养,群行群止看识见,取舍进退间看气宇,日用常行看胸怀,利害得失看操守,死生灾变看志节。这都是以本心本性为主体,绝非妄言。从这里看,心性也就是一个人的人格。

有人把人的心性力比作花香,"梅檀香风,可悦众心"。文曰:"花香不会逆风而飘尽……然善人之香气可逆风飘散,正人君子的香气是洋溢四方。"又云:"道风德香熏一切。"道德就是心性的本体,诚信则是心性的表现,而手段、点子,只是一种飘忽不定、甚至令人生厌的假香而已。这就是为什么有人广结广交,有人寡义寡交;有人身边人才荟萃,有人却是光杆司令的原因。

没有道德修养则无诚信示人，无诚信示人则无好心性，无好心性则人缘寡寥。可见一个人的心性是道德、诚信的总和，是修身养性的结果，而决非某些相书上说的天生就这样。

所谓"人的祸福吉凶相上可辨"，是那种宿命、唯心的理解，不是长期观察积累而来的。

人的心性，也和人的命运一样，既不是天生的，也不是不可改变的。所以预测一个人的未来，要从一个人（及自身）的道德修养、文化背景和理想心志上去观察和把握。

在我们生活的周围，有时也可以见到那种德香飘逸、令人肃然起敬的人。只要有这样的人在场，那么他周围就会散发着香气，气氛也会变得温和而开朗。与这种人在一起，会感到一种轻松和愉悦，诚挚和信任。这种情形，就是人们通常说的"熏陶"，它是人与人之间高尚的人格的互相影响。

约翰是美国纽约最著名的摩根银行的董事长兼总经理，他那总经理的宝座，为他换来的年薪高达100万美元。约翰年轻时只是一个小法庭的书记员，自从他遇到大财阀摩根，博得摩根的欢心后，从此飞黄腾达，成为全美瞩目的商业巨子。据说摩根挑选约翰担任这一要职，不仅仅是因为他在经济界享有盛誉，而且更多的是因为他的人格非常高尚的缘故。

梵德理出任联邦纽约市银行行长之时，他挑选手下重要的行政助理，也是以人格高尚为挑选的重要标准。贾费迪是一个从地位卑微的会计步步高升为美国电报电话公司总经理的，他常对人说的一句话是："人格是事业成功的最重要的因素之一。没有人能准确地说出'人格'是什么，但如果一个人没有健全的特性，便是没有人格。人格在一切事业中都极其重要。"

日本著名的商店经理林江健雄曾经说过："有些人生来就有与人交往的天性，他们无论对人对己，处世待人，举手投足与言谈行为都很自然得体，毫不费力便能获得他人的注意和喜爱。可有些人便没有这种天赋，他

们必须加以努力,才能获得他人的注意和喜爱。但不论是天生的还是后天努力的,他们的结果无非是博得他人的善意,而那获得善意的种种途径和方法,便是'人格'的发展。"即使一个人才高八斗,学富五车,但是,只有健全的人格,才能获得人们的喜爱和合作。因此,世间凡是智者贤人,常把人格的特征竭力地表现出来。

有的时候,有些人即使与我们偶尔相识,只有一面之交,也能引起我们的注意,使我们乐于与之交往,这是什么道理呢?他们之所以能打动我们,使我们善待他们,这又是什么原因呢?霍华德说:"这是一种不可言喻的两情相悦,它给予我们的,犹如芳香给予花儿一样。"这种人格,或许是我们看见了他们的目光,或许是我们看见了他们微笑,或许是我们看见和听到了他们的举止言谈。如果把这些"人格"结合起来,我们便得到一个印象,一个结论:是他的人格魅力感染了我们,我们非常喜欢他。因此我们在不知不觉之中,便和他们接近,成为朋友。在这过程中,我们的人格也得到了发展,而使我们愉悦的他们也一样。

第九章 水可载舟,亦可覆舟
——荀子的智慧与用人之道

对于一个企业,一个团队来讲,光有睿智的领导是不行的,还得觅得最得力的干将;对于一个人来说,光有满身才华是不够的,千里马还需要得到伯乐的赏识。如何用人?如何用对人?对于一个企业的兴衰成败具有举足轻重的作用。荀子对这一点是认识得相当透彻的。

人才：第一要素

【原文】 明主急得其人，而暗主急得其势。

【大意】 英明的君主急于求得治国的人才，昏庸的君主急于夺取权势。

在荀子看来，领导者，在访求人才时是劳累的，但使用人才之后，他就轻松了。

中国的古代史是十分奇怪的，一方面产生那样多正统的理论，而另一方面许多成功者又不是按这些理论去做的，尤其是封建帝王，更是如此，这就是"理论与实践"的矛盾。比如说，孟子讲"仁者无敌"，历代统治者对此也是众口一词，但真正行仁政的统治者并不多见，"上焉者尚且王霸杂之，下焉者不堪闻问。"倒是对于人才的招揽，历代统治者都做得不遗余力。为什么会这样呢？因为在中国历史上，得一士而国兴，失一士而国亡的例子屡见不鲜，因此，在统治者看来，招揽人才远比施行仁政来得快捷有效。

黄石公曾讲过这样一件事："从前太平的时候，诸侯有两军，方伯有三军，天子有六军。天下一乱就会发生叛逆，王恩枯竭就结盟、立誓相互征伐。当政治和道德力量势均力敌的时候，争霸的双方才会招揽天下的英雄。"所以说："得到人才国家就会兴旺，失去人才国家有灭亡之危。"

大千世界，各行各业，一个人无法博学多能，领导者必须领导形形色色的人，这就要求他将各行各业有才华的人推到领导岗位。荀子说，一个领导者，在访求人才时，他是劳累的，但使用人才之后，他就轻松了。汉高祖刘邦在洛阳宴请君臣，席上刘邦问："大家说实话，我所以得天下的原因何在？项羽所以失天下的原因何在？"

高起、王陵回答说，陛下派人攻城略地，并用来封给他们，和大家共享这种利益，项羽却妒贤嫉能，对有功者，加害他们，对贤良者，怀疑他们，战胜而不与人功，得地而不与人利，这就是他失败的原因。

刘邦纠正说："你们只知其一，不知其二。运筹帷幄之中，决胜千里之外，我不如子房；安定国家，亲抚百姓，供给粮饷，我不如萧何；率百万之众，战必胜攻必取，我不如韩信。我能任用他们，这是我所以得天下的原因。而项羽只有一个范增，还不任用他，这就是他所以失天下的原因。"

在汉末三国时代的群雄中，求才欲望最为强烈的应当属曹操。曹操最懂得人才的重要性。《三国演义》第三十三回写到曹操平定冀州后，亲自前往袁绍的墓地祭奠，众将感到奇怪，于是曹操向众将述说了他与袁绍在共同起兵讨伐董卓前的一段谈话。当时袁绍说："吾南据河，北阻燕代，兼沙漠之众，南向以争天下，庶可济乎？"曹操回答说："吾任天下之智力，以道御之，无所不可。"这里的"智"就是指谋臣，"力"则是指武将。可见初露头角的曹操，就把人才作为自己建功立业的根本。

曹操联络袁绍等人起兵讨伐董卓之时，便招募了乐进、李典、夏侯惇、夏侯渊以及曹仁、曹洪等一班武将。讨伐董卓失败后回到山东，更是大力招贤纳士。先是荀彧、荀攸叔侄应招而来，二荀又推荐了程昱，程昱推荐郭嘉，郭嘉推荐刘晔，刘晔推荐满宠和吕虔，满、吕二人又推荐毛玠。曹操的态度是不厌其多，来者不拒，一经推荐，马上委以重任。于禁、典韦两员大将也被他网罗而来。自此曹操文有谋臣，武有猛将，威震山东。可是曹操并不满足，他的胃口大得很，对于他用得着的人才，见一个爱一个，想方设法弄到手，称他为"人才迷"，一点也不过分。许褚、张辽、徐晃、张郃、庞德等勇将，都是被他运用各种手段网罗到自己队伍里来的。对于刘备新得的谋士徐庶，曹操甚至用拘其母、假造书信的方式弄到自己手里。对于长坂坡陷入曹军重围的赵云，曹操因见其武艺不凡，竟下令军兵不得放箭，只要捉活的，致使赵云杀出重围而去。曹操对由于误中敌方离间之计，或因激怒而错杀有用的人才，往往是懊悔不已。得力干将战死或病亡，曹操的悲痛程度比对自己亲人的亡故有过之而无不及，武将如典韦、文臣如郭嘉都是如此。为了不损害自己求贤若渴的形象，使更多的有用之人投奔自己，狂士祢衡裸衣击鼓辱骂曹操，曹操也不肯杀他，让他去刘表那里，借以借刀杀人。刘备一向有不居人下之志，曹操心

第九章　水可载舟，亦可覆舟——荀子的智慧与用人之道

里非常明白，手下多有劝曹操杀之以绝后患的，曹操怕落得个"害贤"之名而不肯下手。曹操为了使关羽投降，答应其提出的苛刻条件，为了留住关羽他费尽了心血。这些都表现了曹操异常强烈的求才欲望。

正因为对人才的重要性有着最为深刻的理解，因而曹操的求才欲望也是最强烈的。

除了上述曹操对待人才来者不拒的描述外，《三国演义》对曹操的求贤若渴还多有描述。官渡之战之初，形势对曹操十分不利。袁曹两军对峙，处于僵持状态。曹操不仅兵力少于袁绍，而且粮草也接济不上。曹操甚至萌生了退军的念头。许攸年轻时曾与曹操有交情，此时却在袁绍那里做谋士。但许攸在袁绍那里不仅得不到重用，反而遭人诬陷，被袁绍斥骂，百般无奈之下，只好弃袁投曹。许攸溜出袁绍的营寨径直奔曹营，被曹操的军卒拿住。许攸说："我是曹丞相故友，快与我通报，说南阳许攸来见。""时操方解衣歇息，闻说许攸私奔到寨，大喜，不及穿履，跣足出迎。遥见许攸，抚掌欢笑，携手共入，操先拜于地。"许攸慌忙扶起曹操说："公乃汉相，吾乃布衣，何谦恭如此？"曹操说："公乃操故友，岂敢以名爵相上下乎？"许攸说："某不能择主，屈身袁绍，言不听，计不从，今特弃之来见故人，愿赐收录。"曹操说："子远（许攸字）肯来，吾事济矣！愿即教我以破绍（袁绍）之计。"

一个人才前来投奔，身居丞相位的曹操，竟然高兴到了鞋子也顾不上穿，光着脚出迎的地步，而且还"抚掌大笑"，"先拜于地"，这段精彩的描述，把曹操的求才之渴的程度描述到了极点。

如果说三国时代的军事竞争，归根到底是人才的竞争的话，那么现代社会的竞争，无论是技术竞争、市场竞争、信息竞争，还是资源竞争，说到底也都是人才的竞争。要想在激烈的竞争中求生存、图发展，广泛地网络各方面的人才是至关重要的。人才不仅关系到一个企业、一个部门的生存发展，而且关系到一个国家的盛衰存亡。斯大林曾经说过："人才、干部是世界上所有宝贵的资本中最有决定意义的资本。"一个时期以来，我国经济领域流行这样一个口号："时间就是金钱，效率就是生命，信息就是资源，人才就是资本。"20世纪30年代初，美国更是深感知识、人才的重要，除在本国加速人才培养外，还从国外大量地引进科技人才。这些人才对美国的科技和经济的发展起了决定性的作用，最终使美国成为世界头号经济强国。第二次世界大战后，日本能够在一片废墟上一跃进军世界二号经济强国，与其自明治维新就开始重视人才的培养是分不开的。实践证明凡是在竞争中立于不败之地的企业，肯定都拥有一批出色的技术和管理人才。因此，现代管理者必须有强烈的求才欲望。

从另一方面讲，所谓人才，是指依靠创造性劳动做出较大贡献或具有较大贡献"潜力"的人，是人群中的精华。这样的人自然不多，往往淹没在广大的人群之中，发现并不容易。许多人才往往潜心于研究、学习，不善于交往，不引人注意。尤其是那些知识造诣很深的人，更是不喜欢抛头露面，炫耀自己，相当一部分人才恃才傲物，不轻易符合，不趋炎附势，甚至对领导者敬而远之。上述的各种表现确实是不可避免的客观存在，因此管理者若不进行深入调查、求访，人才是不会轻易被发现的。

人才是使公司能有效运转的最关键的因素，是公司重要的资产，他们是公司最重要的组成部分。关心他们，爱护他们，尊重他们是企业管理的重要部分。只有他们得到了保障才会全心地投入到工作中去。现代企业的发展无不得益于贤才，使事业获得成功的事例是很多的。可口可乐公司就是其中的一例。

可口可乐称雄于世界软饮料的历史已达上百年之久，其品牌价值也久居世界之冠。现在，每年销售达300多万瓶，年销售额近百亿美元，总公司仅控制0.31%的原汁专利权，每年的收入在9亿美元以上，它畅销世界100多个国家和地区，成为美国文化、美国精神的象征。难怪可口可乐的老板曾经夸下海口：有一天，可口可乐的厂房、机器设备化为灰烬。公司也没有一分钱了。但是，可口可乐会很快在这片废墟上重新崛起，因为他们有可口可乐这一无形资产做后盾。

在可口可乐公司成功的众多原因中，善于选拔人才、利用人才是其中的重要原因之一。

可口可乐成为美国第一大饮料品牌之后，一直受到来自各方面，特别是竞争对手的竞争压力和挑战。20世纪70年代以来，饮料王国的后起之秀百事可乐逐渐成长壮大，成为可口可乐公司的强劲的对手，一时间可口可乐的处境非常困难。

第九章 水可载舟，亦可覆舟——荀子的智慧与用人之道

为了摆脱这种困境，董事长罗伯特·戈苏塔采取了多项改革措施，其中一项就是人事改革制度。

罗伯特·戈苏塔就任董事长之后，他首先对可口可乐总部的高层领导集团进行了大胆的改组，减少了人数，调出一些表现平庸，缺少创见的高层管理人员，并从中层的经理中挑选出一些年轻干练、思想敏锐、有魄力的人，调到总部来，成为核心层的管理者和组织者。在选拔这些人才时，他特别重视寻找一些能够拓展海外市场和业务的骨干，使领导层更富于国际化。

埃及出生的阿尤布、德国人哈勒、阿根廷人布里安·戴森都是在这次调整中新吸收进来的。

罗伯特·戈苏塔的人才选择和调整策略在后来的事实证明中是非常明智的，这些人进入领导班子之后提出改革本公司原来的营销策略，建议把直销法改为分散销售法，这种方法是把长期沿用的由本公司推销人员直接销售，改为将可口可乐原汁交给全国各地或国外代理商，由代理商在当地加水、糖等配成可口可乐后进行批发零售。

直销法在可口可乐初创时期具有一定的意义，但随着社会的发展，竞争的加剧，这种推销方法已显得落伍。改用分散销售法后，当地人获得了好处，对扩大销售也很有利，同时，又可以节省大量的运费和储存费，使得成本大大降低，有利于竞争力的提高。

自从可口可乐采取了这一营销策略之后，不但国内的销售渠道扩大了，而且迅速地扩展到世界各地，到目前为止，可口可乐公司的营业额收入有65%来自海外。

可口可乐公司在戈苏塔的主持下纪律严明，员工工作认真负责，任何人在工作中表现不佳，都会被处分、直至开除。因为产品的特殊性，该公司规定，夏季员工不准休假，因为夏季是饮料的最佳销售季节。在此同时，公司还特别关心员工的生活，增加员工的薪酬，对表现好、贡献大的员工给予奖励和晋升，从而激发起大家努力为公司工作的热情。在戈苏塔的管理下，可口可乐公司很快走出了困境，步上发展的正轨。

可见，人才才是企业的命脉。企业间的竞争，从本质上说，是人才的竞争。选拔人才、使用人才是企业管理者最重要的大事之一，它关系到企业的兴衰胜败。戈苏塔深明大义，以选好人才，管好员工为核心工作，从而带动了全公司的各项工作的发展。

在科学技术飞速发展的今天，人才的重要性日益显著，任何组织的管理者如果没有对人才的需求欲望，恐怕很难有所作为。缺少求才的欲望，势必压制、埋没人才，使组织缺乏生气，员工积极性受挫。缺少求才欲望，容易任人唯亲，使组织内庸才成堆，人浮于事，是非滋生，效率不佳。缺少求才欲望，往往嫉贤妒能，其结果只能是决策经常失误，经营处处碰壁。

人力资源是企业的最大资源。企业的生存和发展，归根结底是靠人才的支撑，企业的利润，来源于人力资源的最大的发挥，众多成功的企业在其千差万别的理由中，都有一条最基本的因素，那就是有效的人才资源的开发。

日本东京吉信公司就有这样一个重视人才的成功典范。该公司有一个刚毕业不久的大学生大桥秀次。在刚刚进入公司时，被安排到基层工作。不久，他就显示出他工作中非凡的才华，这引起了总经理的注意。于是，总经理马上给大桥秀次加薪，并委以重任。为了表示对他的爱护，他甚至把大桥秀次的家人接到自己家里，把自己的住房让出一部分来。

大桥秀次本来想跳槽到其他公司，就任一个更高的职位，但总经理的这些做法，深深打动了他，他因此留了下来。

美国容器公司的董事长威廉·伍德希也上演了同样的例子，他的唯才是举，惜才若金，为企业创造了惊人的奇迹。

美国容器公司一直希望在金融界寻求发展的机会。长期以来，一直寻找不到合适的人选。后来，他看中了来自中国的金融奇才蔡志勇，为了得到这个人才，他不惜动用1.4亿美元，收购由蔡志勇为董事长兼首席执行董事的"联合麦迪逊"财务控股公司，并立即邀请蔡志勇出任容器公司的董事。

在此之后，蔡志勇凭借容器公司的强大财力和自己在金融界的经历及超人的智能和才华，在金融界进行了大手笔运作。在四年时间里，他为容器公司增加了十亿美元的资产，使得容器公司逐步形成了完整的金融体系和不断发展网络。

得民心者得天下

【原文】传曰:"君者,舟也;庶人者,水也。水则载舟,水则覆舟。"

【大意】古书上说:"君如船,百姓如水;水能使船安稳地行驶,也可以使船沉没。"

荀子在《王制》中谈到:传曰:"君者,舟也;庶人者,水也。水则载舟,水则覆舟。"说的是领导与群众的关系,古代圣贤深谙其中治乱之道,并总结出一条至理名言:得民心者得天下。

周文王侍奉商纣王,恭顺有礼,按时朝觐,上贡必厚,祭祀必敬。纣王很高兴,封文王为西伯,赐他千里封地。文王认为得民心必胜于得千里之地,于是,辞去封地,只求免除残害百姓的炮烙之刑。

齐桓公问管仲道:"当君主的人,以什么为贵?"管仲说:"以天为贵。"桓公仰而视天,不明白他的意思。管仲又说:"我所说的天,并非苍天。君主,应以百姓为天。百姓拥护,就能安宁,百姓辅佐,就能强盛;百姓反对,就很危险;百姓背弃,就要灭亡。如果百姓聚在一起埋怨国君,国家不亡,那是没有的事。"

齐国出使到赵国觐见赵威后,威后还没打开书信,便向使者问道:"今年收成好吗?你们的百姓好吗?齐王还好吗?"使者很不高兴,不解地问道:"我奉命出使越国聘问威后,可您不先问齐王如何,而先问年成与百姓,这岂不是把微贱者放在前面,把尊贵者摆在后面了吗?"威后回答说:"不是这样。如果没有年成,怎么会有百姓?如果没有百姓,怎么会有国君?那有丢开根本不问而去问细枝末节的呢?"

荀子说,马惊车了,坐在车内的人就不安稳;百姓惊惧政事,君主在职位上就不安稳。所以,做君主的就不能不爱民如子。

治理国家的人,能得到百姓效力,就富有;能得到百姓拼死而战,就强盛;能得到百姓称颂,就荣耀。

君王要想管理好臣民百姓,首先要利用仁德降服人的心志,广布自己的仁义于天下,臣子百姓自然归依,所谓得人心者得天下的就是这个道理。

三皇虽然没有传下惊天动地的伟大言论，但他们的仁德却遍布四海，所以天下老百姓不知把功劳记在谁的名下。君王的责任就是探索天地的规律，有言论，有法令，让天下太平。只有君臣谦让，互不贪功，德化四海，百姓才能悦服。古代的君王正是因为做到了降服民心，所以他们在使用群臣时虽没有那么多的礼仪法规、赏罚奖励，也能使四海和美而不互相伤害。

在现代企业管理中，我们可以把它变成"用人之道，当先得人心"。因此，企业的管理者要善于与员工沟通，才能有效调动员工的积极性。要想真正得到一个人的忠诚与归顺，必须从情感和良知上征服他，让他惧怕你，只是短时之功，而让人感激你则为永久之功。

美国的斯凯特朗电视公司总裁阿瑟·列维就是一位能体恤部下，爱惜人才的企业家。

为了研制闭路电视，列维录用了一位颇有才干的青年技师比尔。比尔一上任，就钻进实验室，整整干了一个星期。在工作最紧张的时候，比尔一连几天都不离开实验台，连饮食都是请人给他送去的。

实验告一段落后，疲惫已极的比尔好像老了十来岁，他倒床就睡，过了一天一夜才醒过来。看到因休息不足而眼窝深陷、神情疲乏的比尔，列维深受感动。他拉着比尔的手，真诚地说："我希望你改变一下工作方式，否则，我决定停止闭路电视的研制工作。"

"为什么？"比尔一时没有反应过来。

列维心疼地说："因为像你这样不分昼夜、不顾性命地工作，不等新产品问世，你就垮了。我宁愿不做这个生意，也不赔上你这条命。"

比尔为列维对自己的关心感到激动和宽慰。他说："不会的，我已经习惯了，凡搞我们这种研究工作的人都这样，已经习惯了。"

列维听了这话，眼泪都快流下来了。他有些伤感地说："是的，搞研究的人少有长寿者。但我希望你能节制一点。虽然我们相互认识时间不长，可我知道你已经竭尽全力了。对我来说，这就足够了，就算研究不成功，我也不会责怪你，你也用不着为此而自责。"

比尔对此非常感动，萌发出一种愿为列维"赴汤蹈火"的豪情和勇气，这以后，他一如既往，夜以继日地工作。

不到半年，闭路电视终于研制成功。这项新技术的问世，为斯凯特朗电视公司的进一步发展奠定了坚实的基础。

要攻知识人才的心，不仅要关心他们的身体，关心他们的生活，更重要的是要做他们的知己。"人生得一知己足矣，斯世当以同怀视之。"只有当管理者与知识人才成为知己，无论是合作，还是贡献都将是不成问题的。

知人善任

【原文】 能当一人而天下取，失当一人而社稷危。

【大意】 能恰当地任用一个人就可以取得天下，不能恰当地任用一个人国家就危险了。

用人得当，工作就一帆风顺，反之，就会举步维艰。大才有大用，小才有小用，一个领导者，就要善于使部属人尽其才，物尽其用。

齐国有个间丘邛的人，年方十八，他求见齐宣王，希望在朝廷谋个职位。

宣王说："你年龄太小，不能任用。"

间丘邛说："你这样说就不对了，古有颛顼，行年十二有治天下，秦项橐七岁，为圣人师。由此可见，你只能说我没有本事而不用，不能说我年纪太小而不用。"

宣王说，"没有见过小马驹载重运行，同样，人也需要等到成熟以后方能为国所用。"

间丘邛说："你说得不对。寸有所长，尺有所短。骅骝骐骥，天下骏马，让它们与狸鼬在炉灶间赛跑，骏马的速度未必能超过狸鼬。黄鹄白鹤，一举千里，让它们与燕子、蝙蝠在堂屋间比飞，鹄鹤未必能有燕子、蝙蝠的灵便；辟间巨阙，天下利器，击石不缺，刺石不锉，但要扫出眼中的灰尘，它未必抵得上麦芒钢草，由此看来，年长的人与我何异？"

宣王说："你说得好！你为什么这么晚才来见我呢？"于是授他以官职。

可见，人才的高低并不能以年龄的大小来作判断，每个人都有他的长处，因此企业经营者要做到"善任"，可先从发挥人的作用入手。按需任才，人事相宜。因为用人的目的，是为了让他出色地去完成某项任务。如果我们丢开了要他去做的具体任务，而把注意力放在计较人的缺点，特别是过多地去议论那些与要求完成的工作并无多大关系的缺点，这样就使任用人的标准失去合理的依据，如果以一些与工作无关的次要因素上升为衡量人才的标准，甚至可能使这些"附加条件"成为可以按个人好恶任意伸缩的框框，限制或埋没了许多可以出色完成任务的人才。

所以，经营者要善任就决不能依人论人，而必须依事论才按需任才。领导者在用人之前，首先应根据所需完成的任务的性质、责任、权限及完成这项任务的人员所必须具备的基本条件等因素，认真加以分析，提出明确的要求。然后，根据下属的特点和长处，分别加以任用。

有关知人善用，曾国藩重用容闳就是一个很好的例子。

曾国藩曾重用并委派容闳赴欧美采购机器。容闳是广东香山县人，自幼接受西方教育，早年留学美国耶鲁大学，后入美国籍。李善兰、华蘅芳、徐寿等人都向曾国藩举荐过他。尽管容闳曾向太平天国的干王洪仁玕上书过，提出过发展资本主义和七项建议，以后又与太平天国多次做过茶叶生意，但曾国藩对此却并不怪罪。

曾国藩接连三次发出邀请。35岁的容闳初次登上总督衙署大门，次日便受到了曾国藩的接见。曾国藩在了解容闳的经历和学识以后，认为他确是个既了解西方又有胆识的人才。在问及当前对中国最有益、最重要的事情当从何处着手的问题，容闳答以莫过于仿照洋人建机器厂，尤需先办制造工作母机的工厂。

曾国藩十分赞许，及时拨发巨款，委派他赴欧美采购机器。多年来一直在异国他乡做着中国富强之梦的容闳，受命之日，十分感奋。一年后他从美国采购来的机器，就安装在当时中国最大的军事企业——江南机器制造局中，为发展中国的资本主义起了一定的促进作用。

事业为本，人才为重。经营者要真正做到"善任"，首先应该从事业的全局出发，充分考虑人才的具体特点，把他放在合适的岗位上，假如不把人的才能用到最能发挥其作用的地方去，那对人才是一个压制，对事业

是一种极大的损失。

美国有位女专家叫波特夫人,她善用、巧用人之缺点,从而使她的领导和管理系统化、科学化。她曾派一位心理学家和一位社会学家,对其手下进行智力调查。社会学家向她汇报说:你这儿的人有两种:一种是线性思考的人,一种则是系统思考的人。线性思考的人直来直去,领导叫干什么就干什么;系统思考的人能全面地看问题,很快就能抓住问题的要害,决定自己的行动。而心理学家向她汇报说:你手下的人有两种,一种是热情的人,一种是吹毛求疵的人。波特夫人,综合两人的意见,做出了这样的人事安排:线性思维又热情的人,去做技术培训教师,他一定会乐于教书;线性思维而又爱挑毛病的人,去当警察,他一定会爱管闲事;系统思维而又热情的人,请他当领导、顾问,他一定既高瞻远瞩又埋头苦干;系统思维而又爱挑毛病的人,请他去做监理,谁干得怎样,他会一目了然。这样,就做到了各得其所,各避所短。在一般人眼里,直来直去、吹毛求疵,也许都是缺点、短处,但是在波特夫人眼里,这些缺点和毛病同时也是长处和优势,关键在于善用、巧用这些缺点和毛病,使之恰到好处。

每个人的长处和才能都有其特定类型。有的擅长分析,有的精通理财,有的善于交际。特定类型的才能应与特定的工作性质相适应。工作对人的要求不同,才能与职务相称。

当然,用人所长,并不是对人的短处视而不见,更不是任其发挥,而是应做到具体分析,具体对待。有些人的短处,说是缺点其实并非完全确切,因为它天然就是和某些长处相伴而生的,它是长处的一个侧面。这类"短处"不能简单地用"减去"消除,只能暂时避开,关键在于怎样利用它。用的得当,"短"亦即长。

懂得授权

【原文】 今以一人兼听天下，日有余而治不足者，使人为之也。

【大意】 当今君主一人听断天下所有事情，每天还有空闲，而要处理的事不多，这是由于他役使别人去做的缘故。

如果你是一位上司，你应该尽量向自己的下属授权，交给他们任务和职责，也赋予他们相应的权利。

领导的工作就在于确定整个团体的方向和目标后，安排和监督自己的部下为了这个既定的方向和目标努力奋斗。什么叫高明的领导？说穿了，就是那种能合理授权的领导。比如刘邦，他的高明之处就在于他只是指挥手下的精兵猛将去战斗；项羽之所以称不上高明，是因为他尽会冲锋陷阵，大逞匹夫之勇，最后只能发现"时不利兮骓不逝"的感叹了。

授权他人是一种能够让你花较少的时间，做更多事的利器。你可以依靠别人代你去做，而在短时间内多做一点事。

可是，别以为授权制是一种推卸责任或卸重担的方法，它的作用是让你集中所有力量，以便控制自己的时间。当你派遣别人做事时，你同样也可以影响到他。在这种情况下，你以自己的职务和身份去运用他们的时间，这跟运用你自己的时间是一样的。

一些公司管理者不能有效运用授权制的常见借口是，单位里缺少训练优良、合格的人才。我们经常可以听见有人这么说："我真是找不到可以委托的人。"你还可以找到一些同样的借口。可是缺乏合格的人才并不是产生这种现象的根本原因。

比如说，有一所学校。校领导因为工作太多并找不到合适的人手帮忙

而疲惫不堪。他们经常抱怨缺少受过训练、合格的人才。然而，认真分析研究后，他们开始明白，那是因为他们没有授权的习惯，因此不去为他们的下属创造接受训练的机会。在某些情况下，领导者们十分刚愎自用，他们甚至不让下属利用目前已有的训练机会。

授权制是常被用来减轻工作负担与及时完成工作的利器。但也只有在你不断发现人才，不断要求他们、提高他们的经验和工作时，它才发生效用。事实上，训练和授权是一个问题的两个方面，相辅相成。

举例来说，一个工作过度的主管，突然被公司赋予更多的监督责任。在此以前，他一直是全天工作，所以他唯一能抽出时间去应付新工作的方法，就是减掉工作负担与及时完成工作的利器。但也只有在你不断发现人才，不断要求他们、提高他们的经验和工作能力时，它才发生效用。事实上，训练和授权是一个问题的两个方面，相辅相成。

举例来说，一个工作过度的主管，突然被公司赋予更多的监督责任。在此以前，他一直是全天工作，所以他唯一能抽出时间去应付新工作的方法，就是减掉一些原有的工作。而授权是解决这一问题的最好工具。此外，因为权责的加重，使他朝公司的领导核心更进一步。可是除非他有一位或更多的下属能替他分担，否则他永远也到达不到那种地位。授权在这里同样也是最好的工具。

另一个案例提到，有位家庭主妇平时十分注意训练他的子女整理自己的房间、自己倒饮料，自己换衣服、脏衣服放进洗衣篮里，以及就家里现有的食物拟一份菜单。由于她让子女自己去处理这些琐事，所以她能充分利用自己的时间，同时也使子女熟悉了家务劳动，并增强了劳动能力。

事实上，授权会使你把精力集中在主要工作上。刚开始授权可能有些不习惯，因此你可以先关注你的代理人，慢慢放手让他做。另一方式则是你断然地、完全放手，最后则甩掉这工作。但是，不管怎么做，记住：唯有充分授权，你才更有可能摆脱掉该授权给下属的工作。

当然，授权也并非万全之策。尽管授权为你省下许多时间，让你做更重要的事，但它有时也可能会打乱你一天的时间。比如说，假设你接到一封信、一张小纸条或备忘录上面记些要你做的事。于是，你为了要把优先的事情做得更好，你决定找人代劳。那么就有可能发生下面这些事情。首先，你得打电话给你所要委托的人（打扰了他们的时间）。然后你想让进程更快一些（浪费了你自己和代理人的时间）。最后，你正式分派工作（你可以更有效地运用时间）。更糟的是，你可能在一天中一再重复这些活动，浪费了更多的时间。

因此，较好的方式就是先把授权列入时间表里。当你打算把工作交给某人做时，约他和你谈谈工作的内容，然后在你的"每日备忘录"中记下讨论的重点。如果时间匆忙的话，你可以将约会定在那一天晚一点的时候。不过，大部分时候，你因集中授权时间而获益不少。即使你委托的对象有好几个人，也要等到你有数项工作要分派时再一起去作。如果你排定授权时间去分派工作的话，你就可以好好利用每个人的时间。

第九章 水可载舟，亦可覆舟——荀子的智慧与用人之道

独断专行是用人大忌

【原文】信而不见敬者，好专行也。

【大意】守信用而不被人尊重，是由于喜欢独断专行。

作为一个领导要善于征求和采纳别人的意见，独断专行是用人之忌。一个领导者能力的强弱，关键在于他是否能够与属下很好的合作，调动他们的积极性，让他们为你贡献意见，并能从中听取这些意见，得到益处。征求意见的能力，是成功领导者的一个显著的特征。关于这一点，美国的钢铁公司总经理加利说得很直截了当，"我乐于听取别人的意见，尤其喜欢听反面意见，在这一点超过别人很多。"

作为领导者，千万不要认为作为一个领导应该摆摆架子，认为自己很能干就应该不要别人的帮助，不听别人的话。要知道，作为领导者，你的优势就是可以无偿地从四周许多人那里得到帮助，如果你蔑视了此种机会，结果肯定是自己损失多多。

对于管理者来说，有效地与下属进行沟通是非常关键的工作。任用、激励、授权等多项重要工作的顺利展开，无不有赖于上下沟通顺畅。

良好的沟通还是管理者与员工之间感情联络的有效途径，沟通的好与坏，直接影响着员工的使命感和积极性，同样也直接影响着企业的经济效益。只有保持沟通的顺畅，企业的管理者才能及时听取员工的意见，并及时解决上下层之间的矛盾，增强企业的凝聚力。

作为现代企业的管理人员，麦当劳的领导层意识到上下沟通的好与坏，直接影响公司的经济效益。虽然麦当劳的"利益驱动"起了很大的刺激作用，但麦当劳内部最大的团结力完全不在于以金钱为后盾，而在于所有员工对麦当劳的忠诚度和对快餐事业的使命感。忠诚度和使命感来源于麦当劳几代高层领导体恤下情、与员工同甘苦的管理品质和管理素质及难以抵挡的个人魅力。他们通过频繁的走动管理，既获得了丰富的管理资料，又可通过与数百人以私人朋友交际，达到很好的沟通效果。

在克罗克退休以后，由于麦当劳的事业迅速壮大，属下员工数也越来越多，企业高层忙于决策管理，一定程度上忽视了上下的沟通，致使美国麦当劳公司内部的劳资关系越来越紧张，以致爆发了劳工游行示威，抗议工资太低。示威活动对麦当劳公司的高级经理们构成了巨大的冲击，令他们重新认识到加强上下沟通，提高员工使命感和积极性的重要性。

针对员工中不断增长的不满情绪，麦当劳公司经过研讨形成了一整套缓解压力的"沟通"和"鼓舞士气"的制度。麦当劳认为与服务员的沟通是极其重要的，它可以缓和管理者与被管理者之间的冲突，提高工作人员的积极性。而如果忽视了与员工的沟通，不管有什么理由，都会阻碍企业命脉的畅通，使企业不知不觉陷入麻痹而失去许多机能。

于是麦当劳任命汉堡大学的寇格博士解决沟通的理论问题，而擅长公共关系的凯尼尔为公司解决实际操作问题。他们很快就有了成果。凯尼尔请约翰·库克及其助手金·古恩设计的"员工意见发表会"变成了麦当劳的"临时座谈会"制度。这种形式在解决同员工的沟通问题上起着特别重要的作用。

临时座谈会的目的是为了增强与员工的感情联络。会议不拘形式，以自由讨论为主要形式，虽以业务项目为主要讨论内容，但也鼓励员工畅所欲言甚至倾吐心中不快。工作人员可以利用这个机会指责他们的任何上司，把心中的不满、意见和希望表达出来。所有服务员都抱着很高的积极性参加座谈会。实践证明，这种沟通方法比一对一的交流更加有效。

听取别人的意见并不是一件难事，他们提供给你意见，你疑心他们有什么用意吗？如果你要从别人意见里得到最大的益处，就不可退缩、急躁、多疑。要养成利用别人意见的习惯，要懂得用别人的脑子办事。他们已经在他们的意见上花了很大的代价，如果他们愿意告诉你，你为什么不接受呢？要想成为一个英明的领导者，千万不要自以为是，独断专行，而要多与下属沟通。

任人唯亲不可取

【原文】 人主则外贤而偏举，人臣则争职而妒贤，是其所不言之故也。

【大意】 君主排斥贤能的人而任用自己偏爱的人，臣子争夺职位而妒忌贤能的人，这就是君主、士人千年来不能在一起的缘由。

在中国这个封建主义传统非常浓厚的国度里，"裙带"思想是用人制度中的害群之马，而领导者又往往喜欢任用自己偏好的人作为自己的亲信。俗话说："一人得道，鸡犬升天。"封建官场历来如此行事。

"任人唯贤"和"任人唯亲"两条用人路线的对立和斗争，一直与社会历史的发展交织在一起，并演变出多种形式。一是表现为非亲不选，非亲不用。在一些单位，个别领导为培植个人势力，把五亲六眷、七姑八姨都放在了重要部门，形成了一个强大的关系网络，左右着整个组织，影响极坏；二是用人只愿挑选老同学和老熟人，不管标准够不够，都进行提拔，而有真才实学的人却因为不属于"嫡系"而得不到重用；三是主观主义，以领导者个人的好恶来决定用人，只要是对自己有用，能顺从自己的，即使不符合条件也作为任用对象。这不仅压制了人才，也为那些投机钻营的人提供了市场。

现代许多民营企业，由于搞家族管理，而导致企业倒闭的事例也屡见不鲜了。"任人唯亲"不仅束缚了领导选人的视野，而且还是导致徇私舞弊等腐败现象源头。

荀子对于这种问题，又说："人主故不广焉，无恤亲疏，无偏贵贱，唯诚能之求？"君主为什么不能做到广招贤士，不顾及亲疏，对贵贱不存偏私，只访求真正贤能的人呢？

企业能否发展决定于有没有人才可用。古代问鼎中原者，人才济济的则取得成功，缺乏或无人才辅佐的则招致失败，而人才的有无，取决于能否唯才是举而用之。

在古时候，纵横家苏代在和燕昭王的谈话中，论述两种人的不同作用：一种是品行好的人。孝如曾参、孝己，信如尾生高，廉如鲍焦，当然是品行好的人。但是苏代认为像曾参、孝己这样的孝子，只不过是善养其父；像尾生高这样讲信用的人，只不过是不欺骗人；像鲍焦这样廉洁的人，只不过是不偷人钱财。一种是具有才能的人。这种人有进取心，想有大作为，苏代说他就是这种人。苏代将这两种人进行对比，他认为前一种人，只是在德行上自我完善，虽然他们德行完善，却缺乏进取之心。而具有进取心的人，才有建功立业宏愿，才能辅助君王成大业，才于国于民有利。

西魏大丞相宇文泰深知人才的重要。在当时动乱的年代里，宇文泰知人善任，反对"州郡大吏，但取门资"而"不择贤良"的做法，主张选才"当不限荫资，惟在得人"，提拔重用了有真才实学的苏绰等人。苏绰，陕西武功人，才华出众，经人推荐，担任了行台郎中。宇文泰通过接触和了解，感到苏绰有才学，就找了个机会把他留下来交谈。过后，宇文泰对属官周惠达说："苏绰真乃奇士，我将把政务委任给他。"不久，苏绰被擢升为大行台左丞，参与国家机密要政，越来越受到宇文泰的宠信和厚待。后来，苏绰成为宇文泰的重要助手，帮助他大力改革官制、颁行均田制、创立府兵制，从而使西魏一天天强大起来，为北周政权的建立奠定了基础。

唯才是举的关键还要看举荐人，举荐人的品质直接影响了被举荐人前途。被人誉为"半部《论语》治天下"的北宋宰相赵普在宰相位几十年，曾对北宋的建立和巩固做出了巨大贡献。在荐贤用人上，他也是不遗余力。一次，赵普举荐某人为官，宋太祖不许；第二天复荐，仍不许；第三天再荐，宋太祖大怒，撕碎他的奏章，掷之于地。赵普脸不变色，默默地跪在地上，把残牍碎片一一拾起，然后还朝回家。第四天，他补缀好旧牍，更奏如初。宋太祖明白了赵普的苦心，终于任用所举之人。又一次，有几个臣僚应当升迁，宋太祖一向厌恶这些人，不予批准。赵普却再三请命。宋太祖很生气，说："朕偏不准这些人升迁，看你有什么办法？"赵普据理力争，说："刑以惩恶，赏以酬功，古今通道也。且刑赏天下之刑赏，非陛下之刑赏，岂得以喜怒专之。"宋太祖怒不可遏，起身走入后宫。赵普紧跟不舍，来到寝宫门前，恭立等候，久久不肯离去。宋太祖无奈，只得谕允其请。

赵普为了国家利益，不依君主一时好恶和自己个人得失，再三举荐人才，使真正的人才得到了重用，留下了力荐举才的美谈。

第九章　水可载舟，亦可覆舟——荀子的智慧与用人之道

用人有度,提拔得当

【原文】尚贤使能,而等位不遗。

【大意】尊崇贤人,使用能人,所给的等级地位与他的贤能相当而没有一点差错。

在荀子看来,没有德行的人不能使他有显贵的地位,没有才能的人不能授予他官职,没有功劳的人不能给予奖赏,没有犯罪的人不能施加刑罚,朝廷里没有靠侥幸得到官职的人,老百姓没有靠侥幸得过且过的人。论功行赏乃天经地义的事情,一个有能力的人,一个有成就的人,是应该得到快速升迁机会的。但是请别忘记,人与人是相互影响的,提拔一个人往往会影响到其他人,若提拔不当,就会破坏公司人事关系的稳定,得罪公司其他员工,还可能因此而失去受提拔者。因此,在提拔一个人时,要慎重考虑以什么样的速度提拔,提拔到哪一个位置,方不影响其他人的情绪。

法国有一家公司在提拔一个年轻人时就处理得极为艺术。这位年轻人才干非凡,刚来公司几个月其才华与能力就得以凸显,使其上司显得黯然失色。这样的年轻人显然应得到提升。但是,如果将他提升至他上司的位置或超过这一位置,很可能会引起争议,造成不好的影响,但如果不提拔,又可能使这个青年的才华不能更好的展示。经过讨论决定将这位年轻人调至远离总部的某个驻外国代表处任主任。这实际上连升了三级,但公司内却没有人太注意,从而也没有反感与牢骚,年轻人如鱼得水,聪明才智得到极大的发挥。

不同的人有不同的眼光,有些人比较急功近利,往往只顾眼前利益,这种人目光短浅，虽然会暂时表现得相当出色，但是却缺少一种对未来的把握和规划能力，做事只停留在现有的水平上。如果老板本身是目光远大的人，对自己的公司发展有一个明确的定位，并且需要助手，那么这种人倒是很好的选择，因为这类人最适合于被老板指挥运用，以发挥他的长处。

一个能共谋大事的合作者往往能在某些重大问题上提出卓有成效的见地，这样的人是老板的"宰相"和"谋士"，而不仅仅是助手，如果老板能找到这样的人，那么对事业的发展无疑是如虎添翼。

心思缜密的人往往能居安思危，能考虑到可能发生的各种情况和结果，而且很明白自己的所作所为；这种人往往也很有责任感，会自我反省，善于总结各种经验教训，他的工作一般是越做越好，因为他总能看到每一次工作中的不足，以便于日后改进。如此精益求精，成绩自然突出。虽然有时候这类人会表现得优柔寡断，但这正是一种负责任的表现，所以作为一个老板，大可放心地把一些重任交给他。

协调一个公司就像协调一支球队一样，有相互合作，也有明确的分工。有的人对于本职工作干得兢兢业业，不辞劳苦，但是老板却不能把重大的任务交给他们，这是为什么呢？

这就是领导者必须明白的：有些人只能做一些小事而不能期望他们做大事情。因为这些人往往偏重于某一技术长处，却缺乏一种统御全局的才能，所以绝不能因为小事办得出色而把大事也交给他来做。善于做大事的人行事果断而犀利，安排各种工作游刃有余，能起到核心作用，受到人们的尊敬。善于做大事的人不一定能做小事，而小事做得出色的人也不一定能做大事，作为老板一定要明辨这两类人，让他们各司其职，分工协作，才能取得最大的效益。

有的人有些小聪明，往往能想出一些小点子把事情点缀得更完美，这类人看上去思维敏捷，反应灵敏，也的确讨人喜欢，但老板对其不能完全放权，因为一旦放任他的小聪明就有可能聪明反被聪明误。但是也有另一些人，表面上看并不聪明，甚至有点傻的样子，却往往能大器晚成。对于这类大智若愚的人，老板一定要有足够的耐心和信心，绝不能由于一时的

无为而冷落他甚至遗弃他,因为这类人往往能预测未来,注重追求长远的利益。既然是长远的利益,也就不是一朝一夕所能达到的。信任他并给予重任,而不能让这类宝贵的人才流失。

口若悬河,滔滔不绝的人未必就是能担当大任的人,而且这种人常常并没有什么真才实能。他们只能通过口头的表演来取信别人,抬高自己。

真正有能力的人,只讲一些必要的言语,而且一开口就常常切中问题的要害,这种人往往谨慎小心,没有草率的作风,观察问题也比较深入细致,客观全面,作出的决定也实际可靠,获得的成果也就实实在在。所谓"真人不露相,露相非真人"讲的就是这个道理。

所以一个领导者应该注意一些少言寡语的人,因为他们的话语往往最有参考价值。切不可被一些天花乱坠的言语所迷惑,这也是一个成功的老板所应该具有的鉴别力。

因此,在提拔一个人时,要慎重考虑以什么样的速度提拔,提拔到哪一个位置,方不影响其他人的情绪,这才是正确的用人方式。

以仁德降服民心

【原文】 仁眇天下，故天下莫不亲也。

【大意】 仁爱高于其他诸侯，所以天下的诸侯没有不亲近他的。

君王的德行是吸纳人才的法宝，一个品行端正的君王统治国家，才会受到子民的拥戴，反之，一个奸佞伪善之人一统天下，迟早会被民众蜂拥而推之。所以，有德才有天下，失德则失天下。

为君者都期望成为一个万民称颂、流芳百世的英明君王，但纵观历代君王能盛名万世的寥寥无几，探察他们成败功过原因，一个很重要的方面就是他们很能做到礼贤下士。为君者常省身能仁义理智，征服人心；善于聚拢人才，明察秋毫，英明决断。

那么，为君者该怎样做，才能降服人的心志呢？其方法就是制定以防衰败的政策，为政清明，巩固兵甲，不发生战乱，天下太平，君不疑臣，臣不疑君，国家稳定，人主安详，群臣进退有序，从而达到美好而无害的大治景象，人心自然归依。

人心齐，泰山移。臣民若齐心协力，就能转败为胜，变劣势为优势。

韩信在评价项羽时说："项羽所过之处，残害生灵，百姓不顺从，就用暴力劫持压服。名义上是霸主，实际上丧失了天下人心。所以说：项羽的强大很容易衰弱。"后来，果然如此，项羽因失掉了民心，而失去了天下。

诸葛亮在给处于劣势地位的孙权出谋划策时说："荆州的百姓归顺了曹操，实际上是迫于兵势，并非心悦诚服。现在将军（孙权）只要命令猛将与刘备同心协力，一定能打败曹操。"孙权采纳了诸葛亮的意见，最后以弱胜强。

可见，人心不服，优势很容易被打破。而获得人心的方法则是君王的

德行。

王莽在称帝为君之前，看上去谦恭礼让又才智不凡，颇具名士之风。但当他登上了皇帝的宝座后，就变得居尊傲慢，荒淫残暴，俨然成了一个暴君恶徒。

对于王莽的品性，虞世南给予的评价是："王莽是一个生性残酷、奸诈、虚伪的人。没有发迹的时候，沽名钓誉；得志之后，骄横狂傲，目中无人。当伪装的画皮被撕掉后，他的本质就暴露出来了。他不听劝阻，盲目自大，至死不知悔悟，残暴的统治使四海冤狱重重，怨声载道，最终只能被光武帝清除了。"

王莽的变化并非完全是他自身的原因，班固对于他的变化是这样认识的，他说："王莽出身外戚，最初降低身份，踏实能干，以此沽名钓誉。汉成帝、汉哀帝在位的时候，他勤勤恳恳，为人处事正直谦恭，处处被人称道，很难让人相信他是孔子所说的那种'在国有名，在家有誉，口头上仁义厚道，行动上背道而驰'的伪君子。但人的本性是难于改变的，王莽本质上是一个不仁义并有邪佞之术的人，再加上他的四位叔父等都是世代权臣，拥有很大的权力，他凭借父辈的势力，又赶上汉室正处在衰败之际，皇位三次形同虚设，而王太后寿命又长，长期作为他的靠山，这些都成为他能玩弄奸诈权术的条件，并最终促使他夺位篡权。由此推论，王莽篡位也是天意如此，不是人力所能完全做到的。

王莽篡夺了政权之后，他所占据的地位对他而言是不利的，刚刚被颠覆的情势比夏桀、纣王更险恶，然而他却熟视无睹，若无其事地自命黄帝、虞舜再世。面对国难当头，他只知依仗其威势和诡诈，荼毒生灵，他的行为令全国哗然。百姓的生活不再安乐，朝政失调，群臣愤恨，最终，众叛亲离，四方举事，城池失守，国家分崩离析，全国的城镇成了废墟。纵观有史以来的乱臣贼子，无道之人恐怕没有谁比王莽更厉害了。像他们这些色秽声淫，气数短命之辈，其实就是准备好要给贤明的帝王扫清道路当垃圾的。"

王莽的虚伪奸诈是使他不能为君良久的原因，所以，一个君王，不能只图虚有其表，而是要有真正的雄才谋略，具备仁德宽厚的品性；身居其位，要谋其政，依仗权势，镇压荼毒百姓不能定国安帮，反而会加速君权的灭亡；礼贤下士，兼听则明，得道多助，天下易得，傲慢自大，盲目自负，失道无助，天下易失。

第十章 做好老板的"腹中虫"
——荀子的思想与现代企业的评价体系

企业拿什么标准来衡量员工?员工又以什么标准来为自己定位?优秀的员工不仅能替老板分忧解难,更重要的是要有自己的原则。其实,圣哲荀子早在几千年前就给了我们下了评判的标准。

忠诚最可贵

【原文】 忠信以为质，端悫以为统。

【大意】 以忠诚作为人的本质，以正直诚实为准则。

作为老板，他们最喜爱什么样的员工呢？毫无疑问，是忠诚的员工！如果员工不忠诚，老板就有如坐针毡的感觉，这样势必影响老板对员工的信任，一些重大的事情就不敢交给员工去做，员工要想得到提拔和受到重视就很难。

在这个世界上，有能力的人到处都有，但那种既有能力又忠诚的人更显弥足珍贵，也才是每个企业渴求的最理想的人才。

在父母、导师、雇主或其他人的眼中，一个人最可贵的品质恐怕就是忠诚了。关于这一点，许多人的观念中好像都存在着一个令人费解的误区，他们几乎都说不管他们从事什么样的工作，只要他们把工作做好就行了，至于其他的因素可以不予考虑。

当然，大多数的年轻人对自己的雇主还是怀有一定程度的忠诚之心，至少对于他们现在所从事的工作是这样的。但这样的忠诚在很多时候都表现得极其不够。甚至还有一些员工，故意在他们的监督者不在的时候把事情弄得一团糟，这样的人是绝对不能信任的。

在对雇主的忠诚方面，不仅表现在我们应该做好分内的事情之外，还应该表现出对雇主事业兴旺和成功的兴趣，不管雇主在不在场，都要像对待自己的东西一样照看好雇主的设备和财产。一些员工有这样的倾向，那就是如果老板把所赚的利润都给他的话，他将比平时更加勤奋、谨慎、节俭和专心，他们永远也达不到想象中的那种成功。

有的人，如果说他对雇主的忠诚不足，他会这样辩解，忠诚有什么用呢？我又能得到什么好处？这种人就是错误地理解了忠诚的含义，要知道忠诚并不是为了增加回报的砝码，如果是这样，就不是忠诚，而是交换。人们宁愿信任一个虽然能力差一些却足够忠诚敬业的人，而不愿重用一个朝三暮四、视忠诚为无物的人，哪怕他能力非凡。如果你是老板，你也会这样做的。

一个不忠诚的人，即使能力很强，但他由于没有以工作为己任，因此在干活的时候很容易敷衍了事，当一天和尚撞一天钟，从来不愿多做一点儿工作，但到了玩乐的时候却是兴致万丈，得意的时候春风满面，领工资的时候争先恐后。比如修好墙上的一个破洞，帮老板把几箱货物放在该放的地方，随时记下几笔零碎的账目，都只不过是举手之劳，却可以给老板省下很多时间和金钱，但他们就是不愿意这样做。如果是自己的生意，你会袖手旁观、置之不理吗？当然不会，那么受人所雇，就不应当尽力而为吗？有些人做事马马虎虎，懒懒散散，因为他们觉得即使做事兢兢业业也得不到什么好处，这些人最好读一下一个有着忠诚和奉献精神的仆人的故事。

有这样一个故事，一位王子在路过一间公寓时看到一个仆人正紧紧地抱着他主人的一双拖鞋睡觉，他上去试图把那双拖鞋拽出来，却把仆人惊醒了。这件事给这位王子留下了很深的印象，他立即得出结论：对小事都如此小心的人一定很忠诚，可以委以重任，所以他便把那个仆人升为自己的贴身侍卫，结果证明这位王子的判断是正确的。那个年轻人很快升到了事务处，又一步一步当上了本国的军队司令，最后他的美名传遍了整个西印度群岛地区。

那么，忠诚的标准应该是什么呢？就是不要指望有任何不需付出的回报。忠诚是一条双行道，付出一份忠诚，你将收获双倍的忠诚。巴顿将军的回忆录里说他于1943年7月18日从西西里发出的一封信里，读到这样一段话，不久前的某一天，威廉·达比上校被提升为一个团的团长。级别提升了一级，但他拒绝接受，因为他愿意与他训练出来的士兵待在一起。同一天，艾伯特·魏德迈将军请示降为上校，为的是能够去指挥一个团。

我说这两种行动都很棒。威廉上校为了忠诚于自己的员工而甘愿放弃晋升的机会，他的员工必将对他更加忠诚。但前提是，他的那些部下首先是对他忠诚的。一个不忠诚的员工永远不会有遇到这样的老板的幸运。

忠诚是人类最重要的美德，也是优秀员工必备的品质。那些忠诚于老板、忠诚于企业的员工，都很努力工作。在本职工作之外，他们还积极地为公司献计献策，尽心尽力地做好每件力所能及的事。而且，在危难时刻，这种忠诚会显现出它更大的价值。能与企业同舟共济的员工，他的忠诚会让他达到我们想象不到的高度。

大部分的员工说做事都是为了雇主而做。老板出钱我出力，本该如此，实则是为了自己。因为忠诚的人能从工作中学到比别人多的经验，而这些经验便是员工向上发展的踏脚石，就算员工以后从事不同行业，员工的工作方法也必会为员工带来帮助！因此，以老板的心态对待公司的人，从事任何行业都容易成功。

有人天生就有忠诚精神，任何工作一接手就废寝忘食，但有些人的忠诚精神则需要培育和锻炼。如果员工忠诚精神不够，那么就应趁年轻的时候强迫自己敬业——以老板的心态对待公司！经过一段时间后，忠诚就会成为员工的思想品质。

忠诚成为自己的思想品质之后，或许不能立即为你带来可观的好处，但可以肯定的是，没有忠诚精神，他的成就相当有限，因为他的散漫、马虎和不负责任的做事态度已深入他的意识与潜意识。做任何事他都会有随便做一做，结果可想而知了。如果到了中年还是如此，就会很容易蹉跎一生！

尽职尽责才能尽善尽美

【原文】 鞠录疾力,以敦比其事业,而不敢怠傲,是庶人之所以取暖衣饱食,长生久视以免于刑戮也。

【大意】 谨慎老实忠厚,勤劳努力地劳动,以此来尽心竭力地从事自己的事业,不敢懈怠轻慢,这是平民老百姓之所以取得丰衣足食,健康长寿而免刑罚或处死的原因。

成功者和失败者的分水岭在于:成功者无论做什么,都会尽职尽责,力求尽善尽美,达到最佳境地,丝毫不会有所懈怠。

一份英国报纸曾经刊登了一则招聘教师的广告:"工作很轻松,但要全心全意,尽职尽责。"这句话很有哲理。

事实上,任何工作都需要我们员工全心全意、尽职尽责才能做好。而这正是敬业精神的基础。

一个尽责尽职的人无论从事什么职业,做什么工作,都会尽自己最大的努力,追求尽善尽美,而这样才能求得不断的进步和发展。这不仅是工作的原则,也是做人的原则。

如果没有职责和理想,你的生活将会变得毫无意义。无论你处在什么地方,即使你的环境困苦,只要你全身心投入工作,最后总会获得成功,取得经济上的自由以及人格上的完善。相信那些有所成就的人,一定有过坚持不懈的努力。

"无论做什么工作,都应该精通它。"

精通某一件事,比对很多事情都懂一点皮毛要强得多。一个总统在得克萨斯州一所学校演讲时,对学生们说:"比其他事情更重要的是,你们需要知道如何将一件事情做得尽善尽美;与其他有能力做这件事的人相比,如果你能做得更好,那么,你就永远不会失业。"

一个成功的经营者也曾经说:"如果你能真正制好一枚别针,应该比

你制造出粗陋的蒸汽机赚到的钱更多。"

好好地记牢这些话吧！下决心掌握自己工作内的所有问题，使自己变得比别人更精通，更专业。如果你是工作方面的行家，精通自己的全部业务，尽职尽责、追求尽善尽美，你就会受到别人的尊重，也会得到老板的重视，当然也就拥有了成功的根本。

有一个销售公司，老板交代三个员工去做同一件事：去市场调查一下某一商品的数量、价格。

第一个员工10分钟就回来了，他并没有亲自去市场，只是在附近问了下情况。

第二个员工30分钟后回来，他亲自到市场上了解这一商品的数量和价格。

两小时后，第三个员工才回来。原来，他不但亲自了解了这一商品的数量和价格，还对这一商品的品质进行了比较，并根据公司的采购需求，把最有价值的商品做了记录。另外，他还去了另外几家供货的地方，作了详细比较，并取得了各个负责人的联系方式。

很显然，第一个员工是敷衍了事，第二个员工是被动行事，只有第三个员工做到了尽职尽责。

可想而知，到最后，得到老板重用和提升的，只能是第三个员工。

许多员工都曾抱怨：明明自己比他人更有能力，但是却得不到老板的重视？刚才所讲的例子可以说给了爱抱怨这些人最好的答案。这些抱怨的人，现在不妨仔细想一想：

自己是否仔细研究了工作范围内的各个细节问题？

在自己的工作领域你是否做到了尽职尽责？

如果你对这两个问题无法作出肯定的回答，那么这就是你无法得到重视的原因。

自己对工作没有做到尽职尽责，又怎能将自己的失败归因于老板呢？现在，你最需要做的就是改变自己的心态，做到尽职尽责。如果一个人在工作时经常养成不负责任、半途而废、心不在焉、懒惰散漫的坏习惯，他怎么可能很好地完成工作任务，怎么可能有追求尽善尽美的思想境界？

同时，一个做事无法尽职尽责的人，也说明其心灵上亦缺乏相同的特质。他不会培养自己的品格，也不会拥有坚强的意志，当然就无法达到自己追求的目标。这种人一面敷衍了事，一面又想显示自己，是注定会失败的。

很多人以为自己有文凭在手，就自以为很了不起，或者刚学了一点皮毛医术，就急于想给人做手术——要知道，这可是让病人冒着极大的生命危险啊，同时对病人极不负责的一种表现。

还有一些浮躁的工匠，敷衍了事造一座桥，结果桥梁经受点风吹日晒就坍塌了，害了一些无辜的生命。

这些都是因为工作不够认真负责，而产生的严重后果。

如果老板或单位雇用这种人，将会造成非常恶劣的影响。所谓"近朱者赤，近墨者黑"，其他人或许也会受这种恶习的传染——当他们和这样一个不负责任的人相处时，往往会群起而效仿。这样一来，个人的缺陷和弱点就会渗透到整个事业中去，影响公司的发展。

事实上，很多员工在刚接到一个任务时，都会有些压力和烦躁感。有时候他们也不能克制自己，不能把精力完全投入到工作中去，于是就顺其自然。可以这样说，敷衍了事、顺其自然是平庸的表现。能否努力克制自己是尽职尽责的员工和平庸的员工的巨大差别。如果一个人总是顺其自然、平庸生活的话，那么他也不可能取得任何成功。

当然，人非圣人，我们也不可能要求每个人都做到完美无缺，但是我们却可以在不断提升自己的同时，要求自己向着尽善尽美的境界努力。这是人类精神的永恒本性。

因此，不管在什么情况下，都不要满足于平凡的工作表现，无论做何事，务必竭尽全力，要做就做最好的。只有这样你才能成为老板不可缺少的人，才能决定你以后是否能够成功。

在做事的时候，有尽职尽责的决心，有追求尽善尽美的态度，是实现成功的唯一方法。任何一个老板都需要具有这样素质的员工。而无论做什么工作，如果只抱着"还行"的心态，或是做事做到半途而停，那么老板是绝对不会重用他的。

员工一旦领悟了这一道理，他就掌握了打开成功之门的钥匙了，能处处以主动尽职的态度工作，即使从事最平庸的职业也能增添个人的荣耀。

一位名人说过："如果有事情必须去做，便全身心投入去做吧！"做事尽职尽责、追求尽善尽美，才能够迅速培养起严谨的品格、获得超凡的智慧；它既能带领普通人往好的方向前进，又能鼓励优秀的人去追求更高的境界。

尽职尽责，尽善尽美，这是值得每个员工用一生去追求的美好人生境界。

学会选择，懂得放弃

【原文】 有益于理者，为之；无益于理者，舍之。

【大意】 对于原则有好处的，就实行；对于原则没有好处的，就舍弃。

亚伦在《幸福论》中指出：无论什么人，如果他刻意追求一定的目标，他就一定可以达到自己的目的。我们希望获得的东西就像山一样多，数不胜数，都在那里静静等着我们，绝对不会逃走的。可是你必须学会攀登，学会去获取。员工的建议并不一定都能获得老板的认可，这种情况往往占了多数。如果员工向老板提出建议就能马上被老板接受，那固然是皆大欢喜。可是，执行一个建议，老板必须承担风险，因为没有人知道这个建议是不是真的有效，其成效如何，所以老板都是十分慎重的采纳建议，而一旦老板否决了自己的意见也不要伤心，老板作为决策者，毕竟需要从大局上来考虑。

也正因为如此，员工就应当明白"否决是建议的附属品"这句话的深刻含义。

实际上，如果因为一两次建议被老板否决，就放弃自己的努力，责备老板，这不免有些轻率，不仅于事无补，反而显得自己没有能力、缺乏斗志。

一次不接受，就再次建议；再次不接受，就第三次建议。

当然，也不能拿着一个烂方案去进行无谓的纠缠。也应当审视一下自己的建议，它之所以会被老板否决，其原因何在？而不是终日盲目埋怨，自以为怀才不遇。

自己创造工作，然后向老板提出建议，这其实是有一定困难的。员工的建议不可能全都顺利通过。所以，提建议的人要懂得选择和适时放弃，充分研究建议的内容和表述方式，经过自己深思熟虑，懂得如何巧妙地提出建议。

要做一个善于提出各种建议的员工，是需要一定表达技巧的。这关系到你是否能得到提拔，是否会被委以重任，是否能最终取得一个更好的发展际遇。

因此，员工如果想让自己的建议得到老板的认可的话，就一定要注意说话的技巧，理解老板这个居上位者的感受，注意不要伤害到他。

很多员工之所以不敢提建议，就是因为怕被老板"拒绝"。"不要给老板提建议，显示自己高明并不好，他会嫉妒你的。再说，提出来也没用，即使再正确，他也不会听的。"这是一些人在同老板的交往中总结出的经验。

这种说法并不完全正确。一位主任曾多次说，他不需要出主意的人。于是很多员工都以为主任不喜欢别人提建议，常常有什么好的建议就放在心里，什么也不说，也不敢说、不便说。一次研究工作时，一位员工提了三条建议，主任当时没说什么，可在以后的工作中却采纳了其中的两条。

老板要办的事很多，但人的精力总是有限的，而且，智者千虑，必有一失。如果员工提出的建议，能弥补或挽救工作中出现的问题，他嘴上不说，心里也会感激员工。正如上述例子中的主任，其实并不是他不愿意听建议，问题在于员工提建议的内容，看提出的内容是不是真的显示出员工的才华，员工的建议是不是真的具有可行性和重要性。只要员工是善意的，即使提的意见没有被接受，主任也还是高兴的。

而作为老板，是否采纳员工的意见也要以原则为准则。只有执行正确的方案，公司才能取得实质性的利益。可见，学会选择，懂得放弃无论是对员工还是领导而言都显得尤为重要。

勇于负责任，不诿过

【原文】失之己，反之人，岂不迂乎哉。

【大意】自己有了过失反而怪罪于他人，岂不是太拘泥固执，不切实际了吗？

对于一个员工来说，敢于负责任，则是成熟的标志。对于过失，谁也不想主动去承担，而对于获益颇丰的好事，邀功领赏者却不乏其人。负责任的人就是敢于认识到自己的不足，不揽过而推功，因此，他们不失为一个成熟的人，他们不仅对自己的言行负责，而且能把握自己的行为，做自我的主宰。每个成熟的企业，都应该教育自己的员工增强责任感，就像培养他们其他优良品质一样。

19世纪存在主义鼻祖之一的克尔凯郭尔感叹芸芸众生中责任感的丧失，在《作者本人对自己作品的看法》这本书中，他写道，群体的含义等同于伪善，因为它使个人彻底地顽固不化和不负责任，至少削弱了人的责任感，使之荡然无存。可见，缺乏责任感并不能否认责任存在的事实。

要想成为一名优秀的员工，就要将责任根植于内心，让它成为我们脑海中一种强烈的意识，在日常行为和工作中，这种责任意识会让我们表现得更加卓越。我们经常可以见到这样的员工，他们在谈到自己的公司时，使用的代名词通常都是他们而不是我们，他们业务部怎么怎么样，他们财务部怎么怎么样，这是一种典型的缺乏责任感的表现，这样的员工至少没有一种我们就是整个机构的认同感。

而责任感的获得也是不容易的，原因就在于它是由许多小事构成的。但是一个具有责任感的人，无论多小的事，都能够比以往任何人做得都好。比如说，该到上班时间了，可外面阴冷下着雨，而被窝里又那么舒服，你还未清醒的责任感让你在床上多躺了两分钟，你一定会问自己，你尽到职责了吗？还没有……除非你的责任感真的没有发芽，员工才会欺骗自己。对自己的慈悲就是对责任的侵害，必须去战胜它。

责任感不是一个复杂而难解的问题，反而是简单而无价的。

有一个替人割草打工的男孩打电话给乔治太太说，您需不需要割草？乔治太太回答说，不需要了，我已有了割草工。男孩又说，我会帮您拔掉草丛中的杂草。乔治太太回答，我的割草工已做了。男孩又说，我会帮您把草与走道的四周割齐。乔治太太说，我请的那人也已做了，谢谢你，我不需要新的割草工人。男孩便挂了电话。此时男孩的室友问他说，你不是就在乔治太太那儿割草打工吗？为什么还要打这个电话？男孩说，我只是想知道我究竟做得好不好！

多问自己我做得如何，这就是责任。

在这个世界上，没有不需要承担责任的工作，工作就意味着责任。你的职位越高、权力越大，你肩负的责任就越重。不要害怕承担责任，要立下决心，你一定可以承担任何正常职业生涯中的责任，你一定可以比前人完成得更出色。

世界上最愚蠢的事情就是推卸眼前的责任，说等到以后准备好了、条件成熟了再去承担才好。在需要你承担重大责任的时候，马上就去承担它，这就是最好的准备。如果不习惯这样去做，即使等到条件成熟了以后，你也不可能承担起重大的责任，你也不可能做好任何重要的事情。要想成为优秀员工，就从培养自己的责任心做起吧！

执行以达到老板的期望

【原文】儒者法先王，隆礼义，谨乎臣子而致贵其上者也。

【大意】儒者效法古代先王，尊崇礼义，谨慎地做臣子，能使君主受人尊重。

《荀子·儒效》中谈到："秦昭王问孙卿子曰：儒无益于人之国？孙卿子曰：儒者法先王，隆礼义，谨乎臣子而致贵其上者也。"秦昭王部孙卿子道："儒家对话治理国家有没有好处呢？"孙卿子答道："儒者效法古代圣王，尊崇礼义，谨慎地做臣子，能使君主受人尊重。"可见，儒者在一个国家的作用就是能够通过自己的德行感化，使君主受到尊重。而在现代社会中，对于老板来说，就是员工能够通过自己的努力，满足老板的期望，达到老板的要求。在老板的眼中，一位员工如果能够正确抓住老板对他的期望并予以迎合，那么这位员工就是一位"有用而可靠的人"，这样的员工理所当然是老板的"至爱"。

能够做到成功把握老板期望这一点不是十分容易，它需要一定的时间和一定的悟性。要想成功把握老板对员工的期望，我们就必须彻底了解老板对员工的期望有哪些。老板对员工的期望可分为许多层次，如果我们把老板对员工的期望，分为一般的期望和个别的期望两种，就比较容易理解了。

下面我们分别从这两种期望入手，分析把握老板期望的具体方法。

（1）一般的期望

一般的期望指的是老板对员工的比较普遍的希望、要求。通常情况下，老板对员工一般的期望因员工本人的实际情况不同而有所差异。虽然老板对员工的一般的期望反映了老板对员工的普遍要求，但是由于每位员工的主客观情况不同，老板对他们的一般的期望也会有所不同。

一个老板对员工一般的期望是根据员工工作时间的长短，工作经验是否丰富以及员工自身的业务能力水平来确定的。当然了，我们的分析和论述还很笼统，还有一些不甚确切。每个人在了解老板对员工一般的期望时，应当根据自己单位的客观情况以及自身的条件而定，一定要正确理解老板对其员工一般的期望是什么，这是成功把握老板期望的基础。

（2）个别期望

与一般的期望相对的就是老板对员工的个别期望。个别期望是针对每个独立的老板而言的，它直接牵涉到员工的直接老板在特定时期内的希望和要求。由于每位老板自身的态度、想法以及老板本人的个性和他对事物的理解程度不同，不同的老板对员工的个别期望是不尽相同的。

作为优秀员工，及时并且在恰当的时机询问老板对你的期望，这是你正确理解和把握老板期望时必须注意的一点，它可以帮助你更好地完成老板布置的任务，更加顺利地获取老板的赏识。

总之，把握老板对员工的期望是你成功获取老板信任的关键环节，这样才能不断地加强和老板之间的交流，使老板对你逐步产生信赖。

服从是美德

【原文】 下之亲上欢如父母,可杀而不可使不顺。

【大意】 百姓亲近君主如同欢喜自己的父母一样,宁可被杀,也不能要他们不顺从君主。

在古代,臣子是把服从君王看成自己的一种使命。士可杀,不可不服从,因此出现了一些愚忠、愚从。

在现代社会中,服从,仍然是优秀员工必备的一种品质,是做人的一种美德。每位员工都必须服从上级的安排,就如同每个军人都必须服从上司的指挥一样,服从是行动的第一步。

很多企业都强调发挥员工的创造力和主观能动性,这种管理方法虽然是好的,但是,也不能违背原则。从根本上说,老板就是老板,员工就是员工,每个人都要有意识地服从老板,服从上司。

如果一个企业中,每个员工都擅自做主,各行其是,不按照老板的命令行事,那整个企业就成了一盘散沙。所以,即使员工有什么不同意见,一旦老板决定了,任何员工都要服从决定。

在美国著名的西点军校,即使是立场最自由的旁观者,都相信一个观念,那就是必须绝对服从。一位西点上校讲得更为精彩:"我们不过是枪里的一颗子弹,枪就是美国整个社会,枪的扳机由总统和国会来扣动,是他们发射我们。"

当军官向学员下达指令的时候,学员必须重复一遍军官的指令,然后军官问道:"有什么问题吗?"

学员通常的回答只能是:"没有,长官。"

绝对服从，这就是西点对学员的训诫和要求。

为了使学员具有坚定的服从意识，西点军校因此进行了严酷的训练。在训练的过程中，学员们没有任何"自由"，他们甚至不准保留任何最基本的个人财物。而且，他们对自己的时间也没有完全支配权利。

除此之外，刚进入西点军校的新生，男生的头发都要剪得近乎光头，女生则剪成齐耳短发，平时穿的服装也要换成清一色的灰色T恤、黑色短裙、长筒黑袜，再加上一双笨重的靴子。在新生训练的每天，几乎每个人都像无头苍蝇一样跑来跑去。

在西点军校，个人欲望已不复存在，取而代之的则是服从、再服从。

西点军校为什么要这样严酷呢？我们可以先看看一位毕业于西点的将军给一位西点学员的父亲写的信：

"为什么我们让这些孩子经受四年斯巴达式的教育？他们住在冷冰冰的兵营，上午9点30分之前不能往垃圾桶里倒垃圾，水池必须始终保持干净，不堵塞。如此多的规定和规则，原因是什么？"

"因为一旦毕业，他们将被要求全无私心。在军队的这么多时间内，他们需要吃苦，在泥地上睡觉。这些让他们把自我利益放在次要地位，他们必须习惯这样。"

西点学员知道，军人就是要绝对的服从。

巴顿可以说是美国历史上个性最强、最粗鲁的将军，但他在纪律问题上，在对上司的服从上，态度却毫不含糊。因为他深知，军队的纪律比什么都重要，军人的服从是职业的客观要求。

他常常开着汽车转到各个部队，深入军营。每到一个部队他都要啰啰唆唆训话，诸如护腿、钢盔、随身武器等细节都要严格执行。

他或许因此而成为最不受欢迎的指挥官，但事实上他指挥的军队却成了一支顽强、具有荣誉感和战斗力的部队。

巴顿如此认识纪律、执行纪律，服从纪律，这是他成就事业的重要原因之一。

曾有人说，黑格将军之所以被尼克松看中，也是因为他的服从精神和严守纪律的品格。需要他发表意见的时候，坦而言之，尽其所能；对上司

已做了决定的事情,坚决服从,努力执行,从不表现自己的小聪明。

在职场上,服从的观念同样重要。每位员工都必须服从老板的安排,就如同每个军人都必须服从上司的指挥一样。可以这样说,大到一个国家、军队,小到一个企业、部门,其成败很大程度上就取决于是否完美地贯彻了服从的观念。

在一个团队中,如果下属不能无条件地服从上司的命令,那么在达成共同目标时,则可能产生障碍;反之,则能发挥出超强的执行能力,使团队取得惊人的成果。

服从的人必须暂时放弃个人的独立自主,全心全意去遵循老板和公司的价值观念。因为你是员工,是下属,处在服从者的位置上,就要遵照老板的指示做事。一个人在学习服从的过程中,对本公司的价值观念、运作方式,才会有更透彻的了解。

当然,西点军校的训诫和要求是从军事指挥的角度来制定的,有的制度是非常让人难受的,在企业中不能机械地照搬使用。

当然,并不是老板的每项指令都正确,老板也是人,也会犯错误。但是,一个高效的团队必须有良好的服从观念,一个优秀的员工也必须有服从意识。因为老板的地位、责任使他有权发号施令;同时上司的权威、整体的利益,不允许员工抗令而行。

有一位大学教授,每次在上课前见到学生,便要求男生把头发剪短、女生穿衣服要庄重。据说,他的理由是:问题并不在于头发的长短和衣服的庄重,而是在于他们是否服从老师。

可见,即使不懂教授的真正意图,但能够做到无条件服从的学生才是教授所期望的好学生。同样,不找借口地服从并执行,这才是老板所期望的好员工。

没有任何借口

【原文】 匹夫者，以自能为能者也。人主得使人为之，匹夫则无所移之。

【大意】 普通百姓，以自己会做为有能力。君主以能够促使别人做事，普通百姓却不能把事务转移给别人。

对于员工来说，首先是自己要有能力去做，同时还不许把自己职责范围内的事推给别人，甚至包括一切事物。这么说可能有些极端，但用荀子的观点就能得到很好的解释。因为你是员工，你就是执行者，而老板本来就是扮演着统筹安排的角色，所以他能够把事交给下属去做。而员工，因为要证明自己能做，所以必须得亲力亲为。因此，不为自己找借口是优秀员工应该具备的重要品质。

没有任何借口是执行力的表现，无论做什么事情，都要记住自己的责任，无论在什么样的工作岗位，都要对自己的工作负责。工作就是不找任何借口地去执行，老板都需要这种不找任何借口的员工。

现实生活中有两种人，一种是不找任何借口做事情的人，另一种是整天找借口为自己开脱的人。在工作和生活中都是这样，有的人喜欢把一切归咎于外界因素，来敷衍上司或者其他人。

我们经常会听到各种各样的借口：

"这个问题太难了，我做不好。"

"路上塞车，所以迟到了。"

"这件事小李也有责任。"

"我太累了，这事明天再做。"

诸如这样的借口实在是太多了，如果你是老板，听到员工这样的说辞，也不会心情愉快的。我们缺少的正是那种想尽办法去完成任务，而不是去寻找借口的人。

"没有任何借口"是美国西点军校200年来奉行的最重要的行为准则，是西点军校传授给每位新生的第一个理念。它强化的是每位学员想尽办法去完成任何一项任务，而不是为没有完成任务去寻找任何借口，哪怕看似合理的借口。

在西点军校，不管什么时候遇到学长或军官问话，只能有四种回答：

"报告长官，是。"

"报告长官，不是。"

"报告长官，没有任何借口。"

"报告长官，我不知道。"

除此之外，不能多说一个字，不能找任何借口。

这看起来似乎很绝对、很不公平，但是人生并不是永远公平的。

这么做的目的是为了让学员学会适应压力，培养他们不达目的不罢休的毅力和承担责任的勇气。它让每个学员懂得：工作中是没有任何借口的，失败是没有任何借口的，人生也没有任何借口；无论遭遇什么样的环境，都必须学会对自己的一切行为负责！

秉承这一理念，无数西点毕业生在人生的各个领域取得了非凡的成就。先来看这样一组数字："二战"结束后，在世界500强企业里面，西点军校培养出来的董事长有1000多名，副董事长有2000多名，总经理一级有5000多名。任何商学院都没有培养出这么多优秀的经营管理者。

喜欢足球的朋友都知道，德国足球队向来以作风顽强著称，因而在世界赛场上有很大的成就。

德国足球成功的因素有很多，但有一点却为人特别看重，那就是德国队队员在贯彻教练的意图、完成自己位置所担负的任务方面执行得非常得力，即使在比分落后或全队困难时也一如既往，而从不为自己找任何借口。

你或许会认为他们死板、机械，也可能认为他们没有创造力，不懂足球艺术，但成绩却说明他们这样做是对的。至少在这一点上，作为足球运动员，他们是优秀的，因为他们身上流淌着执行力文化的特质。

所以，无论是足球队还是企业，或员工，如果喜欢找借口，不去执行，就算有再多的创造力也不会取得好的成绩。

优秀的员工从不在工作中寻找任何能为自己推托的借口，他们总是把每一项工作尽力做到最好，最大限度的满足老板提出的要求，出色地完成任务；他们总是尽力配合同事的工作，对同事提出的帮助要求，也不找任何借口推脱。

不找任何借口的人，他们身上所体现出来的是一种服从、诚实的态度，一种负责敬业的精神，一种完美的执行力。

巴顿将军在他的战争回忆录《我所知道的战争》中曾写到这样一个细节："我要提拔人时，常常把所有的候选人排到一起，给他们提一个我想要他们解决的问题。这个问题是：在仓库后面挖一条战壕，8英尺长，3英尺宽，6英寸深。

我有一个带窗户或大节孔的仓库。候选人正在检查工具时，我走进仓库，通过窗户或节孔观察他们。

我看到伙计们把锹和镐都放到仓库后面的地上。他们休息几分钟后开始议论我为什么要他们挖这么浅的战壕。他们有的说6英寸深还不够当火炮掩体。其他人争论说，这样的战壕太热或太冷。如果伙计们是军官，他们会抱怨他们不该干挖战壕这么普通的体力劳动。

最后，有个伙计对别人下命令：'让我们把战壕挖好后离开这里吧。那个老家伙想用战壕干什么都没关系。'"

最后，巴顿写到："那个伙计得到了提拔。我必须挑选不找任何借口地完成任务的人。"

因此，你必须拒绝任何借口，把自己的工作做好才有望得到提升，你必须表明你同别人相处得很融洽，你必须证明你是一个有用之材。为了更好地在这个世界上前进而去寻求别人的赞同，是有益于健康并令人愉快的。

为老板分忧解难

【原文】 内足使以一民,外足使以距难;民亲之,士信之,上忠乎君,不受百姓而不倦,是功臣者也。

【大意】 对内能够使用国家统一人民,对外能够使国家抵御外敌入侵;人民亲近他,士大夫信任他;对上效忠于君主,对下爱护百姓而不废倦,这就是功绩巨大的臣子。

对于老板来说,能替自己分忧解难,建功立业的下属是值得重用的。

作为老板,多半都喜欢员工跟他们有良好的默契,能为他们分劳分忧,不会向上顶撞抗争,为他们少制造一些麻烦,多一点帮助。因此,作为员工应该多替老板设想,在工作发生困难时,首先要自行克服,不要时常提出问题让老板头痛。老板交代的任务,如果时间不是很匆促,最好能自己用心去研究,尽力去考察,全心全力来完成任务,拟妥几个可行方案,提供老板参考及选择,并请示老板的指导。不要把任何问题都推给老板去处理,发生任何情况,都不要等着老板来解决。老板需要的员工,是能够帮助他们分担责任与工作的人,而不是时常找他们麻烦的人,何况只有经办人自己才对他所经办的工作最熟悉,要不然,老板何必选择任用他呢?老板最希望能用到得心应手的部属,不仅是能用他们的手或脚,而且能用他们的头脑和心。

任何一个员工,遇事都应当为老板设想,而且要为他们分担部分责任,不要把责任、过失推到老板身上去,因此,不妨按照下面的方式来做。

（1）掌握尽可能多的信息，以便给老板当军师

在这个日新月异，信息爆炸的时代，信息在我们的生活中起的作用越来越重要。对于任何一家企业或公司来说，任何一个阶段，任何一个部门都离不开信息。今天的老板面临的问题不比过去的皇帝面临的问题少，而且牵涉的因素更多，需要大量的信息才能做出正确的分析与判断。所以，我们除了做好自己的本职工作，还应该努力吸收更多的信息，这不仅可以丰富自己，使自己在众多的员工中脱颖而出，而且多掌握一些信息，在必要的时间可以帮上老板。

而如何在纷纷繁繁的各种喧嚣声中寻找到你所需要的信息，是每个员工必须首要解决的问题。今天信息已经泛滥成灾，因此所缺的不是信息，而是缺少能看到准确信息的人才。每个聪明的员工都要做个有心人，时刻注意听、看、读、问，我们生活在资讯的世界里，各种现代化的设备可以为我们提供信息，电视、电台、书报和周围的人那里就有信息的庞大金矿等待你去发掘。你所需要做到的就是进行有重点、有目标的搜索。

现代信息资源这么丰富多样，正确选择利用信息已经变成好员工的一项必修的基本功。学会选择利用信息更是搞好生产或从事经营的一个基本要素。在大量的信息资源中，要选择与自己所从事的行业相关的信息。这就要求做到：摸得准、吃得透、来得快！

当你通过不同渠道搜集到大量信息后，即使是筛选过的，也不能直接交给老板，而要作个大概的分类，然后按大类分辨真假，然后再细分。把那些本行业有关的最新信息进行一番整合，然后提供给老板。

人的一生中好的机会并不会太多，因此不要错过任何一个自我表现的好机会。当某项工作陷入困境时，你若能大显身手，帮老板排忧解难，会让你的老板格外器重你。例如，老板犯了错误，作了错误的决策，但你作为员工，有职责提醒、告诉他。当老板本人在思想、情感或者是生活方面出现矛盾时，若能妙语安慰，减轻上司的负担，也会令其格外感激。

（2）正确看待工作

瑞表国际 SWATCH 集团中国区总裁陈素贞，是一位出生在中国台北的普通女孩，在获得淡江大学的 MBA 学位后，她一直与市场营销结缘。美

国强生、美国运通、远传电讯、网易都留下她奋斗的足迹。

上海东方卫视曾对她进行过采访，陈素贞女士谈到自己的成功之路，她认为自己之所以取得了目前的成就，与自己对工作的认识分不开，她说："我一直认为，做工作就是为老板分忧，让老板轻松一点。我觉得这一点很重要，老板请你来就是让你帮他分忧的。绝不能当英雄主义者，把旁边的同事都杀光光。哪一天自己被提升的时候要觉得理所当然，而不是让人觉得是靠了什么方式得到这个位子"

服从老板指示者固然能博得老板的喜爱，但现在的老板们更重视那些敢于表达不同观点的雇员。这些人的见解，常常能使公司避免重大损失或陷入困境。

一位在加工汽车底漆公司工作的王飞，他通过与客户的接触发现客户们更喜欢的汽车底漆颜色是浅灰色，而他们公司生产的汽车底漆都是黄颜色的。因此他就跟老板建议将本公司产品的颜色作一下调整，也许这样产品的销量会更好。

王飞大胆地提出了自己的见解。公司的老板仔细又研究了一下，拜访了一些客户，最后决定采用王飞提出的方案。果然，王飞的建议是正确的，当年公司的产品销量上升了好几个百分点。

王飞的做法值得效法。好的员工，应该抓住机会，向你的老板提出建设性意见。

（3）自己设法创造职位

萨克斯顿在著名的传播机构贝尔·霍韦公司任职时，一名高级管理人员要对公司众多分支机构进行分析，拟订计划以协调它们的工作。萨克斯顿把注意力集中于维尔丁电影制作公司。虽然该公司一直在亏损，但是萨克斯顿知道它可以扭亏为盈。

为此，他提出一个具体的市场开拓计划，建议维尔丁公司卖掉电影制片厂，将业务集中在咨询顾问及推销新产品上，老板对此大为赞赏，当即把萨克斯顿提拔为维尔丁公司副总裁，主管市场开拓。不到一年工夫，他就使维尔丁公司芝加哥分部开始赢利。萨克斯顿用实绩向公司管理层证明他的能力，从而为自己创造了一个更高的职位。

不要只会说"YES"

【原文】过而通情，和而无经，不恤是非，不论曲直，偷合苟容，迷乱狂生，夫是之谓祸乱之从声。

【大意】君子有过错还去附和他，一味顺从，没有原则，不顾是非，不论曲直，迎合君主，苟且容身，沉迷于荒淫靡乱的生活，这就叫作"祸乱之从声"。

老板不是万能的，也有可能做错事。如果企业只有老板一个人说了算，那它离垮台也不远了。所以，不管是为了企业着想，还是为了自己的未来着想，都不能成为老板的应声虫。

台湾的著名企业家、ING安泰人寿总裁潘昌先生最近推出了一本书，书名叫《听老板的就错了》。听到这个书名是不是觉得很震动，老板也会犯错误？那当然！老板是人，不是神，所以也会有说错话，办错事的时候。

在企业管理界有两名同样著名但又意义截然相反的话。一句是"绝对服从"；一句则是"不要盲从"，这两句话都没有错，只是适用的范围不一样。关于"服从"，前面已作出讲述，此处不再赘述。而对于"不要盲从"看似与"绝对服从"相矛盾，但细究来也是有其道理的。

在一般情况下，老板当然希望员工能够尊重和听从自己的意见。但是当老板错的时候呢？当然不能还是听从，否则就是对老板的不负责任。员工要树立这样的认知：错，不在没有听老板的，而且错在盲从的认知态度。其实，同事的话要听，下属的话要听，老板的话更要听。但听不等于听从，更不同于盲从。凡事都要用自己的脑袋进行思考和分析。至于明知老板的话与实际情况有出入，但照办不误，就更不可取了。老板的话不外

乎两方面的内容，一是布置任务、提出目标；二是交代做法、明确要点。他的目的是要得到好的"结果"，结果才是最关键的，因此"遇事要细察对公司有没有实际好处"。

因此，在接受老板指示的时候，应该不断地问自己："这样做对公司到底有没有贡献？"能否在企业里形成一个好风气，员工有重要的责任：对于老板的吩咐不能够盲目听从。

每个员工，都可能会遇到这样的情况：老板叫你干一件事，即使这件事不该你做，或超过了你的负荷，但是你也只能应承下来，也许是慑于老板的压力，也许是出于其他的某种考虑，你不会去拒绝。其实，在生活中，我们应该学会对老板说NO。但是说NO可是门艺术，这一点不是什么人都做得好的。你要跟老板说NO，但是你的老板不一定是个能接受员工们说NO的老板，所以你的NO就一定要有水平，否则只会事与愿违。

聪明的员工都知道要背着一个梯子——永远给老板台阶下。相信大家一定对于"我是一个愿意接受别人意见的人"这句话不陌生。要是你的老板这么说，千万别太相信了。老板与员工之间永远有一道鸿沟，谁也过不去，谁也过不来，因此，切记你的身份，即使面对老板的不合理要求时，也要学会给老板留一个台阶，如果你不留余地，那么从此以后你在老板心目中的地位就没了。

尤其是不要在公开场合直接指出老板的错误，这只不过是匹夫之勇罢了。因为，人都是要面子的，而且古今中外皆然。因此，即使你非说不可，请你等人群散去后，再私下找老板聊。千万不要在众人面前加以指出，老板毕竟是老板，需要维护其尊严与面子，即使是老板的错，你也应该尊重他，不可以毫不留情地当众指责他，而不为老板留任何情面。当然更不能事后对同事谈论老板的错误，用嘲弄的口吻让流言四散传播，并用贬损老板的话来证明自己的聪明与正确。这种传言总会传到老板那里，对你的声誉和前途造成危害。如果一定要让上司知道他的错误，你应该在适当的场合适当的时间私下找他聊，谈谈自己的意见和看法。

聪明的员工知道面对老板的正确态度，老板有老板的威严，不可能接受员工的指责，即使错误真的在他身上。聪明的下属，应当把批评的话吞回肚里，在老板可能发出错误指令的时候多加提醒，既保持了老板的自尊，还增加了你对于他的重要性，一举两得。何乐而不为呢？

　　向上司提意见，如果马上获得认可，事情就很简单。不过，一般而言，不认可的情况比较多。毕竟提意见的对象是你的上司，是否接受你的意见他当然需要慎重考虑。当意见被"我不赞成"或"这不合适"等驳回时，有些人往往心灰意冷。其实，轻易放弃自己的努力是一种不明智的做法。当然，仅仅做到提出意见还是不够的，还应该在你的意见的内容上、方式方法上下功夫。首先，在内容上，既然是提意见，就必须言之有据。不仅要把自己的意见表达出来，还要以大量的事实材料为依据，使意见站得住脚，否则一旦让老板问倒了，就容易造成信口开河的负面影响。并且，对你提出的问题，要事先想到优于目前做法的替换方案，否则，被老板问到你觉得该怎么做时无言以对，你就会被认为是一个只知破坏不懂建设的挑剔者。

　　最后，如果你只能看到老板的缺点，看不见自己的错误和过失，就会造成互相埋怨、倾轧。因此，在埋怨老板之前，先要从对方的角度想想，为什么他要那样做。千万不要忽视了老板周遭的人际环境以及时间安排。有时候，对方可能是有难言的苦衷，没有办法，然而又不愿向别人透露隐情。在此种情况下，就应该以关心代替批评，这样会使对方更容易接受。

　　可见，一个合格的优秀员工，不仅是一个凡事都能服从老板的人，还是一位能够给老板指出错误的人。当然，再次强调，真正"闻过则喜"可能只有子路这样的圣人才做得到，如果你不想试验一下老板的威力，还是请你指错时委婉一些。